发现美闵

『小上海』老闵行

汪大纲 主编

上海书店出版社
SHANGHAI BOOKSTORE PUBLISHING HOUSE

总　序

祝学军

习近平总书记指出，“文化自信是一个国家、一个民族发展中更基本、更深沉、更持久的力量。”

闵行区承上海县700年历史文脉，更有史前“马桥文化”5000年之历史渊源和深厚积淀，其前身上海县的立县历史可追溯到元代至元二十九年（1292），是上海“建置之本”，人们口中的“先有上海县再有上海市”并非妄语。明清时期的上海县交通便捷、经济发达，受松江府城的近距离辐射，经济、文化、城镇发展均优于其他地区；在近代城市化进程中，既没有彻底洋化，也没有固守不变，从而成为农耕文化、商贸文化与近代海派文化的相生、相融之地，独具地域文化特色。

改革开放以来，闵行区经济社会发展成就显著，经济总量、财政收入、居民生活水平、城市化进程、公共服务等诸多指标均位列上海各区前茅，闵行经济技术开发区、紫竹高新区、莘庄工业区引领经济发展。所以，闵行是上海的工业基地、科创新区，也是当之无愧的经济强区。同时，闵行集聚了上海交大、华东师大、航天八院、中国商飞等众多高校科研机构，各文化艺术门类、文化艺术团队及文化名人遍布全区各地，是上海的人文高地和名副其实的文化大区。

闵行区的前世今生，堪称海派文化的发祥之地。闵行区政协牢记肩负的文化使命，若干年之前，区政协文体委就组织开展了闵行文化资源的调查，据当时调查报告所示，作为闵行区文化资源重要组成部分的地方历史文献，未能及时系统整理出版，为此提出了相关建议。2017年，区六届政协工作开局之初，就着手筹划闵行文史资料的编撰出版工作，由学习和文史委员会负责编制本届政协文史资料编撰出版工作规划，定名为“发现闵行之美”系列丛书，秉承“以人存书”“以书存史”“以史为鉴”的原则，计划每年编撰出版一辑5册，共五辑25册，分五年完成。从“民艺乡俗”“岁月有痕”“老巷陈香”“故土之韵”“百舸争流”五个方面，集结闵行历史文化之精粹，以飨众多闵行和上海读者。

编撰过程中，也碰到了很多困难，但有幸于闵行丰厚的历史和历代先贤留下的文化瑰宝，让我们充满底气；政协委员和社会各界的鼓励和支持使我们信心倍增。热切期盼得到社会各界持续关注、支持和热心指导。

让我们共同努力，传承好闵行灿烂的历史文化，谱写好未来的美好乐章！

目录

第四部分　人杰地灵　书香芬芳

附录

老闵行，曾是上海城市发展的缩影

代序

“闵行为本邑首镇，地当水路之冲，户口殷阗，商业繁盛，距县治约六十里许。地产棉花多于粳稻。风俗素称朴实，近亦渐趋浮靡。水道有小轮，陆路有汽车，交通颇便。镇之西北有北桥镇，钟楼在焉。其西为马桥镇。而其北为颛桥镇。四镇统称为西南乡云。”

这是由上海著易堂出版于1927年的《上海乡土地理志》（李右之著）对闵行的描述。

书中的“闵行”指的是镇。1960年1月设立闵行区后，撤销了闵行镇建制，闵行镇这块地方被约定俗成的称作“老闵行”了。1992年9月，原上海县和原闵行区“撤二建一”，建立了新的闵行区，但“老闵行”的称呼在当地民间依旧使用着，并泛指为整个江川路街道。

历史上的“老闵行”地区，古有秦皇驰道连通上海县署，为水陆要津，因地域之便，长期以来，这里商贸发达、街市繁华、人文荟萃、群贤毕出，一度在江南地区城镇中颇有影响力。

早在元延祐七年（1320）时，老闵行就建有洞真道院，至正二年（1342）时建有度门寺，明洪武六年（1373）利用民居建黄浦巡检司署。

明初时朱元璋设巡检司于关津要道、商贾辐辏之地，用以管理流动人口，维护正常的商旅往来。据此也可推断老闵行在彼时已具商市的雏形。后随经济的发展，在清乾隆中期成为上海首镇直至清末民初。期间，南来北往经商者众，店铺市面逐步繁盛，街坊弄巷扩展延伸，不少祠庙馆所、园林官邸在镇上陆续建成。不同习俗融会交合，文化也随之发达。元宵灯会、龙舟竞渡、迎神出会、端午庙市等民间活动更是名盛四方。当地文人学者求知善读、著书立说，诗文、经史、地舆、书画、金石、音乐、医药等著作频出，仍有不少留传至今。

宣统辛亥后，仿行宪政、实行自治，老闵行进入了一个快速发展的资本主义社会时期。教育为先，创办学校和民众教育。女子小学、实业学校、师范学校、慈善教育如雨后春笋般地诞生并逐步走向公办和政府管理。

由李显常创办的闵南轮船局、李显谟修筑的沪闵汽车路（今沪闵路）和创办的沪闵南柘长途汽车公司，给老闵行的经济发展带来了极大的促进作用。老闵行以粮食、棉花、毛猪为集收地，源源不断地供应着上海市场，也带动了镇上的各行各业，商品经济繁荣，街市兴旺，被誉之为“小上海”。

同时，筑路修桥、疏通河道等公益事业、市政建设有序展开，社会管理前进了一步。民众觉悟有所提高，支持“五四”运动的三罢斗争、抵制日货的爱国活动得到广大市民、商户、学生的积极参与。中孚染料厂、鑫建花厂等民族工业先后在闵行落户，工业、商业的兴起改变着市镇发展的面貌。海纳百川、五方杂处，人口迅速增加，西式建筑、园林住宅、营业性公园、剧场书场等融入镇内，镇境范围向外扩展。一些近代乡贤、文化人物、实业家脱颖而出。

而真正使老闵行发生翻天覆地变化的是在解放以后。随着上海汽轮机厂、上海电机厂的建成，现代工业开始发展，这里建起了汽轮、电机两个工人新村。1958年起，大批工业企业迁来，老闵行成了我国重要的工业基地。1959年建成以一号路（江川路）为主的10条城市道路，在主要道路两侧配置商业网点。以东风、红旗新村等处为中心，新建各类职工住宅25万平方米，学校、医院、邮政、银行、影院、菜场、公园等设施也开始有计划地逐步配套建成，昔日的经贸重镇终于蜕变成为一个现代化工业新城，著名的卫星城，形成最初的产城融合区域。

沧海桑田，老闵行的发展是上海城市发展的一个缩影，与上海市文脉密切相连，而近现代的海派文化也在这里生根发芽，并得到彰显。1980年代后，随着城市化的推进，江南古镇的街景在老闵行逐渐消失，但《闵行诗存》"序"中所描述的"舟车辐辏，人物昌丰；虽无临淄之十万家，已聚德星于五百里。"之历史记忆和人文信息，却有幸留存了下来，且引起越来越多文史研究者的重视和探索。

《"小上海"老闵行》试图寻觅老闵行的"老底子"，关注老闵行的历史发展变化。然恐因编者视野狭窄，掌握资料有限，不免失之偏颇，甚至存在错误，渴望广大读者的宽宏与指正！

编　者

2018.10

第一部分

申江门户　水陆要津

五百年之老闵行

闵行镇，南滨黄浦，有横泾穿越，民傍水而居。1960年1月将闵行划为上海市的一个行政区后，“闵行”成了区名，闵行镇成了历史政区，约定俗成地将闵行镇这块地方称为“老闵行”，将沪闵路与横泾间的人口密集区称为“闵行老街”。

闵行在明弘治十七年（1504）的《上海志》记载中称“敏行”，是最早的地名记载，迄今已有500多年。

元代时，华亭县东北滨海地带船舶汇聚、商贾云集，人口不断增长，经济日益繁荣。至元二十七年（1290），松江知府仆散翰呈文请将华亭县境五乡（长人、高昌、北亭、新江、海隅）划出，设置上海县，次年准奏，至元二十九年上海县成立。敏行市就在上海县治西南54里，长人乡三区十六保十八图，部分在二十一保。明正德七年（1512）的《松江府志》已记载为“闵行市”。随着形势和社会经济发展，清乾隆八年（1743）的《大清一统志》和乾隆十五年（1750）的《上海县志》中，已记载称闵行为镇了。民国初清史馆编写的《清史稿》记载：“上海冲……镇四：吴淞、乌泾、吴会、闵行。”闵行也成了清代上海为数不多的经济中心之一。

清宣统三年（1911）根据民政部自治章程建立闵行乡，闵行镇归其所辖。民国17年（1928）7月上海市、县分治后，改闵行乡为上海县第一区（有3镇35乡），闵行镇仍归其所辖。1937年沦陷后，上海县和闵行镇的区划屡有变动，至抗战胜利后才恢复原建制。民国35年（1946）11月，经江苏省民政厅批准，取消区公所体制，将上海县内42乡镇归并为21乡镇，闵行镇由县直接管辖。民国37年（1948）8月，上海县进一步扩并为4乡6镇，并视事业繁简，将乡镇分为甲、乙两级，闵行因是经济中心，定为甲级镇。

1949年5月解放后，全县划成4区1镇，为江苏省松江专区管辖，闵行成为上海县的直属镇。11月改设小区、小乡，设立闵行区，闵行镇为区属镇。1950年7月为适应土改需要，撤销闵行区，闵行镇复为县属镇。之后上海县的多次行政分划，闵行均为上海县属镇不变。1958年1月随上海县划归上海市。1960年1月5日，国务院批准建立闵行区，闵行区辖今闵行和吴泾部分地区。自此，闵行镇成为闵行区的一个街道。

“闵行”之名的来历

清嘉庆十七年（1812）松江府重修府志，时闵行进士李林松奉讳家居，请于县令王大同纂修县志，自任主纂，十九年秋全书刻成。

嘉庆《上海县志》中对闵行镇地名的记载，与以前志籍记载相比，是文字最多的一部。记载如下：“闵行镇在十六保十八图，县西南，陆路六十三里，水路七十二里。以姓得名。《明史·张经传》作‘闵港’。亦曰‘敏航’。南枕黄浦、横沥贯之。正德己卯、庚辰大水，横沥、沙竹二冈田独稔，灾乡多从贸易，镇始知名。明倭寇时尝屯兵守之，《筹海图编》《江南经略》皆以此处为渡浦入府之通衢，故府城捍卫称要地云。洪武六年，设黄浦巡检司于此，今仍之。”

在这个记载中，对闵行镇的地理位置、地理特征作了阐明；又对地名来历、曾用名称和闵行知名起因作了记述；还对闵行在军事、治防上重要性作了实例说明。

该记载对以姓得名而未列出依据或出处，加上后来民国《上海县续志》记载了山东人闵其在嘉靖间来沪游学、殁后葬在闵行，并有闵行镇以此命名的文字，引起了士绅黄艺锡的注意，认为记载有误。黄氏在《闵行诗存》的书跋中谓："《上海县续志》乃称，闵其，山东人，嘉靖间游学来沪，卜居黄浦之滨，殁后葬此，闵行镇以此命名，盖又传文之误矣。"

一般认为，正德府志已经记载闵行了，正德在前，嘉靖在后，闵其在嘉靖间来沪游学时，闵行这块地方早就称"闵行"了。这样，似乎是《上海县续志》记载错了。

实际上，《上海县续志》对命名的记载没有错，错在了别的地方。

由于古代的志籍没有标点符号，添加不同标点，意思会大相径庭。先看《上海县续志》加标点的正确记载："隐士闵其墓，在二十一保一图横沥启秀桥北。其，山东人，嘉靖间游学来沪，卜居黄浦之滨，殁后葬此。闵行镇以此命名镇八景之一，曰闵墓蒹葭。乾隆初，图册载有户名。"

黄艺锡采用了另一种加标点的读法，成为："隐士闵其墓，在二十一保一图横沥启秀桥北。其，山东人，嘉靖间游学来沪，卜居黄浦之滨，殁后葬此，闵行镇以此命名。镇八景之一，曰闵墓蒹葭。乾隆初，图册载有户名。"按照此种读法去理解，变成闵行镇用闵其的姓去命名的，而正确的读法，命名的是闵其的墓。

这便是志籍记载闵其墓引出命名问题一段佳话的缘由所在。

闵其墓在张家弄东口，横泾河西，属十六保十八图，《上海县续志》

记载为一图，的确有误。

闵行的名称，历史上发生过变化。明弘治时的记载为“敏行”，明正德时的记载称“闵行”了，也作为正名一直使用至今。清乾隆后也作“敏航”，使用较为普遍，乾隆《上海县志》也有记载。李林松的家谱中，有一篇作于乾隆三十八年的《瀛洲公传》，其首句为：“敏航为上海首镇，循黄浦而西则张泾、横潦诸水也。”句中将闵行称为敏航。清同治间南汇乡野诗人丁宜福有诗《敏航等渡》，诗曰：“驰道中分水一条，敏航等渡妾心焦。当年恨煞秦皇帝，只筑长堤不造桥。”诗中也将闵行称为敏航。古人使用地名不像现在那样严格，一地多名、一名多写也是常见的事情。闵行的留桥弄也称柳桥弄、牛桥弄；横泾，可作横沥、横泺；散卮桥因谐音成了杀猪桥。闵行东乡的莺窦、莺脰、邢窦、鹦窦、鹭窦，实为一地，却出现不同字样，莺窦河如今称樱桃河了。在民间，过去也有把闵行称为“米行”的说法。

《明史·张经传》把闵行写作了“闵港”，嘉庆县志把这一史实记载了下来。《明史》是二十四史最后一部，该书编写从顺治二年至乾隆四年完成，历时九十四年。“张经传”是其中一篇，书中有关闵行地名的记载是这样的：“张经将瓦兵隶属总兵官俞大猷……分屯在金山卫、闵港、乍浦，牵制敌贼三面，以等待永顺保靖兵来聚集。”这个记载中，把闵行写成了“闵港”。

黄艺锡在《闵行诗存》的书跋中认为，《明史》在编写时“误行为港”。若按孤例不立考据，“闵港”字样在历史上只是独此一处出现，黄艺锡的说法不无道理。

嘉庆《上海县志》对闵行名称的记载，引出的第二段佳话，是因记载错了年份，被《闵行区地名志》责任编辑张建昌先生撰文指出了。

这件事先得从正德《松江府志》的记载说起，该志记载：“闵行市在十六保、横沥东。近岁，己、庚二水，横沥、沙竹二冈田亩有秋，灾乡多从贸易，郡中始知其名。”（“有秋”指禾谷成熟。宋范成大《颜桥道中》有句：“处处田畴尽有秋”。）到了万历《上海县志》，记载变成：“闵行市在十六保、横沥东。正德己卯、庚辰大水，横沥、沙竹二冈田独稔（庄稼成熟），灾乡多从贸易，市始知名。”

万历县志错把“己、庚”当成“己卯、庚辰”。张建昌先生指出：“其中‘己、庚’是指‘己巳、庚午’，即正德四年、五年（1509、1510）。正德《松江府志》成书于正德七年（1512），书中的‘己、庚’不可能指‘己卯、庚辰’，即正德十四年、十五年。”这样，万历后的康熙、乾隆、嘉庆等县志的修志者没有详加考证，都发生了记载错误。上述嘉庆《上海县志》中的“己卯、庚辰”也应改作“己巳、庚午”。

闵行的地理位置在战略上十分重要。明初时朱元璋设黄浦巡检司于此，嘉靖间倭寇猖獗时驻军守卫。嘉庆《上海县志》对闵行地名记载中的《筹海图编》和《江南经略》作介绍于下。

《筹海图编》和《江南经略》是明代郑若曾专为抗倭而作的军事著作，为姊妹篇。郑若曾在嘉靖三十一年（1552）倭寇猖獗时，以《殄倭方略》密陈总督胡宗宪，被征聘为军中幕僚，佐胡宗宪平倭。

在编纂两著作前，郑若曾携二子，操小舟，考察于江湖、道里、通塞间。不辞辛劳，实地观察，得出百余幅地形图，完整详尽地记录了松江、苏州、常州、镇江四府及其所辖地区的地理位置、重要关津和险要地点。提出了海防、江防、陆防的整体抗倭体系，三者中以海防为首。

郑若曾认为，“倭舶自东南而来，华亭、上海首当其冲，次嘉定、次太仓、次常熟，故序海防以松江居前，苏州次之。”在《松江府总论》中，郑若曾提出“守御之法有三重”。“守吴淞江、黄浦口，自东北而西南者水路也，此第一重也。守三林、周浦、曹泾、张泾等镇，为海塘声援者，第二重也。守闵行、乌泥泾、朱泾等港，使贼不得渡浦而西者，第三重也。之三者，吴淞之守为尤要。”

《江南经略》中“闵行镇险要图说”如下：

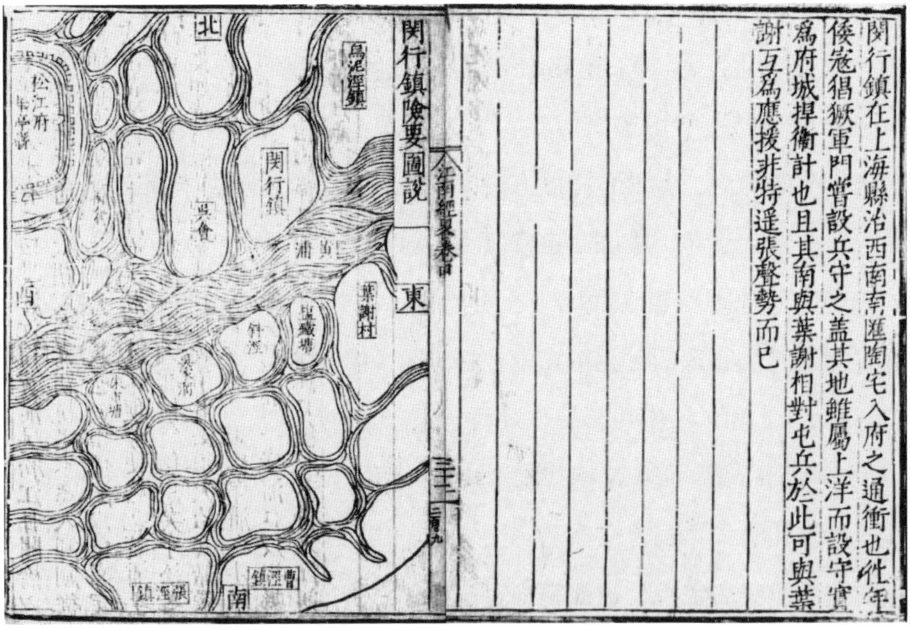
閔行鎮險要圖說

閔行鎮在上海縣治西南南匯陶宅入府之通衝也往年倭寇猖獗軍門嘗設兵守之蓋其地雖屬上洋而設守實爲府城捍衛計也且其南與葉謝相對屯兵於此可與葉謝互爲應援非特遥張聲勢而已

《江南经略》中“闵行镇险要图说”

上图右文为：“闵行镇在上海县治西南，南汇陶宅入府之通冲也。往年倭寇猖獗，军门尝设兵守之。盖其地虽属上洋，而设守，实为府城捍卫计也。且其南与叶谢（榭）相对，屯兵于此可与叶谢（榭）互为应援，非特遥张声势而已。"

郑若曾的这一段论述，为后志采用，如崇祯《松江府志》在兵防条目中、康熙《上海县志》、嘉庆《松江府志》在镇市条目中都有这样的表述。

《江南经略》初刻于明隆庆二年（1568），清乾隆时收入《四库全书》。书中已将闵行称"镇"。

地域一步步扩大

古代民宅依水而筑，横泾两岸与市河母子泾间为闵行人口居住密集区。弘治《上海志》记载的横泾桥（后称宏济桥、聚龙桥）、小母子桥连通了东、西两街（后称前东街、老西街），中由中市街（后称南街、大街）分隔两街并通黄浦滩，成了闵行成市之初的地块。这里陆路有东、西两桥连接外界，水路有横泾、黄浦通四面八方，有了成市的基本条件。

以后东、西两街之北又成街后，东、西两街改称前东街、老西街，新成之街便称后东街、新西街了。中市街也向北延伸，成了北街。

据载，明代后期，后东街北已有董氏别业竹安斋，及董氏经常出入的施弄，再北便是隐士闵其墓。明末清初，其北又有了张必荣种韭养母得名的韭菜街。

这样，以南、北街为中轴的闵行东部，清代初已一步步向北扩大到韭菜街一带了，而西部，也是一步步地向北不断延伸。

闵行镇人李显谟（字英石，清光绪副贡，马兵科举人。曾在国民政府任职，后脱离军职，倾心地方建设）的家谱记载，其十世祖李国祚在明崇祯十六年由华阳桥迁闵行镇，居住在老西街北一带，十四世祖李本堃于嘉庆间捐地基辟筑新西街和家族住宅群。乾隆间，张氏布庄贩布获利后，向北建竹荫庄住房群。再北，是嘉庆间李林松所筑的易园了。至清末，北街两边建筑已建成，街也延伸至度门寺前的北庙路（新闵路）而止。

民国初徽州会馆在母子泾西建成，后又建十间头、九间头、八间头房租于徽籍商民，均在母子泾西。因此，民国初时的闵行镇人口居住的区域，东在横泾两岸、西在母子泾两岸，北至北庙路（新闵路），南濒黄浦江。李显谟筑沪闵汽车路后，西也以路为界。

闵行人口居住区外围，原建有不少寺庙，镇西有文帝庙，镇东有东庙、春申道院、关帝庙、奎星阁，镇北有北庙、清净庵、度门寺、小祇园、广明庵等。进入民国，一些商、政、军界人士纷纷建筑私人住宅，这些私人住宅格局清新、造型各异，均附有花园，因此也只能在居住区外围见缝插针了。镇西有李显谟的李园、黄申锡的黄家花园、叶裕大宅、乔念椿宅，镇东有金氏别墅（亦卢），镇北有范知先的高平庄、项镇方的项家别墅、黄艺锡的黄家别墅等等。闵行镇人口居住范围又向外扩大了一圈。

1930年代，闵行镇社会经济进一步的发展，镇境范围也进一步扩大，镇西有乔念椿建振市电气公司、修船厂，浦滨花园，普安第二公墓，闵行中心小学，德丰兴花厂、油车、庠村，沪闵南柘汽车站，敏园等。镇东建广慈苦儿院，中孚染料厂，文绮染织专科学校等。

闵行镇也就这样从外滩旁几条街成为商市开始，利用了黄浦江沿岸天然条件，一步步发展扩大，形成了镇的东西向很宽、南北向较窄的格局，其人口居住区又向外突出，成了一个扁的“凸”字形。

从地价表看镇之范围

民国25年（1936），上海县废除了延续几千年的封建田赋，实行地价税制度。把全县土地以土地价值为依据，划定成不同的地价区域，再按不同的税率进行征收。

闵行镇的全部市地也划分成十个不同的地价区，每亩标准地价由第一地价区的每亩2000元（当时为法币）至第十地价区的每亩200元，按税率收取地价税。这次地价税的启征，自民国25年11月20日起，至第二年的3月底止。之后，因日本侵华战争爆发而停止，地价税也只征收了一次。

闵行镇标准地价表如下：

上海县闵行镇市地地价区标准地价表

类别 / 区数	地名	四至				每亩标准地价	备注
		东至	南至	西至	北至		
第一地价区	十字街及沿黄浦滩	水行果址	黄浦	轮渡	新街口	2000元	
第二地价区	新西街前后东街暨第一楼基地等	横泾	第一地价区及黄浦	母子泾	张家弄	1700	
第三地价区	救国路及沿沪闵汽车路	秦皇道	轮渡	中心学校	高平庄	1400	
第四地价区	西黄浦滩及沿浦滨花园马路	油车	黄浦	浦滨花园	六曲河	1100	

（续表）

类别 区数	地　名	四　至				每亩标准地价	备注
		东 至	南 至	西 至	北 至		
第五地价区	北大街及老西街中市	韭菜街及第一地价区	第一地价区	秦皇道	体育场	900	
第六地价区	施弄东及横泾河东沿黄浦	庙泾河	黄浦及第二地价区	施弄	河东前街	750	
第七地价区	张家弄及沿黄浦滩	广慈西路及第一地价区	河东前街	韭菜街	救国桥	600	
第八地价区	蒋家场及沿颜料厂马路	庙泾河	河东前街	横泾	叶姓宅及东面至颜料厂浜	400	
第九地价区	区公所体育场暨洞真道院	义塚坟	体育场	秦皇道	清净庵址	300	
第十地价区	浦滨花园西靠黄浦滩	浦滨花园	黄浦江	小闵行（即造船厂址）	小夹沟及东李家河	200	
	颜料厂东靠黄浦滩	徐桐河	黄浦江	庙泾河	河		

这张地价表中的地名，在今天已大部消失，成为历史地名。表中也可看出当时闵行镇最好地块即“十字街及沿黄浦滩”。十字街为大街、前东街、佛阁弄、老西街，街口交会处称十字街口；沿黄浦滩即外滩，1956年改名浦江路。该地块北至新街口，东至黄瑞泰水果地货行，西至轮渡码头，南为黄浦。是当时的黄金地段。

第十地价区是闵行镇的边缘地块，有东、西二部。西部地块在浦滨花园以西的黄浦江边，以夹沟河为界。北以小夹沟及东李家河为界。有乔念椿造（修）船厂在此，设有几家百货、食品店而称"小闵行"，由古道（建设路）通入。东部地块在中孚染料厂（上表中称颜料厂）以东的黄浦江边，以徐桐河（南北向）为界。徐桐河当地人称徐龙河，在淡水河西约200米。建染料厂之前，庙泾河上有桥，西为叶家路，东为一条古官道，经官厅头后通徐桐河上的徐龙桥，可抵莺窦河地区。表中北至的河为一条东西向的无名河，位今老江川东路南旁。

该地价表虽为1930年代划分地价而作，也为今天判定当时闵行镇境范围提供了依据。当时镇境西为夹沟东的小闵行，镇境东至徐桐河，镇境北可由表中的北至及已知的历史地点连成一条曲线，境南为黄浦江。如下图圈出部分：

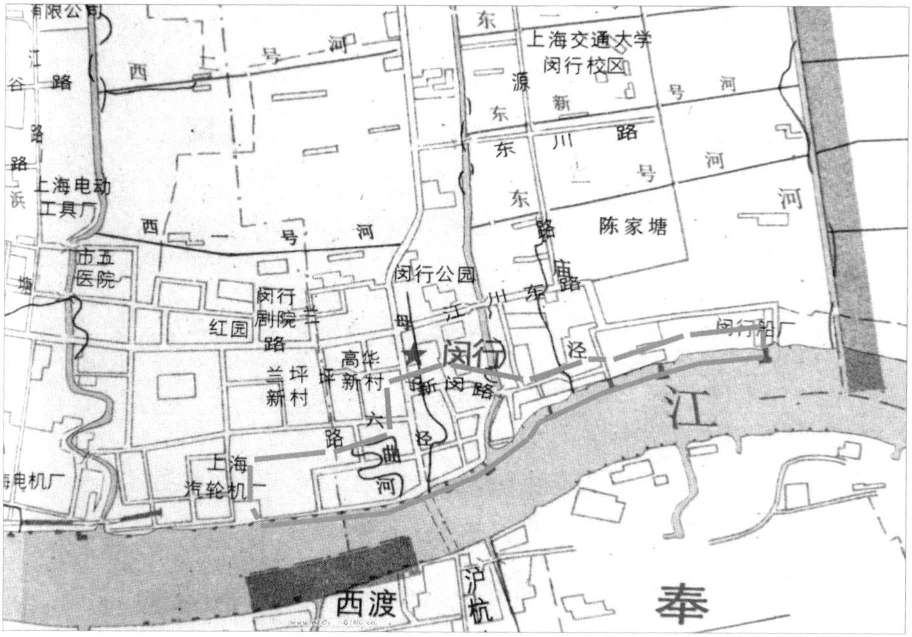

1930年代镇境范围图

链 接

关于闵行市、闵行镇、闵行乡：

1. 闵行市：市即集市、草市，人口不多但有经商活动，未成镇的规模。记载于明代正德《松江府志》。该志成于正德七年（1512）。见下图：

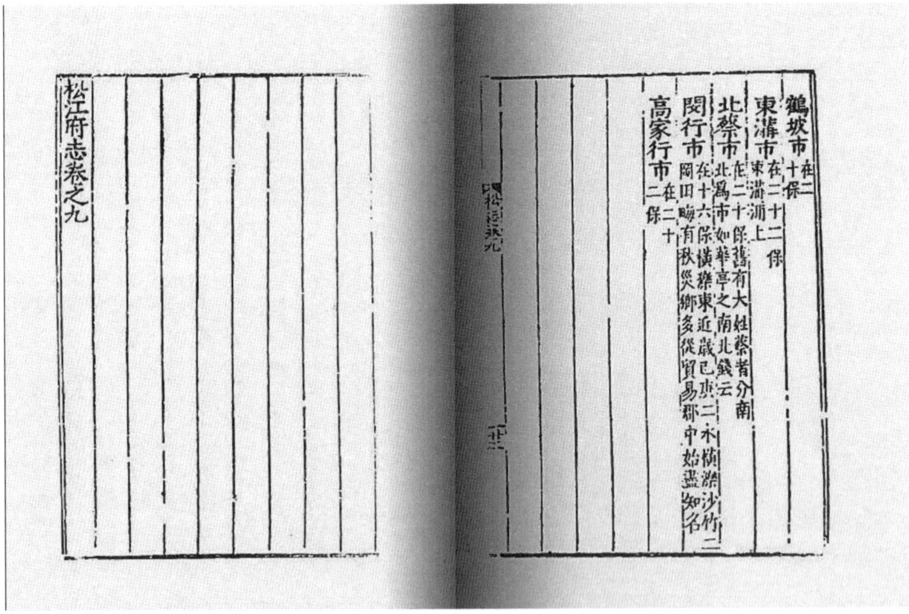

松江府志卷之九

鶴坡市在二十保

東滄市在二十二保東滄涌上

北蔡市在二十保舊有大姓蔡者分南北爲市如華亭之南北錢云

閔行市在十六保横瀝東近歲已來二水横瀝沙竹二岡田畮有秋災鄉多從貿易郡中始盡知名

高家行市在二十二保

2. 闵行镇：一般公认清代乾隆十五年（1750）的《上海县志》中已称镇。清代乾隆八年的《大清一统志》也已将闵行称为“镇”了。见下图：

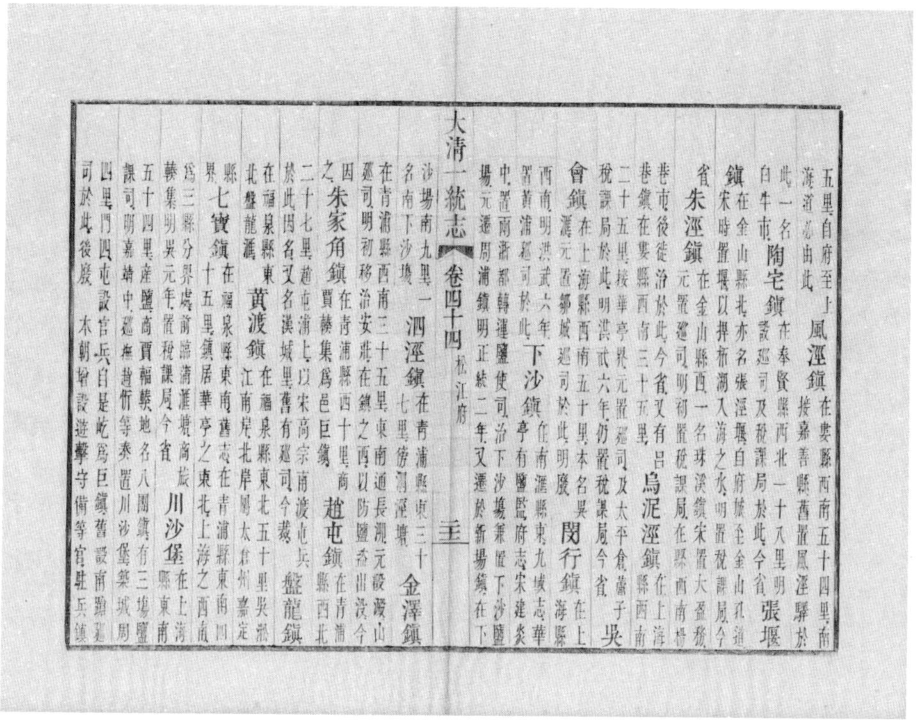

大清一統志 卷四十四 松江府

五里自府至上風涇鎮在婁縣西南五十四里南
海道必由此接嘉善縣舊置風涇驛於
此一名陶宅鎮在奉賢縣西北一十八里明
白牛市設巡司及稅課局於此今省張堰
鎮在金山縣北亦名張涇堰自府城至金山孔道
宋時置堰以捍祈湖入海之水明置稅課局今
省朱涇鎮在金山縣西一名珠溪鎮宋置大盈務
元置巡司明初置稅課局在縣西南楊
巷市後徙治於此今省又有呂烏泥涇鎮在上海
巷鎮在婁縣西南三十五里縣西南
二十五里接華亭界元置巡司及太平倉蕭子吳
稅課局於此明洪武六年仍置稅課局今省
會鎮在上海縣西南五十里本名吳閔行鎮在上
淞元置鄉城巡司於此明廢海縣
西南明洪武六年下沙鎮在南滙縣東九團志華
置黃浦巡司於此亭有鹽監府志宋建炎
中置兩浙都轉運鹽使司治下沙場兼置下沙鹽
場元遷周浦鎮明正統二年又遷於新場鎮在下
沙場南九里一泗涇鎮在青浦縣東三十
名南下沙場七里傍泗涇塘
在青浦縣西南三十五里東南通長泖元設澱山金澤鎮
巡司明初移治安莊在鎮之西以防鹽盜出沒今
因之朱家角鎮在青浦縣西十里商趙屯鎮在青浦
二十七里趙屯浦上以宋高宗南渡屯兵縣西北
於此因名又名漢城里舊有巡司今裁
在福泉縣東黃渡鎮在福泉縣東北五十里吳淞
北盤龍滙江南岸北岸屬太倉州嘉定盤龍鎮
縣七寶鎮在福泉縣東南舊志在青浦縣東南四
界十五里鎮居華亭之東北上海之西南
爲三縣分界處商臨滙塘商旅川沙堡在上海
輳集明吳元年置稅課局今省縣東南
五十四里產鹽商賈輻輳地名八團鎮有三場鹽
課司明嘉靖中巡撫趙忻等奏置川沙堡築城周
四里門四屯設官兵自是屹爲巨鎮舊設南蹌巡
司於此後廢本朝增設遊擊守備等官駐兵鎮

3. 闵行乡：清代宣统元年（1909）1月清廷颁布《城镇乡地方自治章程》后，闵行于宣统三年成立闵行乡，政府机关为闵行乡自治公所，简称乡公所，设于闵行镇。

闵行乡辖境范围东至莺窦河，西达语儿泾，北沿望海塘、塘泗泾一线，南临黄浦。有十六保内17个图和21保内3个图。有闵行、吴会2个镇和荷巷桥、中渡桥2个市。地积约26平方公里。

民国17年（1928）县、市分治后，改闵行乡为上海县第一区。闵行镇仍归其辖。乡公所改称区公所。

下图为闵行乡境范围图：

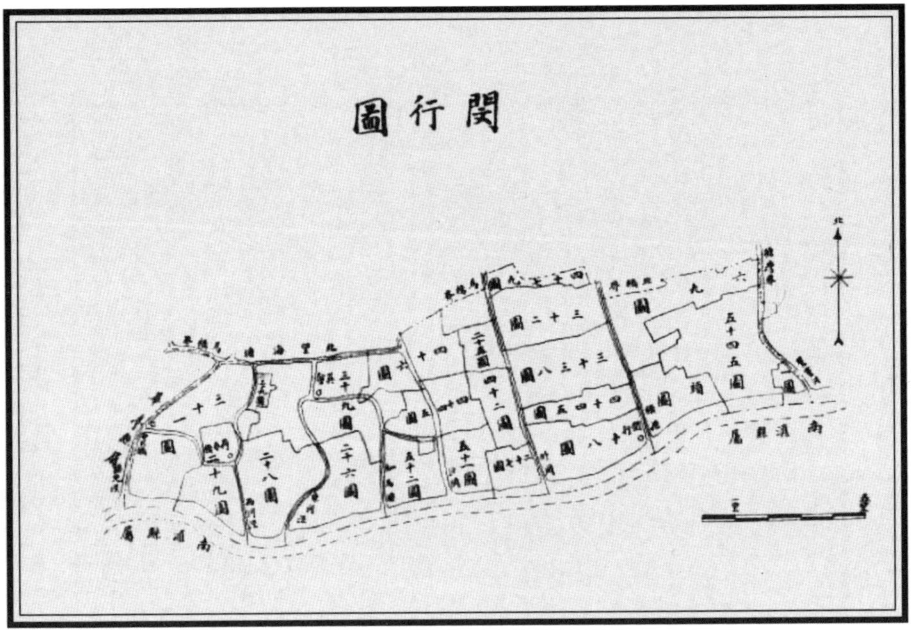
閔行圖

曾为黄浦江之门户

黄浦巡检司

巡检司是明、清两代维护乡村社会秩序稳定的最基层国家行政机构。明初，朱元璋建立了一系列社会控制制度，如黄册制、里甲制、老人制等。为加强对流动状态人口管理这个基层社会的控制，明廷沿承和完善了元代的巡检制度。清代，巡检制度得到了延续，直至清末。

闵行镇设黄浦巡检司是在明洪武六年（1373）三月。明弘治《上海志》是这样记载的："黄浦巡检司在二十一保，洪武六年三月巡检万鲁迦奴赁民房署事，十二年巡检苟狗以赵復没官房宇改置，二十九年（1396）十一月巡检李贤重葺。"

巡检司的职责是治安巡防，稽查来往行人，缉捕盗贼、奸细、逃犯，打击走私，维护正常的商旅往来。巡检司的性质，属地方性武装力量，为地方性军事机构，从属于县署的行政管辖。巡检司的长官称巡检，所属差员称弓兵。嘉庆《松江府志》记载："每司设巡检一员，弓兵在腹裹者例三十名，沿海沿江者加额或至七十名。"又记载："黄浦司驻闵行镇，额设弓兵三十五名。"

上海县巡检司设置数量的变化：明正德《松江府志》记载的上海县内巡检司有五个，为黄浦、三林庄、南跄、吴淞江、新泾。在清康熙《上

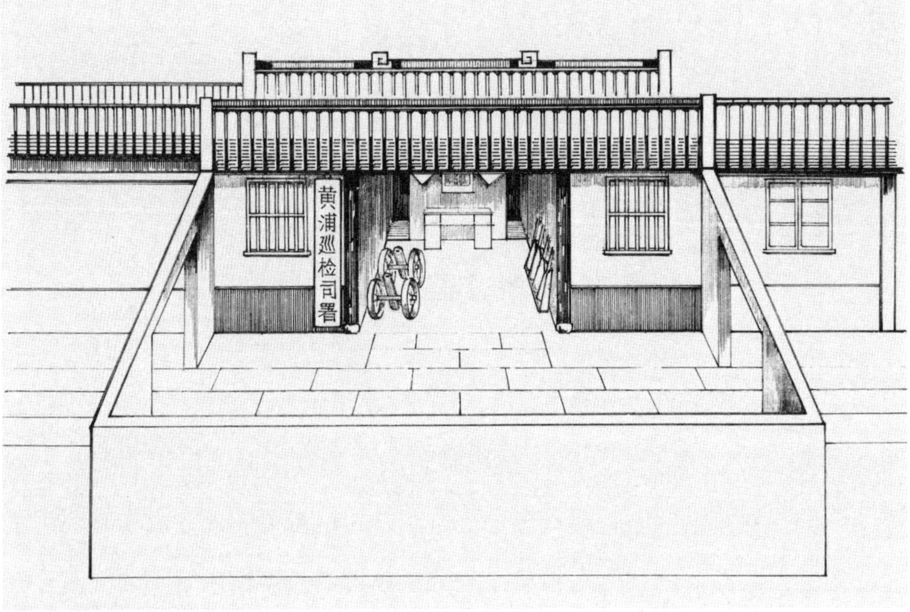

黄浦巡检司署情景画

海县志》中，记载的只有三个了，为黄浦、三林庄、吴淞江。而在清嘉庆《上海县志》的记载中，只有黄浦和吴淞江二个司了。这是因为松江府内行政区域二次分划而为，明万历元年复置青浦县，这样，新泾和南跄二司因所在地划归青浦就脱离了上海县的统辖关系了。同样，清雍正四年分划南汇县，上海县境西南部的长人乡大部分脱离了上海县的行政统辖，三林庄司也就划归南汇管辖了。这样，至清末，上海县巡检司只有黄浦和吴淞江两个了。

巡检司是机构名称，署是办公地点。闵行镇黄浦巡检司署的位置初在二十一保，弘治《上海志》和正德《松江府志》均有记载，二十一保在闵行镇横泾河东。

以后的黄浦巡检司设在哪里？由于府、县志的记载不具体而难以查考，而民国《上海县续志》记载光绪三年的黄浦巡检司时，由于多加了一句"在社仓旁"，使我们得知具体的位置。记载是这样的："黄浦巡检司在社仓旁，光绪三年巡检路耀彩领俸重建。"社仓也称积谷仓，光绪元年（1875）闵行士绅李荣滋创建，在六曲河桥东的中心弄北侧，有门房7楹、正厅7间、侧厅6间、东西廒10间、仓神殿1间。

据镇人回忆，抗战前巡检司署已成废弃状态。署为三开间二进房，前进房中间为过道连通天井，天井内有2门小钢炮。署前弄对面有1块影壁。

黄浦巡检司历经基本完整的明、清二代，作为县署的一个组织部门设驻在闵行镇而成为闵行镇历史上一个重大事件，它也为研究封建朝代为维护基层社会稳定的治国理念提供了一个个案标本。

防营与巡警

鸦片战争后，上海被迫开埠，商业逐渐繁荣，上海的军事地位也日益突出，驻军渐次加强，至光绪后，两江总督决定在上海增设防营，由上海道台统带或节制。

清朝的军制，原有"旗营"和"绿营"，曾国藩组乡团建湘、淮军后，便有了"勇"营。光绪初清廷陆续把湘军中的防队改编为巡防营，袁世凯小站练兵成立新军的同时，清廷又进一步整编、强化巡防营，挑选旧绿营、勇营的精壮，另募民丁中强健者组营，用来维护地方的安全保卫。

巡防营按各地需要划分成中、前、后、左、右或东、南、西、北区别之。营设管带和哨官统率，设教习训练新式枪械。光绪十年（1884），

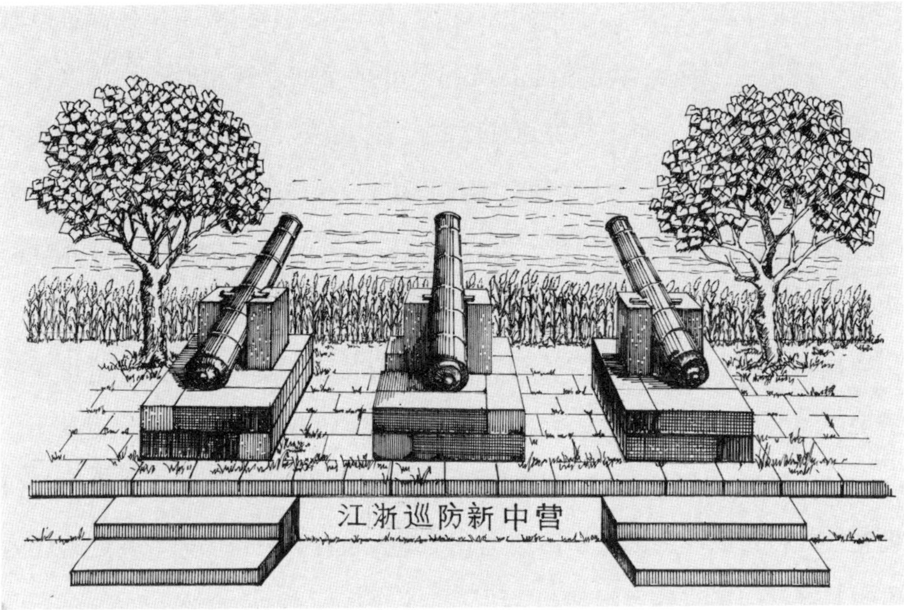

江浙巡防新中营情景画

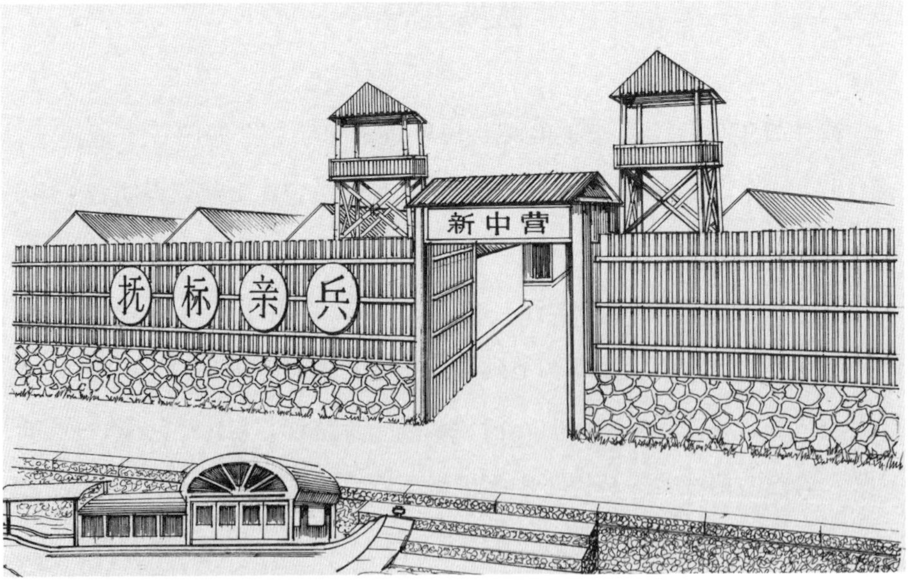

抚标亲兵新中营情景画

江浙巡防新中营官兵2000余名驻闵行镇，租用民田、建筑营垒。据民国《上海县续志》所记载，该营在横泾河东的鸭绿浜修筑旧有土炮台7座；在黄浦江内安设水雷，已是一支装备有素的军队了。光绪二十二年（1896）该营他调，在闵历时12年。

也在光绪十年，巡抚卫荣光以闵行为松江府、黄浦江往来要冲，奏请添募抚标亲兵新中营驻闵行镇以增强对黄浦江的防卫。

"绿营"为地方总督、巡抚统辖，亲兵的构成分为二支：督标亲兵和抚标亲兵，督标亲兵由提督统辖，抚标亲兵由巡抚统辖。驻闵行的抚标亲兵新中营有管带1员，帮带1员，哨官4员，哨长4名，什长、勇丁400名，长夫110名。光绪十三年（1887），巡抚崧骏奏请将此营改为水师，配飞划船36艘，四板驳船8艘，营官坐船1艘。每船除哨官外，有舱长、柁工、驳勇等若干名。

光绪三十一年（1905），原驻南市的太湖水师第五营移驻闵行沿浦各港口，有营官带1员，哨官23员，长龙舢板船23号，舵工、桨勇等共426名。民国后，太湖水师第五营先编入沪防全军，后改为水警。

民国2年（1913）北京政府任命李英石为江苏水上警察厅厅长后，即改编太湖内河松军飞划全部二十营为水上警察厅，荐松军水师统领沈葆义为第一专署署长，署设在原西渡码头之西北的黄浦江边。

上海县的警察机构，源于清同治初的巡防保甲局，但这只是巡查防盗开警察之先声而无专门警察制度的一个机构。光绪三十一年（1905）清廷推行警政，撤销巡防保甲局，成立上海警察总巡局，又设上海警察学堂，招考学生入堂训练，3个月速成结业后上岗巡逻。第2年改称上海巡警总局，总局划警区统率各分局。

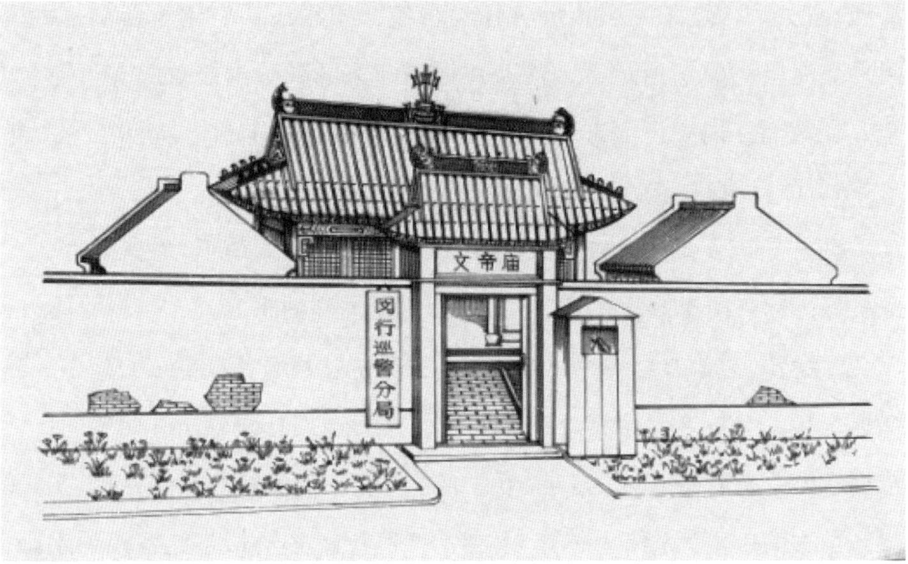

闵行巡警分局情景画

水警第一署情景画

宣统元年（1909）闵行设巡警分局于镇西的西庙（文帝庙），分局有巡官1人，巡长、巡士共40人。其年警务费在关税项下开支。

宣统三年（1911）辛亥革命后，沪军都督府改上海巡警总局为民政总局，民国2年（1913）成立江苏省淞沪警察厅，同年上海县警察事务所成立，次年改称上海县警察所。上海县警察所设于县知事公署，设闵行为第一分所。

查缉私盐

闵行镇之南奉贤的袁浦、青村、柘林向为产盐区，自元代起在各产盐省设立盐运使管理盐务一直至清代，盐运使全称为“都转盐运使司盐运使”，简称“运司”。明、清时盐以引计，每引若干斤，已纳税的引盐为官盐，未纳税的为私盐，实行专商引岸销盐制度。产盐区的走私贩盐一直发生，运司对缉私的宗旨，也在维护引盐的专买政策，防止以偷税形式流入黑市。而在私盐猖獗时，也有巡检司的协查乃至巡抚的直接干预。如在康熙《上海县志》中记载：“吴淞、黄浦、三林塘巡检三员，弓兵一百三十五名，岁共获盐一十九万四千四百斤，船二百五十二只，犯二百五十二名。”同治八年（1869）浙江巡抚派勇丁300人、炮船一艘游弋于黄浦江闵行江面巡缉私盐。

浙西盐捕营分前、后、左、右、中五营。前营驻金山，后营驻苏州兼六门缉私，左营驻闵行，右营驻无锡，中营驻地不详，总部驻苏州。凡事禀苏、浙两巡抚派员办理。驻闵行的浙西盐捕左营设管带1员，领哨1员，枪划船8艘，每船设巡长1名、巡勇4名、伙夫1名，月支饷银1783元。

浙西盐捕左营情景画

奉贤光明乡庙泾村人沈梦莲原以撑船为业，后纠集南桥帮贩盐团伙自备火轮武装贩运私盐，期间也与安徽巢湖帮盐贩械斗不止。光绪二十八年（1902），任奉贤知县的郭崇光接松江知府、上海兵备道令招抚沈梦莲，用其为浙西盐捕营总缉管。沈强力打击贩私盐船有功，巢湖帮绝迹，上海道台赐其名为“葆义”（参见广慈苦儿院）。

“盐公堂”是官府统销引盐的盐栈，兼有查缉和扣押私贩之权，故有“公堂”之称，可按律审判私盐案件，但其缉获的多为小私贩，也就常以罚款了事。老闵行盐公堂在南北大街97弄（张家弄）东口南的横泾滩。为一幢五开间平屋，中堂前有一披屋，中堂两侧均为库房。民国初改为民宅。

民国5年（1916），苏属缉私统领派第二营驻闵行镇，打击食盐走私。

水乡多河亦多桥

庙泾、母子泾、六曲河，是闵行镇三条市河（见“1930年代镇境范围图”）。

庙泾河入浦口在染料厂西旁，出今江川东路后于今德宏路处断流。解放初已成一条逐见淤浅的河道。原有庙泾桥可通叶家路（新闵路）与闵行东乡的古官道。民国22年（1933）建中孚染料厂后改建为可通汽车的铁架木栅桥，其北染织专科学校前也建有相同的桥，1982年扩厂时厂区段河填没，铁架桥也拆除。

庙泾桥在弘治《上海志》中已有记载，乾隆《上海县志》的记载为：“庙泾桥，里人郭少溪建，郭洽世、淑世重修。”该志还记载了一则小故事：郭少溪原为卢州人，以军功世袭锦衣卫千户，后徙居在莺窦河。一次在野外拾得一笔钱，在原地等了三天无人认领，便将所拾钱并自己贴出些建了庙泾桥。

母子泾入浦口在西渡东旁，向北流经新安路折一大弯后继续向北，止于王家坛，即今闵行公园旁加油站的东处。相传是母救溺水之子双双遇难而得名。跨母子泾的桥，南段有外滩西端的洋松木桥，老西街西端的小母子桥；中段有新安路东的散卮桥和新桥；北段有留桥弄西端的留桥和徽宁路西端的木桥。

洋松木桥又称西安桥，是闵行西市通向外滩的桥梁。小母子桥在弘治《上海志》中已有记载，乾隆《上海县志》的记载为：“小母子桥，在闵行镇西街。”西街即老西街。民国17年（1928）后填没了母子泾入浦处一段，两桥也随之拆除。

中段上的散卮桥在同治县志已有记载，新桥在民国县志才见记载。散卮桥连通新安路和杀猪桥弄（后称新园南弄），新桥连通新安路和宅间小弄（1920年乔念椿改筑为新街）。新桥在民国5年（1916）李祖佑、马恩培等募资改木桥为石桥，与散卮桥相距较近，均在河道折弯处而形成“八”字形，镇民把两桥通称为八字桥，是通向闵行西市的重要桥梁。解放后1953年填没母子泾时两桥拆除。

留桥弄西端的留桥，民国县志有载，乡公所在民国9年（1920）募资重建，甃以石，缭以铁栏。嘉庆《上海县志》记载的“母子泾桥”可能指的是留桥，那时的诗人李媞已作《留桥春耕》诗，春日里，桥西还是一片扶犁农忙的景象。

留桥之西有秦皇道，桥之东的留桥弄北侧有夏世熙的“兰徵草堂”，南侧为马恩培的“柳村别墅”和李林松的“易园”。留桥在1953年填没母子泾时拆除。

徽宁路是因东端有徽宁思恭堂而得名，跨母子泾上有木桥，1950年代中期改筑涵洞，1957年起逐步拓宽延长至达丰化工厂，名达丰路，1980年改称江川东路。

母子泾作为市河，不作灌溉用，又无运输功能，民国后居民也不在该河取水用水，但却关系着消防，因此对该河既有疏通又进行逐段填没。最早镇境内对该河的填没在清末，填没了大操场的一段。民国5年10月，乡公所对该河疏浚了一次。最后填没的是新安路南的一段，为1956年。

六曲河在闵行西部，今市轮渡处为入浦口，向北后折弯向西，该河有多个折弯，因此称六曲河。“李园”和“叶裕大宅”均为河道拐弯处，最终消失于今华江新村内。河上除六曲河桥外，另有李英石筑李园通西浦滩的自建小石桥，叶裕大业主自建小木桥通自家花园。六曲河桥南旁开过油车，桥也被称作油车桥。

六曲河桥西在清嘉庆后期有文帝庙、文昌书院，宣统元年设巡警分局，后又改作农业学堂、乙种农校、闵行小学。桥东为统捕弄，后改称中心弄。清光绪初弄内有社仓（也称积谷仓）和黄浦巡检司署，光绪二十八年改办务敏学堂。

六曲河桥一带又称西市，民国时开办德丰兴花厂，后更名鑫建花厂、闵行花厂，解放后改称为闵行轧花厂，1960年轧花厂扩建，六曲河出浦一段填没，桥也随之拆除。

横泾古称横沥、横泺。嘉庆《上海县志》谓其为上海南北经流廷亘最长之水：横泾“自南黄浦绝流而北，出闵行镇东北下，绝俞塘，出北桥东，绝六磊塘，出颛桥西北入华亭界。又北出蒲汇塘、七宝镇东北，绝吴淞江入嘉定界。踰太仓，历常熟，直至江阴以北。”1981年将闵行黄浦江以北至吴淞江的横泾命名为横泾港，长27公里，流经诸翟、华漕、七宝、莘庄、颛桥、北桥各乡镇，通航能力40—60吨，是闵行商品流通的重要航道。

镇境内横泾段上有跨河桥3座，水桥17座。

聚龙桥在横泾入浦口处，镇人称为“环龙桥”，单孔拱形花岗石结构，具江南古桥梁建筑风格。桥孔高大便于舟船行驶通过，两旁石柱刻楹联二付。桥面石级宽大，两边石栏厚实并置螺旋曲线石鼓成对，中央平

1970年代横泾（汪大纲摄）

李林松赴考情景画

台上有圆形双鲤旋转对称浮雕图案，设门架一对，有隐喻鲤鱼跳龙门之意。民国《上海县志》记述了一件趣事，当年李林松北上赴考，“舟经桥下，有双鲤跃入舟中，旋登进士，第爰捐金新之。”嘉庆二十一年（1816）春，李林松向上海县知县叶机倡议并出资重建聚龙桥，第二年五月落成，李林松撰写了《闵行镇重建石桥记》，刻石置碑于桥旁。

聚龙桥在明弘治《上海志》中

已有记载，称横泾桥，为木桥。嘉靖十七年（1538）改为石桥。万历二十年（1592）有过一次修理。天启年间闵行一位乔姓者对桥再修，并把桥名“宏济”改为“聚龙”了。聚龙桥的名称就一直使用至今，至少有390年了。

启秀桥在后东街东端，原为木桥，同治四年（1865）重修。光绪二十七年（1901）闵行李祖锡、莺窦河人蒋庆和等募资重建，两岸各置石墩，上架洋檀硬木，护以铁栏杆。民国5年（1916）乡公所李祖佑、马恩

1960年代聚龙桥
（陆裕中摄）

1972年重建的聚龙桥
（汪大纲摄）

培等集资重修，将硬木改为钢筋混凝土桥面，条石作踏步石级，中央桥面两端各设门架，西洋式栏板，为一座中西结合风格的石砼结构人行式平拱桥。1984年该桥成危桥而拆除，使用了68年。

会龙桥连通北庙路与叶家路，镇人称其为戚家桥是桥西原有戚姓人士居住之故。同治《上海县志》记载：“会龙桥在启秀桥北，俗呼戚家桥，道光十四年（1834）始建石。”该桥在民国14年（1925）易为木桥，民国

1951年戚家桥加固扶栏和门架（选自闵行区档案馆《闵行老街史料选集》）

1970年代的启秀桥（汪大纲摄）

1970年代的戚家桥
（汪大纲摄）

18年改建为钢筋砼拱桥时，正值日军在山东制造“济南惨案”后，闵行民众成立“抗日救国会”，将桥更名为“救国桥”。后又恢复戚家桥名，解放初加固护栏和门架。1964年重建为三孔两墩三柱的混凝土桥。

据李林松的家谱记载，李林松族祖李朝英乐善好施，于乾隆九年（1744）倡造了戚家桥，这个记载可将戚家桥的建造历史前推90年，也纠补了志籍记载之不足。

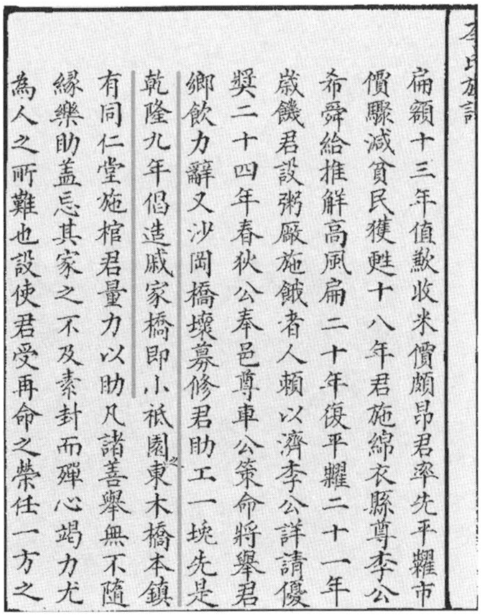

扁額十三年值歉收米價頗昂君率先平糶市
價驟減貧民獲甦十八年君施綿衣縣尊李公
希舜給推解高風扁二十年復平糶二十一年
歲饑君設粥廠施饘者人賴以濟李公詳請優
獎二十四年春秋公奉邑尊車公策命將舉君
鄉飲力辭又沙岡橋壞募修君助工一塊先是
乾隆九年倡造戚家橋即小祇園之東木橋本鎮
有同仁堂施棺君量力以助凡諸善舉無不隨
緣樂助蓋忘其家之不及素封而殫心竭力尤
為人之所難也設使君受再命之榮任一方之

李林松家谱一页

闵行镇三座跨河桥均设门架，在江南水乡桥中并不多见。除了装饰意义外，其实用功能为挂灯照明以方便行人，也为夜间行舟提供光明免撞桥墩。当年浦江龙舟竞渡、元宵赛灯、广慈苦儿院菊花会演出，桥上张灯结彩、披红挂绿，增添了喜庆热闹的气氛。

水桥是河岸边由上至下通向水中的阶梯形建筑，在没有自来水的年代，是人们取水用水洗涮的地方。水桥由1—2米的大石条铺筑成踏步，水下部分加宽加长以便更多人使用。横泾河西的前东街、石皮街、后东街、菜场东弄、张家弄、韭菜街、染坊弄均通向横泾，横泾河东的河东街、蒋家场路、叶家弄也通向横泾，这些街弄口的横泾河边均设置水桥。启秀桥以南和外滩浦江边，还筑有梯形水桥，称马鞍形水桥，兼具停靠行船的功能，不论潮涨潮落均能在踏步上上船。自戚家桥至聚龙桥的横泾河段上有水桥17座，河东7座，河西17座。水桥体现着古镇的风貌神韵，横泾水养育了一代代闵行人，成了闵行民众的母亲河。

李邦黻撰《开浚横沥河记》碑局部

顾言撰《开浚横沥河工并善后章程》碑局部

闵行渡：全国官办车辆渡之创始

黄浦与横泾是闵行的过境河，闵行依水而建，由水而荣。

嘉庆《上海县志》记载："黄浦在县东，大海喉吭也。"喉吭喻指为交通要道，闵行有着得天独厚的地理优势。黄浦属潮汐河，每天有二次潮涨和潮落。过去闵行有这样的说法："尴里勿尴尬，闵行要过夜。"指的是船运和潮水的关系，航运船只顺潮而行是最省时省力的方法。从上游浙江出发，利用潮落"一潮水"正好到闵行，过夜歇脚后第二天再在潮落"一潮水"时可抵上海。恰到好处的地理位置使闵行成了商品物资的中间地，而横泾又是黄浦的喉吭，货物运输向北及周边地区集散，过去把闵行称为码头，也就是这个道理。

闵行另一个优越的地理条件是码头深水岸线很长。横泾以东的黄浦江边俗称东庙弯，这里的黄浦江有一个折弯，长期的水流冲刷江岸形成江滩，落潮后滩地暴露，不能停靠大型船只。而横泾西直至兰坪路止的一带为天然的深水岸线，适合大船的停靠。船舶汇集，樯桅辐辏，码头经济在这里展开，商业活动由闵行外滩向北辐射扩散，形成镇南部多为商业区、镇北部多为居住区的格局。

渡是水上交通枢纽，好比现在的火车站、汽车站，在古人生活、社会经济中居重要地位。明弘治《上海志》记载："黄浦渡在十六保。"乾隆时，除了渡外，还有"便民船"，记载称："便民船在闵行镇，镇离县城七十里，往来未便。乾隆十二年（1747），知县王侹详宪，设船二只，每船止载二十五人，每人给舟钱六文，货物成担者亦给六文，立榜示众，以垂久远，乡民便之。里民金倬云助十六保三区十八图宇字圩一百五十号田四亩，为岁修之费。”嘉庆时，黄浦渡发展成东、西两渡，改称横泾渡，嘉庆《松江府志》也记载着奉贤的横泾东渡和横泾西渡，与闵行东、西两渡相对应。民国《上海县续志》记载：“闵行镇东渡、西渡，即前志之横泾渡。光绪二十七年（1901），上、南绅士李祖锡、顾泰升等，凝章八条，禀请上、南两县知县，批准勒石，永禁需索。”勒石，是用石刻的形式置立后，便于公众知道禁约条文，这类石碑称公禁碑、勒石永禁碑等。永禁需索的含义为永远禁止不正当的求取和进行勒索。

闵行东渡在横泾入浦口至东庙湾一带，有待渡亭二，一在聚龙桥东脚

“经航号”停靠在西渡码头

“经航号”车辆渡轮

“济航号”车辆渡轮

下，二在奎星阁前，东渡原为使用手摇橹船于黄浦两岸的对渡。民国后随商业的繁荣，这里又是生意船和客船的停靠点，水桥成了码头，生意船专为各商铺运送货物，也常带客，走黄浦及横泾；客船有走横泾通泗泾方向的航班，途经北桥、颛桥、莘庄等地，1950年代后随陆路交通的发达而逐渐退出。

闵行西渡在沪闵路南端，是上海方向经闵行通往浙江的重要渡口，也为黄浦江对渡，使用手摇橹船。民国11年（1922）沪闵公路通车后，商旅往来日增，手摇渡船增至2艘。民国21年成立了全国经济委员会，在南北两岸建造钢引桥浮动码头（镇人称活络码头），并以“经航号”渡轮摆渡并载客，为上海乃至全国官办车轮渡之创始。第二年又置载重更大的“济航号”载车载客。西渡为沪杭公路的咽喉，往来车辆甚多。时以载运小客车、小轿车为主，多为赴浙度假、打猎、观潮的中外人士，尤以每年4月、9月时最盛，民国24年（1935）月平均渡车近1000辆次。

日军侵华时码头被炸，客渡复赖手摇橹船。抗战胜利后，民国35年（1946）由江苏省交通厅置登陆艇一艘和改装的“大排吉”一艘渡运汽车；又有闵行35人合伙集资购置日式16匹马力木壳轮船一艘，取名“顺风一号”，可载客60人，经营渡运旅客业务，后又增“华泰”轮一艘备用，并成立民间闵渡轮运公司。其时，日有轮渡，夜有手摇渡船。1949年5月解放前夕，渡口码头被国民党溃军炸毁。

黄浦江上最早的轮船公司

在李显谟《李氏宗谱》中，对李祖锡的行述记录，有这样的文字："齐家之道，莫善于教子。公教长子习医，兼理家务。二子、三子先后入邑庠，三子又蒙赏给举人。公外观世变，内审国情，知尚文适以自弱，尚武足以图强，空谈未可救贫，实业或能致富。乃分命其子，一则研究商务，维持敏航轮船公司佐理、闵行商会与乡公所事，奔走甚力；一则学习武备，有声军界。"

李祖锡的三子，长子李显衡习医；次子李显常经商，为"闵南轮局"董事长；三子李显谟从军。

"闵南轮局"在民国《上海县志》中的记载如下："闵南轮局，清光绪三十年（1904）创立，初名敏航，往返上海、闵行。至民国3年（1914）增加股本，推广营业，有船四，曰平申，曰湖江，曰新闵南，曰闵馨，皆行驶上海、平湖间。专驶上海、闵行间者，停泊闵行、闸港、杜家行、塘湾、塘口、关港、王家渡上海各埠；专驶上海、平湖间者，停泊王家渡、塘口、杜家行、闸港、闵行、沙冈、叶榭、张泽、松江、佘来庙、洙泾、泖口、新埭、平湖各埠。"

1963年，李显谟之子李宗武撰写了一篇《黄浦江中最早航行的一家轮船公司——记闵南轮船局》，记述了闵南轮船局自创办至结束的全过程。

光绪三十年（1904），李显常集资合伙组织的内河轮船公司名"敏航轮船局”，购置了有客座200位的铁壳蒸汽内燃机小火轮二艘，一名“闵馨”，一名“湖江”，每日往返上海、闵行间，上、下午对开四班。为方便奉贤南桥镇的旅客，备有脚划船二艘，定时驶往闵行，与敏航轮船局客轮启航时间衔接。

敏航轮船局在上海南市关桥建浮动码头一座，站屋三间。沿途建木质码头七座。在闵行建木质马鞍形的码头外，另建候船室、票房、管理房和船局办公处，码头在外滩浦滨茶园之南。

民国2年（1913），法商立兴公司恃强侵占内河航权，置轮船两艘，辟上海至平湖航线，廉价招客，恶意竞争。民国《上海县志》记载此事如下：“闵南轮船公司（此时仍为敏航轮船局）与法商立兴公司竞争，势几不支，显常四出奔走，竭力维持，依据条约与立兴争，事始得直，厥后立兴归并闵南，航业始有起色。”记载的立兴归并闵南，实际只是在打赢官司后把立兴公司的两艘航船买下，因此，民国3年敏航轮船局进行了招股增资，公司改名“闵南轮船局股份有限公司”，将买下的轮船改名“新闵南”和“平申”，又向浙江省申请立案后延伸航线至浙江平湖，时李显常为董事长。

民国6年（1917）李显常病逝，由招股增资时参与投资的南桥宋燮君继任董事长。

民国15年（1926）后，经营黄浦江内河客运的公司逐增，有平湖张丰授创办的平沪轮船局，航船往返上海、平湖间；乍浦轮船公司的航船往返上海、乍浦间，经闵行、平湖等地；津沪轮船公司的航船往返上海至湖州，也停靠闵行、平湖等地。民国21年（1932），闵行镇人乔念椿集资组建沪张轮船局，置轮船两艘，开辟自上海关桥至金山县张堰的航线，沿途停靠闵行、佘来庙等地，再折入小河至张堰镇，停靠闵行的码头在西渡之东、今海事局之西的浦江边。设候船室、售票房，码头通道两边设管理房各一。码头亦为木质马鞍形。

该时期黄浦江内河轮船四通八达，竞争激烈，手摇航船几至全部淘汰。

1937年日军侵华期间，各公司轮船均被日军征用，闵南轮船局的“闵馨”“湖江”两轮被沉于吴淞口外封江。日伪船商开办“上海市内河轮船公司”，上海县内仅剩闵南、平沪轮船局，被迫先后与该公司签订“代理经营内河客运业务”协议。此后，闵南、平沪两局的轮船，或被调作军运，或调作长江航运，“新闵南”“平申”两轮被驶往汉口，作武昌与汉口间的对江渡轮，汉口沦陷后被日军劫夺。而上海县的内河客运仅靠日伪上海市内河轮船公司的两艘破旧轮船维持，闵行的停靠，使用的是闵南轮船局的码头。

抗战胜利后闵南轮船局的两轮，由汉口船舶管理所接收，继续行驶武、汉间作对渡使用。时闵南轮船局大部董、监事均已去世，只剩董事长宋夔君、董事李宗炜（李显常长子）及监察人李宗武为老班底人员，商定派员持船舶证往汉口交涉，索回两轮。终因船舶改装费、船租纠葛等诸多问题拖延时日而不能及时索归返沪。待武汉解放前夕，“新闵南”和“平申”两轮竟不知去向。至此，闵南轮船局股份有限公司也在这纷乱时局中不明不白的宣告结束。

平沪轮船局二条客轮，在抗战胜利后复航上海至平湖并停靠闵行，但班次减少，客运盛况已不复当年。

国人投资的沪闵路与汽车公司

《道路月刊》刊登的李显谟像

旧上海公共租界的越界筑路，是为了获取更多的附属于租界的行政管辖权，使之成为事实。民国9年（1920）初，英租界当局在强制修筑凯旋路、大西路（今延安西路）后，照会上海县知事，拟将越界筑路延展至闵行，即遭到上海县地方人士为保卫主权而极力反对。李显谟为阻止越界筑路，在知名商绅李平书支持下，邀集李钟珏、刘子瑜、顾馨一、祝伊才、黄申锡、施其光、孙世本等建议发起组织“沪闵南柘长途汽车股份有限公司”（以下简称南柘公司），由国人投资筑路，计划由上海南市车站路至闵行、经奉贤南桥后到达松江柘林止，全长52公里。民国9年（1920）7月，筹备处成立于南市普益习艺所内，民国10年（1921）10月公司正式成立于车站路（后改称沪闵南柘路，1928年改名国货路，今为斜土东路），李平书任董事长，李显谟任总经理。

为阻止租界当局在上海其他近郊地方的越界筑路，李显谟又会同外

沪闵南柘长途汽车公司上海站

交家王正廷、教育家黄炎培、实业家穆湘瑶等各界人士，发起成立“中华全国道路建设协会”，由王正廷任会长，李显谟、黄炎培及上海总商会会长冯少山等任名誉会长，李显谟兼任协会所办“赛会部”董事。协会还创办了《中华全国道路月刊》，宣传商办道路，介绍筑路经验。

南柘公司额定资金50万银元，登报招股时认股者踊跃，第一期股款很快收全，乃聘奉贤周赞邦为公司工程主任，负责筑路建桥工程。由公司协理黄申锡负责邀集沿途各乡图董组织“征地委员会”，进行征地工作。

筑路工程于民国11年（1922）5月动工，同年11月竣工，首先完成的是上海至闵行的一段。其中车站路至漕河泾一段由公司贴款6万元请上

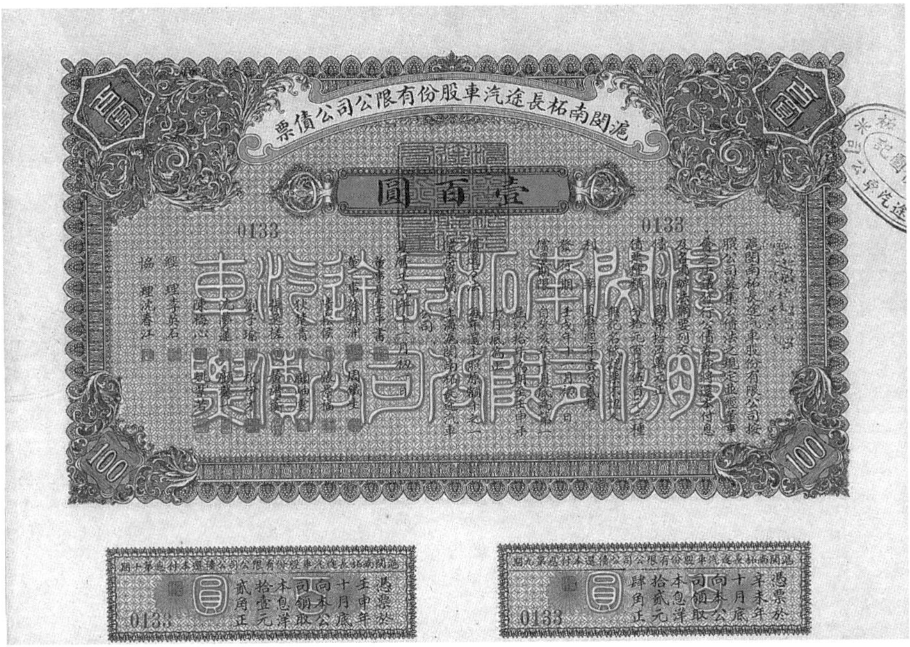

沪闵南柘长途汽车股份有限公司债票

海工巡捐局（城市建设局前身）拓宽整修，漕河泾以南则完全由公司款完成。筑路中，迁坟800余座，建桥11座，砖座涵洞47座，大小桥梁一律改成砼制拱形斜坡桥，过北桥时建砼旱桥一座，桥孔宽度与原街相等，方便行人。郊区部分路面幅宽50英尺（15.24米），路基宽度30英尺（9.14米），两侧排水沟各宽5英尺（1.52）米，路基上铺筑厚10英寸（25厘米）的碎砖煤渣路面，路旁遍植德国槐树17000株及安装电话线路杆。

闵行汽车站设于沪闵路西、建设路北，也即今闵行汽车站地块。有铁架铁皮车库一幢，办公、调度、电讯房一幢，停车场地一块。

南柘公司在收取第二期股款时受挫，上海因受交易所投机影响，投资人资金短缺，不能按期交付股款，以致公司经济拮据。为此，公司董事

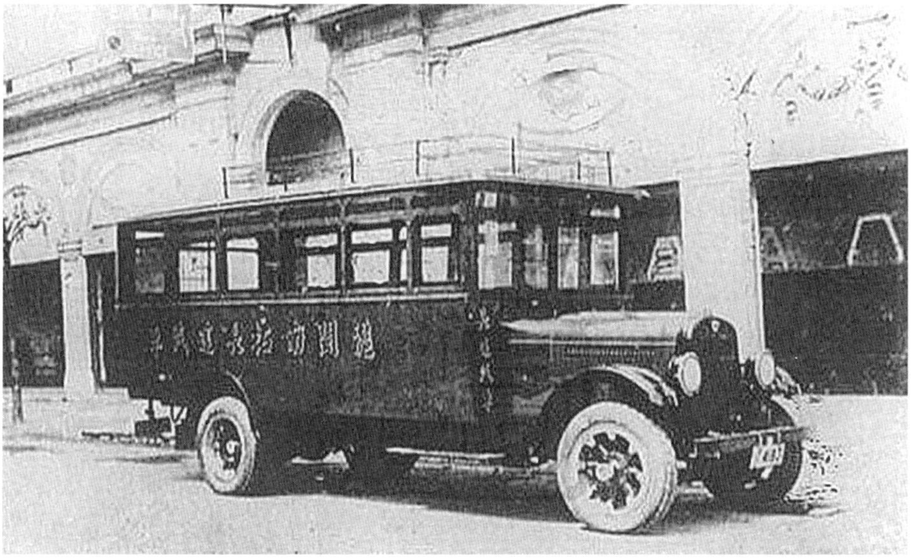

沪闵南柘长途汽车公司行驶的客车

15人先垫款救急，再按公司法发行债券、优先股、特别股等，并商得债权人同意将借款作股等等措施后，实收股本银元471137元，加之前期的超支，不得不中止闵行以南公路的辟筑。因此，公司实际筑路和营运范围始终在上海至闵行的一段。

南柘公司在民国12年（1923）元旦正式通车，设车站路、土山湾、漕河泾、惠灵学堂、吴家巷（为上海市区境）、钱粮庙、颛桥、北桥、长安、闵行（为上海县境）共10站。有客车12辆，系英国制造的“百多福”牌，可载客33人。每日9班车次来回，上海至吴家巷客票4角，至颛桥6角，至闵行7角5分。包用车辆上海至闵行24.75元，另收酒资费1元。在漕河泾和北桥（松沪路口）设养路费征收站。

原以吸引游客、增加客流而建的“敏园”也在两次战事中惨遭破坏。

滬閔南柘長途汽車公司行車時計暨客票價目表

上午				下午				
八時	九時	十時	十一時	一時	二時	三時	四時	(五)(時)
五時班車自四月一日起開駛十月底止 以上時刻上海閔行同時開行								

(一) 包用大客車以乘座三十三人爲限其車费按照三十三人客票計算

(一) 包用車輛不得中途分程下車

(一) 包車除車费外每次另收酒資洋一元

(一) 其他事項悉照乘客須知辦理

	上海	土山灣	漕河涇	[illegible]	吳家巷	[illegible]板廟	顓橋	北橋	長安	
客票	二角									土山灣
包車	六元六角									
客票	二角五分	一角五分								漕河涇
包車	八元二角半	四元九角半								
客票	三角	二角	一角五分							[illegible]
包車	九元九角	六元六角	四元九角半							
客票	四角	三角	二角五分	一角五分						吳家巷
包車	十三元二角	九元九角	八元二角半	四元九角半						
客票	五角	四角	三角	二角五分	一角五分					[illegible]板廟
包車	十六元五角	十三元二角	九元九角	八元二角半	四元九角半					
客票	六角	五角	四角五分	四角	三角五分	二角五分				顓橋
包車	十九元八角	十六元五角	十四元八角半	十三元二角	十一元五角半	八元二角半				
客票	七角	六角	五角	四角五分	四角	三角五分	一角五分			北橋
包車	二十三元一角	十九元八角	十六元五角	十四元八角半	十三元二角	十一元五角半	四元九角半			
客票	七角五分	七角	六角	五角	四角五分	四角	二角五分	一角五分		長安
包車	廿四元七角半	二十三元一角	十九元八角	十六元五角	十四元八角半	十三元二角	八元二角半	四元九角半		
客票	七角五分	七角	六角	五角	四角五分	四角	二角五分	三角	一角五分	閔行
包車	廿四元七角半	二十三元一角	十九元八角	十六元五角	十四元八角半	十三元二角	八元二角半	六元六角	四元九角半	

行车时间及客票价目表

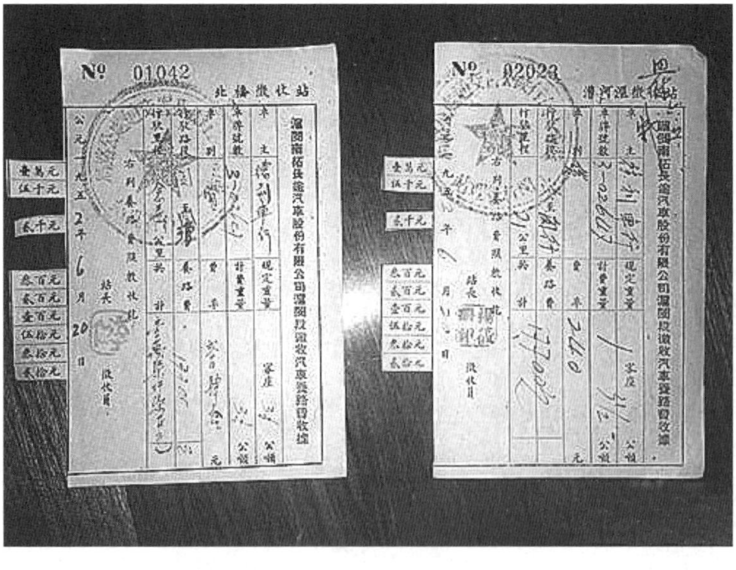

养路费收费凭单

李显谟毁家以济、不敷尚巨，债台高筑、心力交瘁。

至民国17年底，公司债务已累积至14万银元。

民国18年（1929）2月，经董事会决议，将公司营业权出租予前交通总长高铁庵、沪商冯少山、高恩洪、项松茂、林康侯等组织之“租办沪闵路交通股份有限公司”（以下简称交通公司）经营，成约租赁10年，按月租金1000元，仍保留沪闵南柘长途汽车公司牌子，并成立“保管委员会”负责收租还债清偿事宜。

民国21年（1932），全国经济委员会规划全国公路干线网，南柘公司所筑的沪闵段成为沪杭公路的首段。10月，浦江南北码头衔接并完成了至金丝娘桥一段线路，沪杭公路落成。交通公司承租之沪闵路客运也日见繁盛。

上海沦陷期间，交通公司所有大小客车均被征军用。沪闵路交通被日本“华中铁道股份有限公司”控制。南柘公司在上海的管理处及车库房屋无人看管，被黑势力拆搬一空。

抗战胜利后，公司奉上海市公用局催令复业，遂组织“股权登记筹备委员会”，成立董事会，选周文彬为董事长、李宗武为总经理（1933年李显谟已病逝），着手与“商得”车主朱庆秀订立合约，进行租车复业。

但事情一波三折，一是交通公司以承续前约维持战前租赁关系为由，继续运营。二是已有另一家“沪闵长途汽车公司”以卡车改装客座，设站运营。三方营业斗争激烈后由交通当局出面调停，成立“沪闵长途汽车线交通联营处”，三家联营，平均支配车辆行驶，成立理事会，杨虎为理事长，李宗武为总经理，维持沪闵路行车秩序。

民国37年（1948）币制贬值加剧，物价飞涨，长途汽车票受政府限制，每月调整二次，而物价一日三跳，今日全部营业收入不敷明日汽油开支，职工薪金按日分发。沪闵长途汽车公司不愿运营，交通公司客车搁置不修而无法行车，唯南柘公司一家，由李宗武设法经营汽配零件、轮胎获利，补贴维持运行。

上海解放后，联营处奉命解散，沪闵长途汽车公司之改装客车回原行经营货运。交通公司宣布破产歇业，由华东交通部公路局交运组组织“沪闵宝营业所”派车，以二分之一营业权运营。南柘公司也以二分之一营业权运营。不久，沪闵宝营业所将沪闵路二分之一营业权移交江苏省汽车运输公司上海分公司经营。

1954年，南柘公司因营业亏损，积欠车租10个月无法偿还，于3月

图为1973年时的闵行汽车站，仍为1922年沪闵南柘长途汽车公司的站址，时仅一座带弯曲的简陋候车棚和一幢调度办公房（汪大纲摄）

图为1984年扩建后的闵行汽车站，设综合办公楼、调度室、候车廊、售票房、公共厕所等配套设施。有徐闵、松闵、闵东、闵马、闵吴等公交线路（唐世杰摄）

奉准停业，宣告破产。之后，成立清理处，李宗武为主任，委上海立信会计事务所清算账目，委上海第三法律事务所办理法律手续。

1958年9月沪闵路拓宽改建，自漕河泾一号桥起向西南经梅陇、莘庄后折南至颛桥（李显谟辟筑的漕河泾至颛桥一段改称老沪闵路），颛桥以南利用原路拓宽拉直，贯沥青路面。全长23.5公里，1959年竣工通车。

李显谟辟筑的沪闵公路段，为沪杭公路的形成起到了先导的作用，也为闵行及公路两边的乡镇乃至奉贤南桥的工商业发展繁荣，起到了促进的作用。

百年兵燹沧桑恨

倭寇入侵

14世纪初，日本国的一些封建主，在诸侯割据、争权夺利中失败后，组织武士、商人、浪人到中国沿海地区进行武装走私和烧杀抢劫的海盗活动，历史上称作“倭寇”。至明嘉靖时期，浙、闽一些海商大贾不顾朝廷的海禁铤而走险，形成海上武装走私集团并勾结日本各岛的倭寇，沿海劫掠，倭患更趋严重。

崇祯《松江府志》记载了三次倭寇入侵闵行，记载中称倭寇为“贼”。

“嘉靖三十三年（1554）四月十一日，贼800余人自闵行至清水石桥直抵西仓，俱下岸行，沿烧庐舍。六月，朝廷命兵部尚书张经为总督，征四方之兵协力进剿。六月初三日，贼载辎重行道经叶榭，（参将）汤克宽率众围之，斩贼四十级，夺获贼船七艘，大胜之，至今名得胜港（今松浦大桥北岸）。”

“六月十八日，贼大船二十七艘，小船三十余艘由嘉兴入吾松朱泾镇，十九日抵斜塘，解明道代总兵率师守御。二十日贼从横潦泾泊闵行、沙冈等处，焚毁荡析，至二十九日出浦。”闵行度门寺等处被焚毁。

“嘉靖三十五年五月一日，倭船一百五十余艘自吴淞江入上海北宫前，登岸焚劫、造云梯进攻，被击败。二日，佯退。十七日夜再攻时又被击退，十九日五更乘潮下，直抵闵行，官兵守浦者兽散，居民奔入城者踩踏于途。”（注：该志记载的“贼船一百五十余艘自吴淞江……”而在明《张鼐吴淞甲乙倭变志》记载为“倭船五十余艘”。）

在《明史·张经传》中记载，张经将瓦兵隶属总兵官俞大猷，将东兰、那地、南丹兵隶属游击邹继芳，将归顺及思恩、东莞兵隶属参将汤克宽，分屯在金山卫、闵港、乍浦，牵制敌贼三面。相互配合，共同击破倭寇入侵。嘉靖三十四年四月末到五月初，取得王江泾大捷，斩贼首一千九百余级，焚溺死者甚众，自军兴来称战功第一。《明世宗实录》也称“自有倭患来，东南用兵未有得志者，此其第一功”云。从此，东南沿海倭寇之势锐减。在这个记载中，将闵行写成了“闵港”。

南明张名振攻沪

清顺治十年（1653）八月，南明定西侯张名振屡攻吴淞，时清提督张天禄征闽未回，苏州总兵王燝在上海防御。九月初七日，张名振船舰进至闵行，掠后满载出海。顺治十一年八月十四日，张名振率船舰进浦后直抵闵行，张天禄遣兵赴闵行堵救，在闵行进行巷战，终以张名振败遂退，于第二日出海，约计船舰430余艘。

张名振为明朝南直隶应天府江宁县人（今南京），抗清名将。原任台州石浦游击，封富平将军。弘光元年（即顺治二年，1645）福王被执，召集义师共图恢复，拥立鲁王监国于绍兴，后奉鲁王从福建金门回舟山，尝封定西侯。舟山失陷后又奉鲁王依郑成功。永历八年（即顺治十一年，1654）随郑成功收复舟山时死于军中。

舟山失陷一役为永历五年（1651），清军云集定关，攻舟山时遭拒守10余日，终不敌而陷，张名振之弟张名扬、母、妻、子，与华亭大学士张肯堂、礼部尚书吴钟峦、工部尚书朱永佑（参见《闵行诗存》）等人殉难。

英舰三过闵行

清道光二十二年（1842）四月初六，英国侵略者以大小船只百余艘、陆军万余人全力进攻吴淞要塞。江南提督陈化成亲率守军抵抗，誓与阵地共存亡。英军登陆后，激战中陈化成7处受伤，最终英勇殉国。

吴淞炮台失守，英军在当天占领宝山，上海县城官员和富商获悉后，匆忙携资逃亡。

五月十二日，两艘英国军舰溯黄浦江而上，中午经过闵行。时闵行乡民惊恐万状，纷纷离家出走，有肩挑的，有背负的，有扶杖的，有扶弱搀病的，有抱襁褓孩童的，有坐泣路旁的，有挤倒摔地的，泣声履声、呻吟嗟叹，惨不忍睹。英军意欲驶抵松江，至大张泾，因港窄舰不能过，于是返回上海。十三日，英军派“弗来吉森”号、“麦都萍”号再溯黄浦江而上，经闵行至泖湖，水浅不敢进，又返回上海。十四日，英舰加入“复仇神”号共三艘游弋至得胜港，一路破坏江防设施，终因黄浦江上游河道纷歧复杂，又怕搁浅而再度返沪。

英舰三顾闵行，并未登陆，但是闵行居民已迁徙一空，六月十五日始有人返回家园。

太平军来了

清咸丰三年(1853)三月，太平军由武汉沿江东下，攻克南京。苏、常一线遂呈紧急状态，浙江也深受震撼，巡抚黄宗汉委江防同知仲孙樊设防堵截，浙勇2000余人驻闵行、得胜港等处，以抵御向纵深入境之太平军。

清咸丰十年（1860）七月初一日，太平军攻克松江府城，向东进攻闵行附近的中渡桥，受到地方团练阻击。一部分太平军进军至紫藤棚时，又受到闵行团练、黄家河圈乡绅黄焜率众扼守紫藤棚桥，未能进入沙冈以东及闵行地区。时闵行一带黄浦江上驻有外国兵舰，太平军无法在闵行渡江。

早在同年四月初四日，太平军攻克苏州后，上海县知县刘郇膏预料太平军必然攻取上海，先期延请绅董劝办团练并于七月谕令全县正式办理团练。

上海县全县设六路二十局，闵行、北马桥、中渡桥、塘湾为西南路（后北马桥划分为二，称北桥、马桥，中渡桥改为颛桥），每路各设乡局。团练规定每图为一团，每团设团董一人，每十丁设团正一人。每团中挑选强壮者为“奋勇”按期操练，其它团丁有警则聚，无事则散，各安农业，不予征调。团练的枪械、火药、铅丸、粮米均由县发给后储各乡，由局派员与乡董负责出纳。

清同治元年（1862）初，太平军由乍浦出发直指上海浦东。一月十四日黎明，太平军进攻南桥，清军与吕宋兵（奉南川三县绅士雇用兵）溃退闵行。二月十五日江苏巡抚薛焕调兵进驻闵行以防太平军进攻萧塘。二月二十一日太平军攻古墓塘清营，并击溃闵行援军，其余悉数窜逃闵行。二月二十七日华尔洋枪队（又名常胜军）一部抵闵行，伙同英国水师百名水兵登陆进至萧塘窥探，被太平军火炮击退。英军遣炮船去上海请援，华尔赴松江求助，清参将李恒嵩率守备黄仕林等当夜开至闵行。二十八日，闵行除李部清军外，还有英国水兵与陆战队340人、法国步兵100人与炮兵35人、华尔洋枪队750人，共有大炮7门、轮船11艘，三月一日七时渡浦南下，包围萧塘镇，中午时分攻克，太平军余部被迫撤往南桥。

齐卢之战，闵行受难

齐卢之战也称甲子兵灾，是民国13年（1924）江苏督军齐燮元与浙江督军卢永祥之间进行的战争。这场战争实际上是直系军阀与皖系军阀势力之间的一次较量，也是第二次直奉战争的导火索。

民国13年9月，江苏联军约8万多人，分三路进攻上海，齐燮元自任三路军总司令。卢永祥也从沪浙两地调集军队约9万多人，卢亲任总司令，也分兵三路迎战，史称江浙齐卢之战。而江浙两地百姓虽不在火线，仍遭战火蔓延之苦，两省难民纷纷逃往上海。当时租界内难民数高达50多万，旅馆亦人满为患，未入租界的难民也被齐卢两军招兵拉夫。

闵行镇地处浙江附近，卢永祥派1000余人驻扎闵行，以防齐燮元军队的侵袭，炮队驻扎在敏园，2尊大炮安置在敏园土山上。步队则杂居民房，全镇震恐。9月3日，闵南轮船公司一火轮船被查封征用，乘客300多人被迫下船；沪闵南柘汽车公司的汽车也被征用，长途电话线及通讯设施被破坏。

据《江苏兵灾调查纪实》一书记载：所有该镇东、西、南三市均被抢掠。东市之税务总所、教育会、广慈苦儿院、救生局、地方病院及朱黄两姓等；西市之敏园、大雅轩茶馆、米业公所及蒋夏两姓等；南市之强敏学校、崇实女校等；及沿黄浦之庆丰、三泰、万顺、恒生义等米行，或则银洋、衣服，或则用具、食物同时被劫。其时，全镇人心恐慌，居民纷纷迁避。乡议事会会长马恩培、商会及红十字会会长乔念椿不得不出面招待，调停纠纷，供应油米柴盐、住宿之所和解决伤病医疗问题。

之后，卢永祥部队退守上海，孙传芳部队又派卢香亭旅长率师跟踵而至，驻扎在强敏学校及县立农业学堂，水陆军队3000余人供应浩繁，只就取用闵南轮船公司及久记煤栈之煤，达百余吨。且闵行镇对外交通受阻，物资缺乏，物价飞涨，居民怨声载道。据统计，闵行乡公所向闵行乡民摊派大洋6600多元，全乡损失不下70000余元，惟农作物已及时收获，损失尚少。

10月1日，孙传芳所部与齐军会合，共攻松江。8日，攻克松江。10日，浙沪第一军司令何丰林亲赴前线督战欲夺回松江，但强攻失败。11日夜，卢军召开紧急会议，将领们主张总司令下野。卢、何见大势已去，于13日发表通电自解兵权，当日上午逃入上海租界。江浙齐卢之战以齐胜卢败遂告结束。

日军大轰炸

1937年8月13日，日军向上海大举进攻，以租界和黄浦江中的军舰为作战基地，炮击闸北一带，中国军民奋起反击，淞沪会战由此爆发。

《申报》1937年8月21日以题“北桥闵行敌机掷弹”报道：“今晨七

时，北桥县政府天空，突来敌机三架，侦察盘旋，继即掷下炸弹三枚，俱落空地，未受损失。又闵行汽车站，在七时二十分时，飞来敌机一架，投掷一弹，后经我机多架飞来，敌机仓皇逃逸。”

8月25日上午9时许，日军飞机侵入闵行，炸弹投中老西街夏氏宗祠东厢房，两间厢房被炸塌。下午，商店打烊，居民纷纷躲避于周边农村。之后连续多日敌机来闵沿江盘旋投弹，黄浦江被军事封锁，长源木行3艘沙船和上海邮政局的水上邮政飞机被炸。

8月28日《申报》以题“敌机四处轰炸肆虐”报道:“昨晨七时许，敌机飞往闵行镇大肆轰炸，沿江房屋十九已毁，居民颇有伤亡，本市童子军战时服务团得讯，当派团员前往救护难民，当救出男、妇二十余人，小孩十四名，律师吴履平等，同时出险来沪云。”

11月6日，日军飞机昼夜在闵行狂轰滥炸，信号弹、照明弹不时在黄浦江上空出现。东庙湾一带的春申道院、关帝庙、奎星阁、救生局、广慈苦儿院大批房屋被炸毁，西浦滩的闵行中心小学、盛永兴砖灰行、德丰兴花厂、油车等被炸毁。第二日，闵行军政机关大门落锁，商店闭门打烊，黄浦江上无行驶船只，沪闵汽车站也大门紧闭，沪闵路上空无一人，居民迁避一空。

据《上海市闵行区抗战时期人口伤亡和财产损失》一书记载，1937年11月的轰炸中，县立初级中学损失图书、桌椅橱柜等办公用品11398元，闵行中心小学损失房屋、图书、桌椅橱柜、教学用品用具等159800元，正在文绮染织学校建造的王镜记营造厂损失工棚房屋、木料竹笆、钢筋水泥、施工设备等33950元，租办沪闵汽车路交通公司损失房屋、器具、电讯线路设备、车辆等89615元，广慈苦儿院损失房屋、图书、床铺、桌椅橱柜、教学用品用具、仪器、药品、粮食等4078234元，闵行染化厂（时称中孚兴业化学制造股份有限公司）被日军侵占后窃运移散的硫化元、硫酸、硝酸、染料、包装铁桶、生产设备等，达法币9200万元，折合成1937年时价值89321万元。

以上为上海市档案馆藏闵行镇部分企事业单位的统计损失，而大量的社会损失和中国人民遭受的灾难已是无法用数字来衡量的。

11月7日，国军五十五师李松山部开赴闵行，在黄浦江北岸布防阻敌过江未果。9日，闵行随中国军队撤出淞沪战场而沦陷。

命运多舛风骨存

罢市、罢课声援“五四”运动

民国8年（1919）1月18日，巴黎和会在法国外交部大厅举行，中国代表以战胜国资格出席。代表提出废除外国在中国的势力范围；撤退外国在中国的军队；取消日本和袁世凯订立的《二十一条》；要求归还日本在第一次世界大战中夺去的山东德国租界及胶济铁路主权，遭到与会帝国主义国家的拒绝，北洋政府屈服并准备在和约上签字。消息传来，举国愤怒，“五四”运动爆发。

5月4日，北京学生3000余人冲破军警阻挠，在天安门前集会，会后举行游行。学生们打出“还我青岛”“收回山东权利”“废除二十一条”“抵制日货”“外争主权，内惩国贼”等口号。游行队伍包围了曹汝霖住宅，痛打了藏在曹宅的章宗祥。北洋军阀政府派军警前往镇压，逮捕学生32人。

5月5日，北京各大专学校实行总罢课并通电全国，天津、上海、长沙、广州等地学生纷纷罢课游行，声援北京学生。6月3日、4日，军警又逮捕北京学生近千人，激起了全国人民更大的愤怒。6月5日，上海两万工人大罢工响应学生，运动主力也由北京转向了上海。6月6日，上海各界联合会成立，联合全国各地告知上海罢工主张。至此，工人罢工、商人罢市、学生罢课的"三罢"斗争很快扩展到全国20多个省、100多个城市。

民国8年6月25日出版的《上海罢市实录》记载了上海罢市的起因和实况，包括了上海周边的闵行、莘庄、龙华、漕河泾、塘湾等地。其中闵行罢市情况记载如下："西乡闵行镇商、学各界公函，敝镇各商界对于上海南北商界罢市，营救北京被捕学生极表同情，闵行镇商店一律罢市以为应援；各小学一律停课静待政府决示方针。"

闵行镇接得上海罢市消息后，商、学各界群起响应。于6月5日晚特开各界公民大会，当即全体公决，于6日午后一时起一律罢市、罢课，并电致江苏省军、民两长，文云："南京督军、省长钧鉴：学生罢课、商民罢市、工人罢工，乱象如麻、危险万状。泣请钧座急电政府速示方针以维危局。闵行商、学代表顾文郁、奚省耕、范钦锥、周锡镛、乔世德、张启沃、陈昌麟、孙其渊、朱瑛等叩请。"闵行公民大会又分电各省报馆，转各界电云："万急警电，传来政府武力压迫，拘捕学生、笞责缭禁、惨无人道。津、沪、汉口同此手段，横施暴力、视民如仇，凡吾国人岂忍坐视。本埠商界业已全体罢市，为学界之后盾。诸君同属国民，务请攘臂而起，一起进行，非达到释放学生、严惩国贼目的不止。万众一心，坚持到底。民国前途，庶其有豸。临电迫切，泣血待命。闵行公民大会2695人叩。"

闵行镇商铺、学校系于6月6日午后一时起一律罢市、罢课，12日召开公民大会，宣布接沪信得悉上海合埠商号一概恢复原状，故特定于13日亦一律开市。这次声援北京"五四"爱国运动，闵行镇商铺罢市、学校罢课计6天半。

北京的学生运动，引发了全国空前规模的斗争，特别是声势浩大的工人罢工。北洋政府被迫于6月5日释放了被捕学生；10日，又被迫下令免去曹汝霖、章宗祥和陆宗舆的职务。同日，国务总理钱能训辞职。11日，总统徐世昌也提出辞职。6月28日，中国代表拒签巴黎和约。“五四”运动取得重大胜利。

北伐战争中的闵行

民国16年（1927）2月，孙传芳部周荫人军队被国民革命军击败后，从福建退入浙江，再由浙江退驻闵行。开始时队伍有2000余人，后陆续集合，3月中增至万余人。所有机关、学校、民宅空屋一律强占，茶馆、旅社、花行、米铺均被任意寄宿，居民不敢外出、人心惶惶，商业陷于瘫痪，不能营业。其时军队伙食、用品都责成地方供应。闵行绅商各界疲于奔命，尤虑其铤而走险，更遭不测，当即组织军供办事处，筹借款项，尽力应付，以闵行蕞尔之地容纳万余之兵，已筋疲力尽，统计损失10000余元。

3月20日上午，国民革命军第一师薛岳部队由浙江追至闵行，周荫人军队遂向上海方向退却。革命军先头部队由西渡渡江来闵行侦察，然后大部队渡江过闵行，沿沪闵公路向上海方向进发。当时沿沪闵路边的“九间头”房屋尚未建，仍是晒谷轧谷场地，场上竖起三根毛竹高的旗杆，挂着旗帜欢迎国民革命军的到来。师长薛岳骑马领先，革命军纪律严明，蓝布军装、整洁朴素，穿着麻草鞋，个个年青英俊。在过北桥时与敌毕庶澄部遭遇，敌军早已为北伐军之威名所震慑，稍作抵抗后即溃败，而后一师官兵继续追击，于当晚进入龙华。

21日上海工人举行了第三次武装起义。22日上午，工人派代表要求东路军出兵配合起义遭白崇禧拒绝，工会代表遂转赴龙华，向薛岳力请。薛部不顾白崇禧反对，于午后率部进军闸北，策应工人的巷战。下午6时，起义工人攻占上海北站，消灭了直鲁联军在闸北的最后据点。

同日，闸北的战斗仍在进行，上海市民代表会议召开，宣布上海特别市临时市民政府成立。

"反日会"与救国纪念塔

民国17年（1928）5月3日，日本帝国主义在山东济南大肆屠杀中国军民及外交官员，引发了"济南惨案"。

第二次北伐期间，日本恐怕中国一旦统一，必不能任其肆意侵略，便竭力阻挠北伐进行。日本以保护侨民为名，派兵进驻济南、青岛及胶济铁路沿线。民国17年，国民革命军于5月1日克复济南，日军遂于5月3日派兵侵入中国政府所设的山东交涉署，将交涉员蔡公时割去耳鼻，然后枪杀，将交涉署职员全部杀害，并肆意焚掠屠杀，打死中国军民6100余人，打伤中国军民1700余人，制造了震惊中外的"济南惨案"。因大规模屠戮始自5月3日，故又称"五三"惨案。

消息传至上海，群情义愤。5月7日举行上海市民代表大会，宣布成立"上海各界反对日军暴行委员会"（后改称"上海特别市反日会"，简称"反日会"）。闵行商、学两界再次奋起响应，由吴景青、张景龄、吴震声、金作宾、陶少春、朱佳声、沈敬之等人，成立闵行镇"反

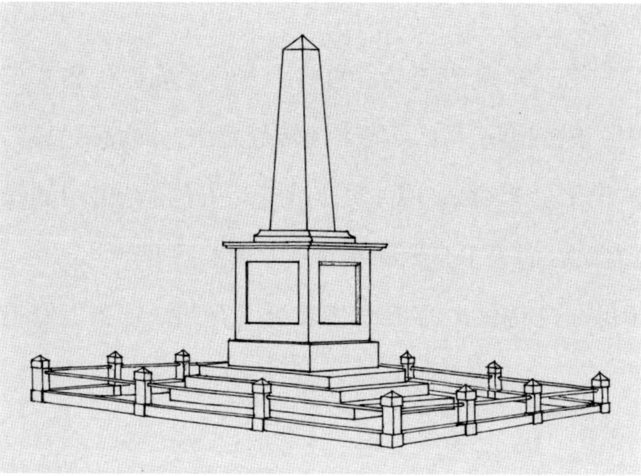

救国纪念塔情景画

日会”，进行反日救国宣传，抵制日货，在车站、码头设检查员日夜巡逻检查，以防止日货的输入和输出，扣留没收沿江船上、车辆上之日货，公开标卖后充救国基金。后将部分奖励款项用于填平母子泾入浦处至新安路一段，辟为道路，名“救国路”（后该路融入沪闵路）。又在沪闵路（英石路以南）中央建“救国纪念塔”一座，以警民众、毋忘国耻。

救国纪念塔为砼结构，高在4.5米左右。由三部分组成，上方为方尖碑，正面镌刻时任上海县县长严慎予书写的“救国纪念塔”5字；中间为碑座，左右镌刻时任上海县立初级中学语文教师姜羽仙书写的隶书碑文，落款为建造者名；下部为三级向上渐小之塔基，基外置护栏。

1937年日军侵占闵行后，塔被日军拆毁。士绅乔念椿因塔上有名，家被日军焚毁，1938年5月7日《文汇报》记载：“上月30晚，乔念椿之镇西别墅，突为日军焚毁。一时烈焰腾空，至次晨，已成一片焦土。”

闵行解放那一天

上海解放前夕，闵行驻有国民党军队。在解放上海的战斗中，中国人民解放军第九兵团的20、27、30、31等4个军负责黄浦江两岸的战事，作战重点在浦东。

1949年5月12日，20军58师先后解放了海盐、平湖、金山（朱泾）。13日解放了奉贤南桥。国民党驻闵行军队在这两日内全部撤走，只留下淞沪警备司令部爆破队。

据俞志辉撰《通用机器厂工人护厂迎解放》一文回忆，早在4月份，通用机器公司闵行制造厂（即通用机器厂，今上海汽轮机厂）的工人们收到了一本由中共地下党组织寄发的《告上海工人书》的小册子后，组成了工人护厂队，发动留厂职工保护工厂，防止国民党军队撤逃时进行破坏，维持秩序，迎接解放。

一天上午，突然开来载有国民党军队和炸药的军车，横冲直撞地驰近工厂，护厂队员蜂拥而至，阻止军车进厂，以周盛志、姚永巨、徐其昌、苏治忠、苏顺泉、马惠芳、任三废、黄炎龙、范醒亚、尤振家等三四十人组成一堵人墙，将国民党军车拦阻在厂门外的小木桥口。就在双方对峙、一场血与火的生死搏斗即将爆发时，一些从厂区狂奔而来的工人大呼：“解放军渡江来了！”原来，这是调虎离山之计，吓得国民党士兵匆忙爬上军车调头而逃了。

据夏诚文撰《闵行解放目击记》一文回忆，5月13日下午，爆破队对闵行与奉贤西渡码头实行封锁，南北两码头各置28箱炸药。14日上午9

时，爆破手乘舢板船用步枪引爆，先爆破奉贤码头，继而炸毁闵行码头。然后带着所存炸药驶向北桥，11时许，北桥公路桥被炸。

通用机器厂工人听到爆炸声后，为防止末日来临的国民党军队再次狗急跳墙，窜到厂里破坏，增加了巡逻放哨人员。下午3时，在阳光照耀下的黄浦江面上，一艘载着解放军侦察兵的木船，从奉贤划船俱乐部方向向闵行驶来，靠上厂里简易码头后，护厂队员蜂拥上去将解放军迎接上岸。消息不胫而走，传遍了全厂，工人们纷纷赶来迎接亲人解放军。

下午5时左右，解放军向闵行镇进发，歼灭国民党的残余武装并收缴了躲在北街警察局里保安队的枪支弹药。与此同时，由商界和教育界人士组成的“闵行人民会”和各界群众，汇集在闵行汽车站夹道欢迎解放军的到来，闵行全镇解放。

第二天，镇上商店开门营业，通用机器厂工人开动机器投入生产。

解放军58师过闵行北上，上海县治北桥镇解放。国民党上海县县长俞月秋率保安中队向塘湾方向逃窜，58师在塘湾与国民党第123军992团1营遭遇，猛攻猛打一个小时，全歼该营官兵340人。至此，塘湾及闵行周边全部解放。

第二部分

旧年岁月　南浦风物

春申道院与黄家河圈

2002年9月，申博成功的欢庆晚会上，演唱的第一首歌就是《告慰春申君》。这位春申君名叫黄歇，2300年前带领百姓疏浚黄浦江，造福于民。以后，黄浦江也称黄歇浦、春申江，“申”也成了上海的代称。

嘉庆《上海县志》记载：“歇就封于吴，行相事，治水松江导流入海，今黄浦是也，因其姓而名之，亦曰春申浦。”

春申道院是上海地区唯一一座建在黄浦江边、供奉春申君像的道观，民国《上海县志》记载有楼屋三幢。嘉庆《上海县志》记载：“春申道院在二十一保横沥东岸，奉春申君像，不知何时建。雍正十二年知县褚菊书修，有记。乾隆十年重修，李朝英有记。嘉庆九年复修，增建春申阁于后，前殿祀武帝。”民国《上海县续志》记载：“春申道院，道光二十九年住持朱泫建阁旁观澜堂三楹，其后阁系嘉庆九年增建，中塑春申君像，又供黄浦江神春申君神位一，附盖大夫、下大夫神位二。纪大复联云：‘浦以姓名传，吾不为鱼终古赖；阁因封号建，君之肸蠁到今称。’”

春申道院有两位羽士为县志所载，一为“朱泫，字砚耕，南汇人，闵行春申道院住持。性冲夷、善符箓。院后故有春申阁，道光二十九年饥，出资建阁旁观澜堂，以工代赈，乡人德之。同治初以阁临浦滨，潮啮为患，倡捐建筑石驳五十余丈。卒年八十有三。”另一位“潘蕴仁，闵行乡春申道院羽士，善符箓驱邪，祷雨屡著征验。”

春申阁又称东阁，也是观黄浦潮的地方，闵行镇人有农历八月“黄浦江上看潮头”的传统习俗，有八月十八潮头生日之称。“歇浦秋涛滚滚来，春申高阁傍江隈。”是诗人黄家锟描绘登春申阁观看黄浦秋涛的诗句。

黄家锟为黄家河圈人。黄家河圈在竹港西、华宁路东、景谷路南、鹤庆路北地块，又分北黄、南黄、东黄和西黄。《上海竹冈黄氏宗谱》谓：“上海县治地有黄家河圈者，距竹冈里许，四面皆河，黄氏居之，无他姓，故有黄家河圈之名。”这里出了多位地方名人和诗人，黄琮、黄步瀛都写过登春申阁的诗作，与“春申”有着离不开的情结。

《黄氏宗谱》在叙跋中谓：“今居云间者新安派、闽派，皆为商而入籍者也。唯吾宗派，相传自汴梁从宋高宗南渡入籍云间，时丁乱离间，关跋涉栖，泊于申浦阳之竹冈西而卜居焉，今上海县十六保四十二图是也，有厂基遗迹可考。”宗谱的“竹冈黄氏宗祠记”中又曰：“吾邑闵行乡竹冈黄氏，相传为楚春申君之裔，其源远矣。按其宗谱，春申君遘李园之祸，妾某氏归大梁母族，遗腹生子，遂占籍矣，是为汴梁派。”

“春申君遘李园之祸”这句话，其实与黄姓起源倒没什么关系，只是春申君在这一事件中被李园刺杀，留下了一个遗腹子，这便是黄氏所始。在《黄氏宗谱》中有两处记载此事，一在“云间黄氏族谱真本一”中，二在“世表·汴梁派”中，记载内容大体相同，故录其一：“春申君遭李园之害，其妾杜氏，中州人，方娠，归于汴生子，遂家焉，汴之有黄姓始此。"这支汴梁派后裔黄文亮者，曾随宋高宗南迁，而居于云间，成为始祖。其后，子孙绵延，分徙为云间派、北桥派、竹冈派、竹冈河圈派、东竹冈派、竹冈西派、后五房派、东三房派，徙上海者为上海派等。五世黄凤冈迁竹冈西成竹冈河圈派，又按世代分为河圈派一、派二、派三、派四。本书所记黄姓人物，均为竹冈河圈派，其中黄琮、黄家锟、黄步瀛为河圈派三，黄宗坚、黄宗麟、黄艺锡、黄申锡为河圈派四。

下录诗三首，诗作者除了登阁感慨外，也对春申君、黄香、夏原吉等先人寄予了由衷的怀念。

春申阁题壁二首（黄琮）

村落逶迤傍水滨，杰然高阁祀春申。
千秋史册应从实，百世香烟别有因。
不是安澜怀尔绩，如何肸蠁到兹辰。
问谁继体名尤显，江夏黄童第一人。
（江夏黄童乃春申九世孙）[1]

不出乡关得胜游，天然图画豁双眸。
虽无远岫窗中列，却喜长江槛外流。
浪卷千层晴作雪，风来万里夏疑秋。
有时待月黄昏坐，几处歌声起钓舟。

---

[1] 江夏黄童即黄香，东汉江夏安陆人。少年时博通经典，文采飞扬，有"江夏黄香，天下无双"之称。九岁时失母，事父尽孝，二十四孝之一的"扇枕温衾"讲的就是他的故事。

登春申阁（黄家锟）

春申浦上春申阁，社祭于今忆往年。

楚相距川才力大，吴儿踏浪颂声传。

上游泛溢归沧海，平野沟渠灌沃田。

踵事若无明太傅，沮洳仍复似从前。

（明夏太傅开范家浜，使浦水会吴淞入海）[1]

登春申阁（黄步瀛）

乘兴来游浦水滨，此间有阁祀春申。

当年疏凿凭君力，今日香烟奉楚臣。

百尺栋隆临曲岸，数声渔笛度遥津。

近时黝垩新增饰，壁上题诗更有人。

（叔祖二乡公有题壁二律，刻入《颐素斋诗稿》）[2]

---

[1] 夏太傅即夏原吉，明初重臣，辅佐仁宣之治，政绩卓越。永乐元年（1403）吴淞江中下游淤塞严重，朝廷命户部尚书夏原吉主持治理，成就载《明史·河渠志》。主要工程是由夏驾浦引吴淞江上游水自刘家港入海；又采纳鲁汇叶宗行“请浚范家浜引浦水归海”的建议，开凿范家浜，上接大黄浦，引淀山湖水自南跄口入海，从而改变了太湖下游泄水道的基本格局。

[2] 黄步瀛族祖为黄琮，族叔为黄家锟。《颐素斋诗稿》为黄琮撰。

本书黄家河圈人物关系图

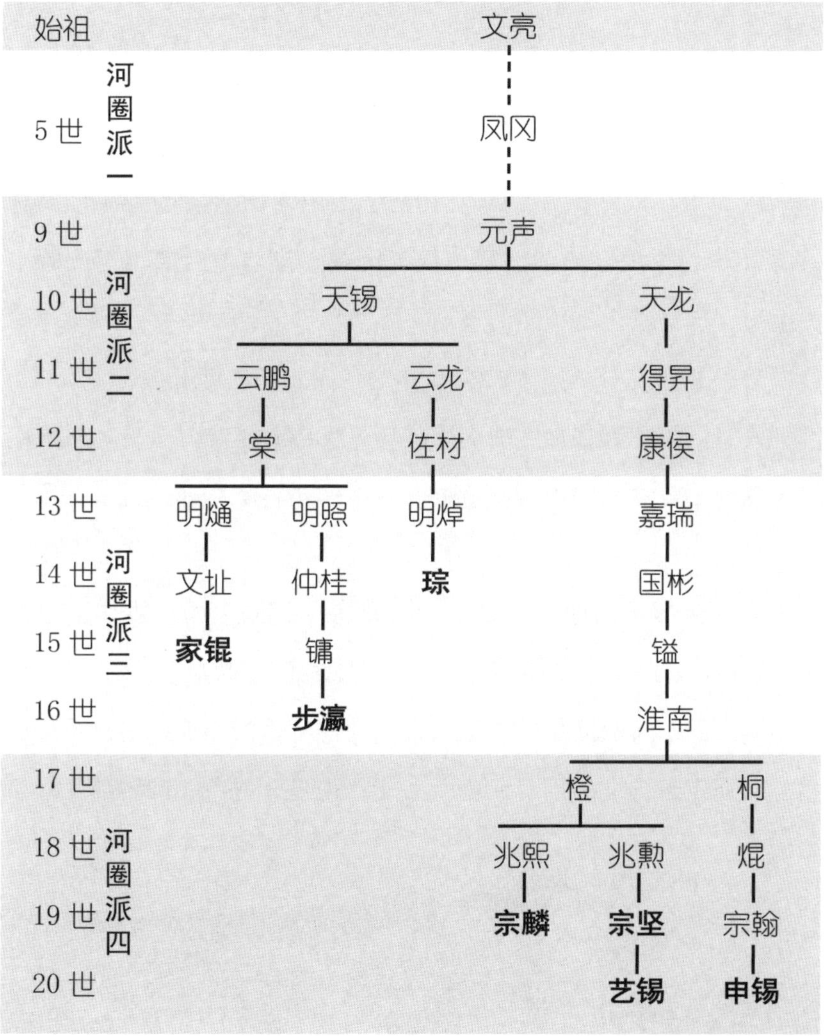

敏园，营利为本的私家园林

敏园为李显谟在民国11年（1922）拨出家田兴建的游乐性园林，地约30余亩，位今滨江生活广场地块。因李显谟与上海南市半淞园主姚伯鸿为至交，遂请其主持敏园的规划。

园分南北两部分，民国12年8月先完成北部，即开放营业。次年4月全部开放。同年即因齐卢之战而遭破坏，民国16年2月孙传芳部周荫人军队阻击北伐军曾驻扎园内再次遭损。后由润康百货店业主孙润华承租，修复后恢复营业。

敏园的拱形大门面东，设在沪闵路旁。门框上弧形拱架上由李显谟亲题“敏园”两字，进门后为一条东西向甬道，两边为娱乐、餐饮建筑，甬道通向园西部蜿蜒曲折的人工河，河旁建有水泥石舫，过曲桥后有双联六角亭，通走道向北向西。园南部有土山两座，高约10米的在西，高约7

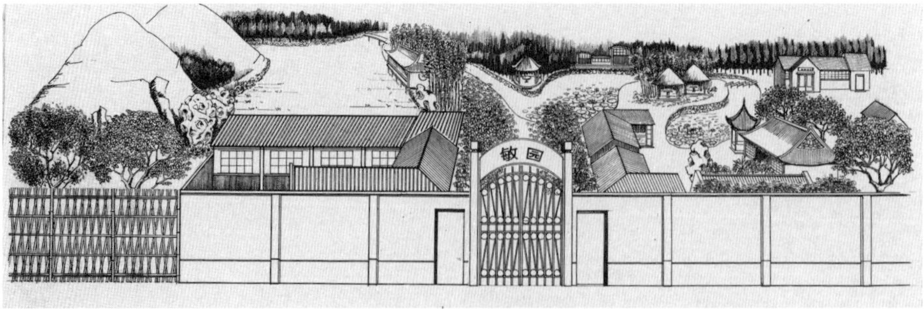

敏园情景画

米的在东，均为挖湖之土堆成，两山树木葱翠，登高可畅览闵行及浦江景色。大土山被人工河、湖环绕，山下湖边有花木假山，小桥相通。小土山北为人工湖，植有莲荷。筑湖心亭为茶室与书场。园之北有五楹之"绿野草堂"由郑孝胥题堂匾，堂前置大假山花圃，堂西为长亭，曲径小道，互通各方。

上海南市南部的半淞园原为一座私家园林，民国6年（1917）由姚氏设计，扩大改建为一处营业性园林，门票为银元2角，儿童及仆从改半。因南市地区少有游乐场所，所以自建成后成为老上海的主要公共活动场地。敏园沿袭半淞园的设计理念，不仅花木扶疏，堂馆丛立，且其游乐、餐饮项目繁多，设施设备也完备和先进，成为各界人士游乐和举办社会活动的场所。一些中外人士也从市区开车、乘车而来，一睹敏园的风采，门票亦为银元2角。

敏园内娱乐场所有剧场、弹子房（桌球）、舞厅、书场，餐饮有酒吧、茶室、西菜馆、中菜馆（新运楼），休闲服务有新式浴室、西式旅社等。园内设商店一家和供小商小贩设摊营业的商场一座。此外，敏园还置办"敏园日报"介绍游乐内容。也常请沪上戏曲、评弹界的名角、艺人来园演出。还不时举办一些别有情趣的娱乐活动，如猜谜、对联、施放气球、露天电影、杂技表演等，闵行民众教育馆也借用剧场举办活动或演出。

1937年闵行沦陷后，园地被日军占领，驻军养马肆意糟蹋，园西北地块设"军官坟""表忠塔"，连日本和尚也进进出出耀武扬威。后汪伪和平军、地痞流氓继续东搬西拆，整个园林完全荒芜。至解放时园内仅存土山两座、湖池、假山和曲桥亭棚残迹。土山在1953年用于填没湖池及母子泾，之后曾搭建一座大草棚供开会演出用，端午庙会时一些大型杂技、杂耍表演多设在敏园地块内。

敏园是一座以营利为本的对外公众开放的私有园林，游客以社会中下人士为大多数。在当时社会经济发展条件下，其融园林、餐饮和各式娱乐设施于一体的理念，既打破了私园对外封闭的传统，又开了综合性游乐场之先河，成为民众娱乐和举办多种社会活动的重要场所，也为沪闵汽车公司带来客流和老镇商业的营业收入。

1924年《社会之花》期刊载敏园照片一

1924年《社会之花》期刊载敏园照片二

浦滨花园，老闵行的度假村

浦滨花园也称江边花园，是民国时期一个专供中外富豪来闵游玩的度假村，建于1920年代，址在今兰坪路南端西侧地块。这里的黄浦江边滩地平缓，江水清澈，适合游泳，且周边树木繁茂，环境幽静，浦滨花园也因此在这里落户。

民国21年（1932）由全国经济委员会筹备处道路股编写的《沪杭公路图说》一书中介绍："园在闵行镇西黄浦江滨，碧草如茵，颇饶幽胜。内设拍球场、游泳池、西餐室等，每届夏令沪上中外人士前往游览者络绎不绝。"

浦滨花园面积不大，设施简单，进口门楼用毛竹搭建，园四周围竹

浦滨花园情景画

篱笆。一幢主楼宽敞高大，也为简易竹木结构，屋面铺盖茅草。另有小洋房、小茅屋等。园内主要娱乐场所为网球场和游泳池。

沿浦铺满细沙，可在江边游泳。沿江岸搭一遮阳长廊，置各式遮阳伞。有一斜坡木栈道通向江中作游艇码头，备有划艇、汽艇，可与闵行翁家塘南黄浦江边洋人斥资开办的划艇俱乐部（镇人称“克洛普”）往来，也可与对江奉贤划艇俱乐部往来。

浦滨花园门前为南北向的煤渣路，与今建设路相通。来此游客多时，轿车停满相接可至沪闵汽车站。

1937年抗战爆发，日军侵占闵行后，浦滨花园业务萧条而停业。该地块改作唐小毛修船厂。

还是南浦宅园多

宅园一般为官宦、士大夫的私产，由园主亲自筹划、督造，其风格以园主的文化素养、地貌条件而异。这些私园多圈有围墙，利用地形掇山、置石、理水，布置植物、园路和建筑，创造一个可游、可观的居住环境。宅院受面积所限，多从实用出发，在绞圈院中或屋后植些花卉树木，景小而意深。一般种植含有寓意的植物为多，如松、竹、梅（岁寒三友），梅、兰、竹、菊（四君子），玉兰、海棠、牡丹、桂花（玉堂富贵）等等。细细列数，闵行镇有据可查的宅园还真不少。宅园位置示意图见本书P140页。

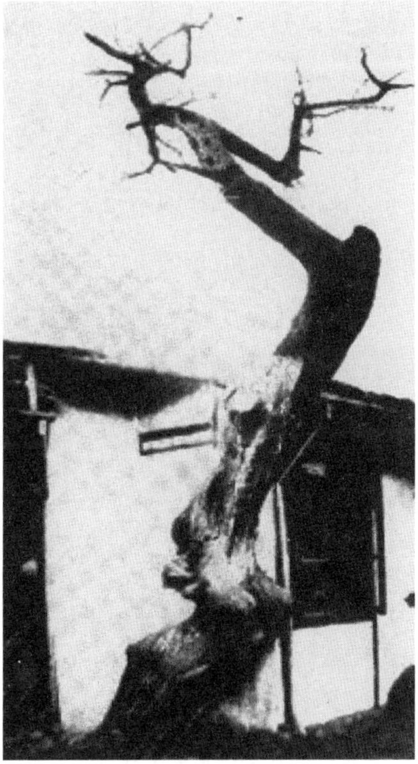
竹安斋内的古柏树

董园　这是闵行镇最早有记载的私家宅园，又称竹安斋，为董其昌读书处。嘉庆《松江府志》记载为："宗伯董其昌宅在城（指松江）西南，又有拄颊山房（今醉白池内）。竹安斋在闵行，董氏别业，有元时柏二，今萎其一。”嘉庆、同治的县志也有同样的记载。民国的县志把竹安斋称作为“董园”，记载称“董园（即同治志之竹安斋）在闵行启秀桥右，明董其昌读书处。（今地归潘姓）”。

该潘姓即清庠生潘绍曾，字颖生，善诗，《闵行诗存》收录其诗。

全国经济委员会筹备处道路股编写的《沪杭公路图说》，其中在沿路名胜古迹类里，也对竹安斋内一株古柏作介绍并附图片如下：“古柏在镇东竹安斋董氏别业内，为明代名书家董其昌先生读书处。柏系元代物，原有二株，今存其一。清奇古怪使观者不胜怀古之思。”

竹安斋在后东街与张家弄之间的连通弄堂“正兴弄”之东，菜场东弄之北。正兴弄原称菜场弄并与施弄连通，镇人相传因太史公董其昌在此经常出入而称史弄，讹作施弄。也相传此柏形如龙爪而称“龙爪柏”，以及柏存香气而称“香柏”。

竹安斋为三开间两进房和两开间两厢房形成一绞圈，柏在中间庭院内。解放初时状态如下：北第二进房已易主徐姓伤科郎中，筑墙与原房隔断，改造后由张家弄出入。第一进房、厢房及庭院为潘姓老太所有，一株枯柏仍在庭院内。1990年代城区改造时拆除。

竹荫庄 为张氏宅园，位南北大街80弄（竹荫弄）内晒场（也称张家场、白场）之西。为一幢七开间面东两层楼房及前两侧二开间单层厢房和多个庭院组成，外圈围墙。前围墙设正门及两旁各一小门，正门门头上书“竹荫庄”额，二小门各入厢房前的庭院。

进入正门为一大庭院，有树木花卉。过院有三级石级上至长廊，进入大厅。长廊也通左右厢房。

大厅三开间宽，两层楼高，厅内二根大柱支撑桁架，上及正梁，前后均为落地长窗。大厅后部设屏，左右通厅后门，入后庭院，院后围墙设门通外，外为大竹园。

大厅两旁各为二上二下层的住房。

大厅前的庭院与厢房庭院以墙分隔，大厅后的庭院与住房后的庭院也以墙分隔，各墙均置漏窗。因此，整个宅园内有大小庭院6个。

大厅俗呼“张家厅”，民国间做过赌场，解放前曾为邪教“一贯道”的活动场所。

竹荫庄围墙西为一大竹园，李尚暲《易园后记》中称“修竹千竿”。当年李林松建易园紧靠其北，因此，《记》中也记述该竹园“掩映于（易园的）晚香亭下，不知者亦疑为（易）园中有也。”又据李氏家谱记载，李尚暲族祖李鹏南的家也在竹荫庄房。

张氏为清乾隆时闵行镇贩布起家的富商，除其住房外，在大竹园西靠母子泾旁另有多幢房亦为竹荫庄所有，最南一幢三开间房圈围墙，有前后庭院，正门上方有“紫气东来”额，解放后做过街道幼儿园。

位北街竹荫弄口之北的一幢街面房，为张氏后裔所开布店，店名“张记老布号”，该房及房后几幢房（在晒场之东北）亦为竹荫庄所有。

竹荫弄自北街起至母子泾，其旁分布着竹荫庄房，也随着竹荫庄房位置不同形成几个折弯，弄也因此得名。

1980年代中期，九间头前的普文路拓宽延长至南北大街时，竹荫庄房拆除。

易园 为进士李林松辞官还乡7年（1817）后建造的宅园，位南北大街122弄即留桥弄之南部，地约3亩。解放初宅门靠近北街，由留桥弄入，进仪门后为纯嘏堂、宅屋，其西均已改为民宅。

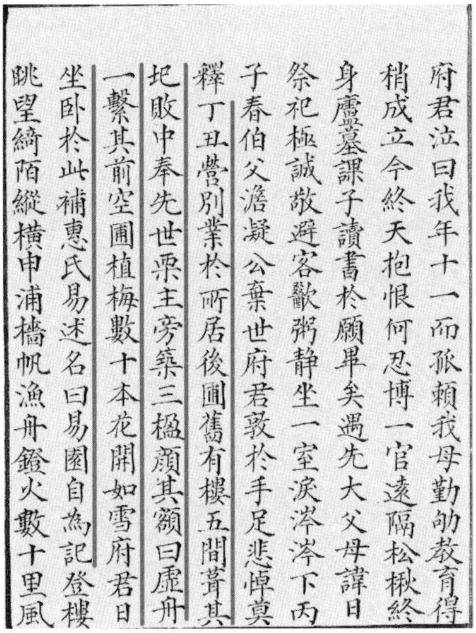
府君泣曰我年十一而孤賴我母勤劬教育得
稍成立今終天抱恨何忍博一官遠隔松楸終
身廬墓課子讀書於願畢矣遇先大父母諱日
祭祀極誠敬避客歠粥靜坐一室淚涔涔下丙
子春伯父滄凝公棄世府君敦於手足悲悼莫
釋丁丑營別業於所居後圃舊有樓五間葺其
圮敗中奉先世栗主旁築三楹顏其額曰虛舟
一繫其前空圃植梅數十本花開如雪府君日
坐臥於此補惠氏易述名曰易園自為記登樓
眺望綺陌縱橫申浦檣帆漁舟鐙火數十里風

李林松家谱一页

民国《上海县续志》记载“易园在闵行镇北街，李林松退官著书处，今子孙世守之。”光绪《松江府续志》记载“易园在闵行镇，户部员外郎李林松居，内有‘犹得住楼’，为其女媞咏诗处”“晚葺所居后圃为易园，著书其中。”

在李氏宗谱中，对易园的记载为：“丁丑（1817）营别业于所居后圃，旧有楼五间，葺其圮败。中奉先世栗主（宗庙神主），旁筑三楹，颜其额曰‘虚舟一系’其前空圃植梅数十本，花开如雪。府君日坐卧于此，补惠氏（清代汉学家惠栋，著有《周易述》）《易述》，名曰‘易园’，自为记。登楼眺望，绮陌纵横，申浦樯帆、渔舟、灯火数十里风景皆在指顾。自撰楹联曰‘此地有山岂用买，斯人不出也无妨’，入山之志益坚矣。”

又据李尚暲《易园后记》所述，改建后的易园有面西两层房一幢，名依南楼，俗呼西楼，上层中室为家祠奉先世，楼下为“怀古堂”，楼后围短墙，内置太湖石一座，间以杂卉。西楼东筑三幢面南房，有额“虚舟一系”的为李林松著书处，房有廊通怀古堂，廊似桥形，两侧为栏，边植凤尾竹。

房之前为月洞门，门额“西舍”，有五尺波浪顶墙围之，进洞门内为庭，靠墙筑半亭，额“翰蒪”，植红梅、樱桃、杏、榴等，隙地以虞美人补之。

洞门外有小池丈余，池畔有茅亭、石坪、石床、石墩。北有世父二公茔墓，植冬青。池南数十步内乱石点缀，小道通母子泾石矶，植梧桐、桃于岸侧。有屋两椽为园丁居住。

易园内梅、竹居多，遍植梨、桃、枣、李、椿、桂、松柏、玉兰等。园之南北皆围竹篱，北篱外为留桥弄，南篱外为张氏竹荫庄。

李林松在易园落成后，写了一篇《易园记》，文中上段对易园作了简述，后段假借不同访客之口，设主宾问答以寓命名之含意，全文如下：

李子归七年，始辟所居后畦三亩，杂植梧、竹、柿、桃、枣、杏、桂、芙蓉、柳之属，其隙则葱、薤、菘、蔓、菁，以哺其儿。撤垣三丈许，楼之中以祀先祖，而易其左右之东向者，西南向毁小屋为南向，楹三，其他若廊、若亭、若沼、若窦者略具，榜之曰：“易园”。

客至，曰：“子好易，日月与？蝘蜓与？”或曰：“否，是将以萝薜易簪缨矣。”或又曰：“屋弗侈，取诸易构者。卉木取诸易植者，水与石取诸易致者，故其为园也，亦一览而易尽。唯易成，故易久也。”或曰：“是畦也，易而园。安知不易而畦邪，易园易，易畦亦易，不唯省子今日劳，亦以省他日不知夫何人之劳。”或曰：“易者，不易也。传曰：‘不易乎世’。”或又曰：“易者，不易也。东方生曰：‘谭何容易’。”或又曰：“夫以百亩之不易为己忧者，农夫也，子将以三亩易邪。”群起而质之主人，主人无所言，客皆去。

《易园即景》（李媞）

溪水环篱石径斜，祇求幽隐不求香。

几丛我树遮邻树，一带邻家似我家。

春雨催齐三亩笋，新诗题遍半园花。

登楼只见江波急，谁肯中流早击槎？

易园辉煌期仅十年，李尚暲感叹：易园“丁亥（1827）见背，暲等不肖，不克修葺，卒至仍易为畦。”李林松《易园记》中所谓“易园易，易畦亦易”竟成语谶。同治间已荒废沦为菜田。民国间西近母子泾地块为乡议事长马恩培建“留园”和“柳村别墅”，其它地块也陆续为居民建房。解放后仅存近北街处的纯嘏堂等房为李氏裔李维华所居。1990年代城区改造时全部拆除。

留园　俗称马家园，因靠近留桥和留桥弄取名，为马恩培建于民国前期的宅园，在留桥弄西部南侧，为原易园之西部地块，占地约1.5亩。留园北靠留桥弄，西为母子泾，东、南为砖砌围墙，大铁门设于南，可通竹荫弄。

进入大铁门为花园，植树木花卉。柳村别墅在花园之北，为居住区域，又以围墙围之，门在南，上方有“柳村别墅”额，门外左右植盘槐树各一株。

马恩培字柳江，别号柳道人，所居留桥弄又称柳桥弄，因此别墅取名“柳村”。入别墅门为石筑甬道通五开间有廊正屋，三级踏步上，中为

1990年代留桥弄（汪大纲摄）

正厅，有阁设家祠。正屋前甬道两侧置假山花木，正屋后为庭院。再北为第二进七开间平屋，中间设北门通留桥弄。

解放初留园南围墙已不见，东围墙也残缺不全，1953年母子泾填没后花园地块成公共绿化场地，1970年建上海电子元件十四厂。别墅房在解放初分配为居民住宅，1990年代城区改造时拆除。

李园 是李显谟为侧室尤氏所建花园住宅，占地约3亩余，位今建设路西部南侧，原五金交电批发部大楼之南。园之北、西、南三面环六曲河，东面设门筑墙，出大门通建设路，向东可抵汽车站。

园内原有房3幢，今存2幢。正屋在北，面南，为三开间歇山顶有廊平房，房基高亢由5级踏步上，作会客和居室用。正屋西南为李显谟第三

李园内正屋（汪大纲摄）

李园内小洋房（汪大纲摄）

子李宗道自行设计的三间头带L形日式小洋房，为其居室。正屋西有三开间面南小屋一幢，为厨房和佣人住室，早已拆除。

李园内正屋之南、小洋房之东为花圃，假山鱼池、曲径小道间均植花卉果树，设秋千架、旱船等休闲设施，正屋与小洋房西部为一大片竹林。园南之六曲河筑石驳岸并设小桥通西浦滩。

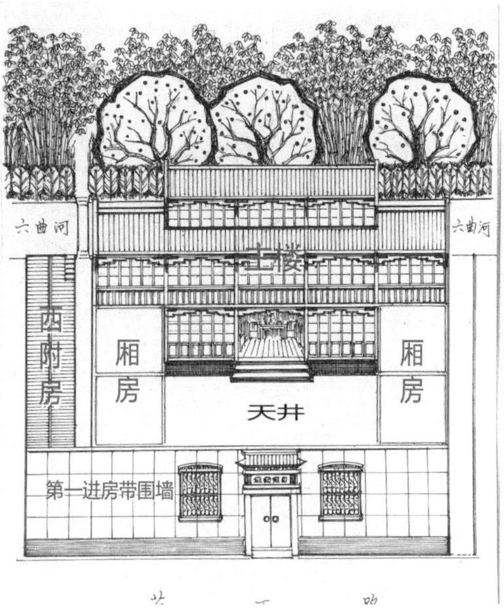

叶裕大宅示意图

当年种植的树木中，今已成百年大树的有广玉兰一株、桂花树一株和龙柏树二株。

解放初，李园置换于叶裕大百货绸布店业主叶氏居住至今，园内叶氏另筑小屋、小洋房各一幢。

叶裕大宅 为叶裕大百货绸布店业主叶仰庭建于民国前期的宅屋，简称叶家宅，位建设路西部北侧，今沪闵医院之西部地块，占地有3亩。面南五开间二进二厢形成一绞圈，中为天井。绞圈西筑五开间面西附房一幢，前有一条夹弄。后进主楼为带廊两层楼，中间三开间筑成假三层，其它均为平房。主楼后（六曲河南）也设一后天井。屋前置围墙设楼门，上方刻“南阳草卢”四字。

屋之北有东西向六曲河，自建小桥一座，通六曲河北之后花园，园内植花卉树木。因宅主喜爱体育，半座花园建半个篮球场，置球架，自娱自乐。

1937年日军侵华部队强占后作陆军司令部，驻伞兵队、炮兵队本部。解放初，叶宅内驻过解放军部队伤病员治疗所，后为镇政府部门办公用房，1954年为上海汽轮机厂临时办公房，后又改为厂家属宿舍，宅主迁李园居住。

兰徵草堂 为夏世熙建于清道光间的宅屋，堂额“兰徵草堂”。位留桥弄西部北侧，与“留园”隔弄相对。民国13年（1924）曾孙夏建邦重建。两进两厢房，前进七开间平房，中间墙门间进出，设家祠于阁上。后进五开间两层楼房，底层落地长窗长门，地铺方砖，中间客堂间仍悬“兰徵草堂”额，二级踏步上，旁置石鼓一对。绞圈形成的庭院以砖铺筑，房基边设沿石，院内筑花坛，布置花石，坛旁左右对称置石凳石台各一套。解放初分配为居民住宅，1990年代城区改造时拆除。

黄申锡

黄家花园 为黄申锡建于民国3年（1914）的花园住宅，黄申锡号谱蘅，故取宅名“蘅村”。位西黄浦滩长源木行之东，闵行中心小学操场之西，李园六曲河之东南，地有3亩余。主楼为面南两层五开间中西合壁式建筑，进深较宽，有走廊通南北房间。屋前、屋后均为花园，圈之以围墙。

屋落成后，乡公所朱鼎承作诗寄意。在诗序中谓：“黄浦滨、六曲河之间有隙田数亩，谱蘅黄子以膏腴田倍数易之，筑新厦。登楼眺望，心目豁然。广庭遍栽花木，绕有林泉之胜，即以‘蘅村’名其居。”诗曰：

西郊拓蘅村，我来恣徜徉。主人引高楼，天风送浪浪。
开樽面南浦，遥情乘风翔。珠籐伫轻阴，瑶席纳波光。

奔腾逐遐迩，浮云互低昂。众缘合为烟，四顾但莽苍。
低头窥三径，花木费平章。搜采及岩穴，广庭纷纵横。
簇簇兰一丛，森森柏两行。冷冷樊川榭，曲曲浣花塘。
临流更数典，远述黄浦黄。萧条白发翁，坐对展衷肠。
寒蝉翳东林，蟋蟀鸣西堂。微生有常栖，而我独无乡。
鹪鹩借一枝，故里如他方。安得草堂资，衡宇相对望。
朝朝复暮暮，谈笑从君旁。

该房在解放初曾作闵行小学教师办公楼，1958年民办中学作过教室，后为棉花仓库办公楼、新安批发市场外籍人员住房等。2015年建滨江花园时拆除。

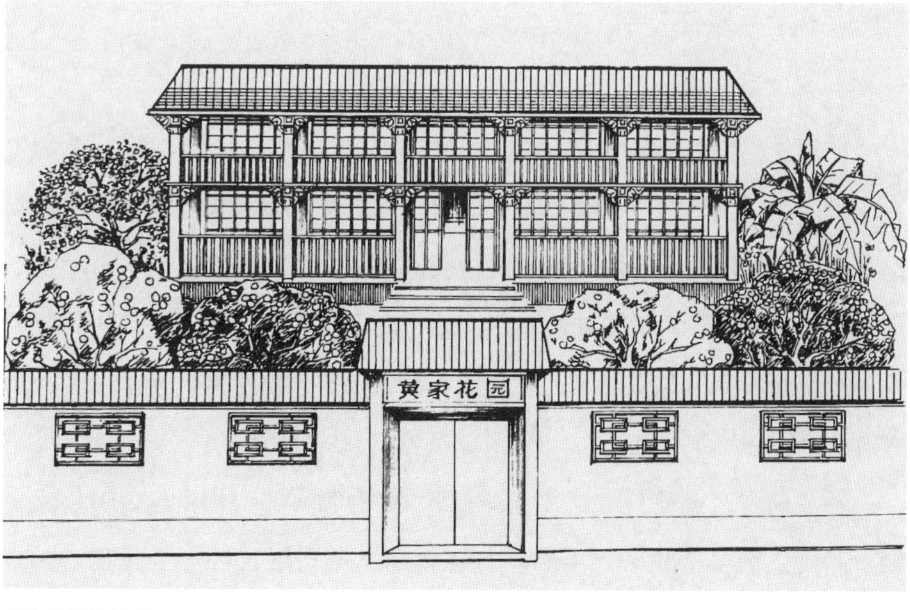

黄家花园情景画

2006年时的高平庄（汪大纲摄）

高平庄　为范介平（1936年、1937年任县立初级中学校长）、范知先建于民国19年（1930）的花园住宅，地有4亩余。位新闵路西口北、沪闵路东。主楼为面南五开间两层西式带长廊楼房，楼房前东、西各有一幢平房，中间为道路，两边小花圃。圈围墙、设中门，为居住区域。居住区域外的东、西、南植花木为园，主楼屋后为竹园，再圈围墙，面南设门，上方有“高平庄”字额。

解放前夕，高平庄卖给资源委员会通用机器厂，使用至1950年代中期。后为上海县人民委员会、华坪派出所、闵行区法院办公用房。2007年建闵浦二桥在拓宽沪闵路时拆除。

项宅前的三开间两层楼街面房（汪大纲摄）

项宅前仪门（汪大纲摄）

项宅主楼上部（汪大纲摄）

项宅地坪上的“三环”牌油墨商标图案（汪大纲摄）

项家宅院 为项镇方所建。民国5年（1916），项氏先建街面房三开间两层楼房一幢。民国7年（1918）起，在街面房西地块建宅院主楼及南附房，后陆续增建副楼等，逐步完成整个宅院，至民国24年（1935）全部落成。宅院内的主楼面东，西洋结构，仅屋面使用中式小弯瓦。两层楼副楼在主楼西，面南，中西合璧结构。副楼前为庭院，庭院两角处建杂间和厨间各一，厨间边有小井一口。副楼后屋上和附房上均置露天晒台各一，与主楼均置天桥相通。主楼前有小天井，圈围墙设仪门。宅院与街面房占地近一亩。

项宅附房（汪大纲摄）

修复后的项宅仪门（汪大纲摄）

项家宅院的人员进出，一直是由街面房南端开设的小弄内进出。宅院落成后项氏又在高平庄北、今新华书店南地块建别墅房一幢，西旁二开间平房一幢，不久，闵行沦陷，项氏无心处理宅院与街面房的关系，因此，宅院的仪门造好后未曾使用。

高平庄北、新华书店南、沪闵路东、母子泾西地块内，项家别墅在北，南有黄（艺锡）家别墅，别墅外植树木为园，地有2亩余。项、黄两家有姻亲关系，合用一个花园，亦成美事。1960年代又建多幢房屋后成为闵行区政府驻地。

2000年项家宅院列入闵行区政府文物保护单位，2014年修复后成为“老闵行历史文化陈列馆”分馆。

金氏别墅 地址在横泾河东今南溪路东，红瓦红砖清水墙两层西洋

1980年代的金氏别墅（唐世杰摄）

式建筑，屋面中间筑假三层一间，由希腊式柱支撑至地。假三层房西设门，通露天晒台。南立面中间上下层均为内阳台或称内廊，通各层楼梯。内阳台左右两边为居室。屋后有小天井、边门、后间上方也置露天晒台等。屋前圈围墙为庭院，欧式门头上置“亦卢”立体字样。整座建筑前设小花圃，中间砖筑通道，道路两旁置水泥制靠背长凳一对。

该房建成于1937年，落成后即被侵华日军强占为闵行警备队本部。金氏举家离闵漂泊。解放后改作上海县人民医院，后再改为民居，1995年后为龙音寺所用直至今。

闵行镇的石库门建筑

闵行镇的石库门建筑，一般是三开间的正屋与前左、右厢房围绕一个天井，正屋后面为附屋，设后天井，正屋中间为客堂间，两侧为次间，次间后设扶梯可达楼上。为求采光和通风，前天井周边房均用落地长窗和长门。房屋为传统的砖木立帖式结构。

左、右两厢一般为二层，正屋可二层或三层。附屋可作厨房、杂间和储藏室，附屋上设露天晒台，也可设计在前厢房上，露天晒台又作乘凉之用，成为石库门房的辅助院子。

石库门建筑的前立面由天井围墙和厢房山墙组成，中间设门，以石料作框，也可砖砌后上方加砼梁，配以黑漆厚木门扇和一对狮头带环门把手，即为石库门。石库门建筑的出现是在水泥应用普及之后，因此，露天晒台、石库门框以及天井地坪等，均可应用水泥使建筑成本大为降低。其门楣装饰，有传统建筑仪门头样式的改良，也有西洋几何形线脚造型，或加浮雕山花样式，形式多样而风格各异，成了石库门建筑中最具特色的部分。

石库门建筑一般均加设后边门，后部围墙与天井围墙高度基本一致，形成一个独立于外界的住宅领地。也因其似高墙深院而又有闹市中取静的好处和占地面积小的特点，为士绅阶层和商业成功人士所欢迎。

新闵路556弄内的“清净庵”和“佛会”建筑造型，类似石库门建筑，也是主楼前两厢房加中间天井，天井前筑墙设石库门，只因不作住宅，简化了结构，省去了后附房、晒台等建筑。

留桥弄内的“凌宅”，北街东、染坊弄南的“黄蕴深宅”，也有简化了的石库门风格。凌宅为三开间两层楼中西式建筑，楼前圈设围墙，中间设石库门，屋后有小花院，也圈设围墙。黄蕴深宅为三开间三层楼中西式建筑，楼前圈围墙设门，后有附房，两层和三层均设露天晒台。

石库门的门头，样式丰富，装饰多变，并有一种庄重的气派，也为一些街面建筑单独使用，如北街的同源典当、震源典当、大街的老协昌祥、横泾东路的观音阁，均采用石库门的形式。宅园中的高平庄、项宅、亦卢、叶裕大宅也都采用了石库门的形式。

20世纪二三十年代，上海黄浦、卢湾、静安等区内流行里弄式石库门建筑，结构更为简约，一门一户独立石库门，房屋采用联排方式，弄口设立牌楼，取以弄名或坊名。闵行镇张永兴衣庄业主张柏良发达后投资房产，取租金收入，1930年代中期建“庠村”于建设路中段南侧，有两层楼三开间房4幢，每户独立一石库门，有上下层4间，上层前后2间作居室，下层前作客堂后为厨房，前有一小天井。

解放后庠村为汽轮厂家属宿舍，后改作闵行房管所。

陈氏石库门建筑（汪大纲摄）

郭氏石库门建筑（唐世杰摄）

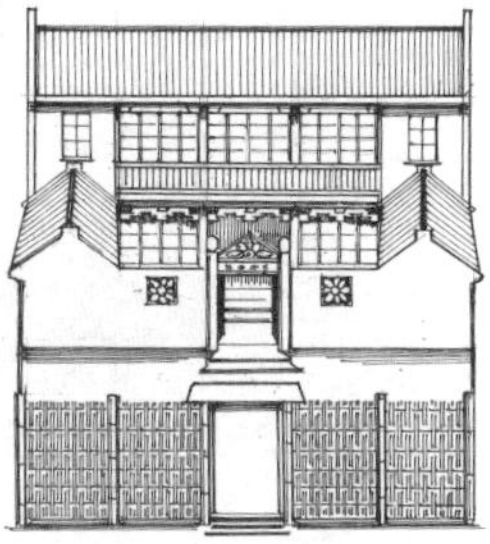

乔念椿石库门宅情景画

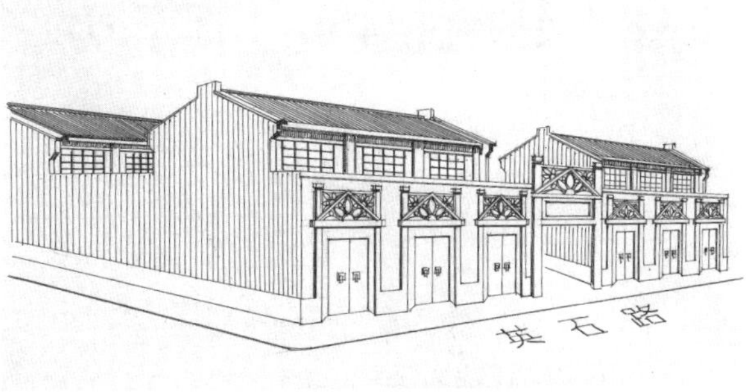

厍村情景画

简易石库门建筑“凌宅”（汪大纲摄）

简易石库门建筑“黄蕴深宅”（汪大纲摄）

闵行镇石库门一览表

宅主	职 业	地 点	造 形 特 式
郭氏	郭天发南货店业主	韭菜街南口之东、横泾边	露天晒台在前，后面加筑三层，边门设在前
李氏	账房先生	韭菜街南口之西，闵其墓北	前厢旁上各设露天晒台，设后门
陈氏	医生	南北大街、染坊弄口	露天晒台在后，边门设在染坊弄
王氏	营造厂业主	竹荫弄、味春弄底	露天晒台在前，设后门
吴氏	医生	新安路中段母子泾南	露天晒台在后，边门在东
乔氏	开办沪张轮局、振市电气厂	建设路北侧中段偏东	房前加设庭院

藏身于建筑物内的节孝坊

闵行镇从1953年起，已有零星旧房改造，而大规模的城区改造始于1983年，结合当时老闵行区总体要求，对老镇的居住、商业、绿化进行统一规划，首先对老西街以南、沪闵路与佛阁弄间地块房屋动迁拆除，建高层住宅房2幢。时在浦江路190号屋北院场内的一座牌坊也随之废圮了。

1995年拆除后东街以北、施弄以东、横泾以西、浦江路以南地块的旧建筑，在前东街17—23号泰安旅社内，又发现一座牌坊，该牌坊被砌筑在建筑内。

泰安旅社为南北向五开间两层楼房，建造时按旅馆用途设计，房中间为东西向长走廊，两边为客房。牌坊位屋脊中央、长走廊的一边，既作隔墙又当建筑的梁柱，牌坊最上方的顶楼露出建筑的屋面，因此也得以留存。

牌坊被砌筑在建筑内，图为室外对牌坊的拍摄（汪大纲摄）

该牌坊现称“节孝坊”，坊宽、高各约7米，三门四柱五楼，花岗石质，主要大构件基本完好。当年移地搬迁至临沧路紫藤棚镇地块修复。第2年修复完成。

修复后的牌坊增添了缺失的五楼、龙形脊饰、花板、

修复前的节孝坊（汪大纲摄）

修复后的节孝坊（汪大纲摄）

雀添和夹杆石鼓，气势雄伟，恢宏而厚重。该坊枋梁均浮雕纹饰，立柱均阴刻文字。顶楼“圣旨”牌额镌“蛟龙出海”纹样；中楼间花板镌楷书“节孝坊”，时涂成红色，上、下枋刻“流云火焰”图案；中间双柱间枋梁从上至下刻“鱼跃龙门”“双龙戏珠”“苍龙教子”纹样；两侧枋梁以珍禽瑞兽、吉祥图案装饰。正面中间双柱楷书刻联为：“乾坤正气留闺范，日月恩光耀德辉”，两侧楹联“千载芳名峰泖花，一生苦节雪霜寒”，为带篆隶书。

两侧楹联可以读为“千载芳名风貌华，一生苦节雪霜寒”。该联使用了“借音对”的手法，用谐音求对。例《逸老堂诗话》中的“残春红药在，终日子规啼”，以“红”对“子”，子谐音紫，词性一致，又具对仗关系。该联的“峰泖”和“雪霜”均为自然界之物，以名词对名词；“花”与“华”古代通用，“华”与“寒”均为形容词，对仗工整规范。而读音时，把“峰泖花”读为谐音的“风貌华”，既求对联制作的完美，又表达了不同的语义，一语双关又妙趣横生。

落成后的节孝坊距古紫藤约15米，该处原为紫藤棚镇，1999年辟建为古藤园对外开放。

位于古藤园内的节孝坊（汪大纲摄）

节孝坊在嘉庆《上海县志》中的记载为：“孙氏，廪生张堃妻。夫亡，孤兆奎方二岁。孝事舅姑，严于课子，二十七年如一日。乾隆十二年（1747）建坊旌表。孙杏滨，恩贡生。”

张堃的孙子张杏滨，字作琴，乾隆五十四年（1789）恩贡，著有《赋钞笺略》15卷、《表忠崇义集》3卷，补编1卷。

张杏滨的孙子张本均，字梅溪，又字协声，嘉庆二十一年（1816）家毁于火，本均苦志读书，长于古诗文辞，以优廪生中道光八年（1828）副贡。著有《梅花溪吟稿》，又积教徒收入后刊其祖《赋钞笺略》行世。

《赋钞笺略》为张杏滨与同窗雷琳合著。此书收录周秦至清初赋90家

张杏滨、雷琳合著《赋钞笺略》

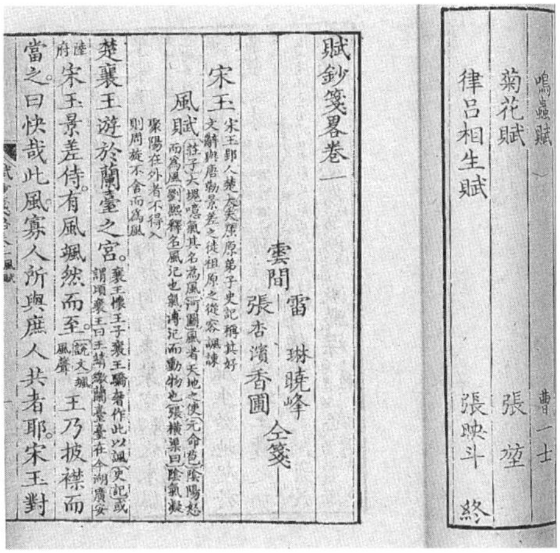

《赋钞笺略》内页

126篇，多选言志小赋，唐赋27家最多，清赋24家次之，一变详古略今习气，笺释内容丰富详密。张、雷两人皆为沈德潜（清代著名诗人，曾任内阁学士兼礼部侍郎）及门弟子，故沈氏在序中称此书根据确当而辞尚体要，"盖自五臣选赋注后，庶几嗣音矣。"

据志载，闵行镇除节孝坊外，另有旌表坊、亭6座：六经启秀、进士、世科3坊、朱堂妻张氏坊、张钜妻康氏坊以及陈和观妻俞氏（烈妇亭）等。（详见本书附录）。

寺观香火有多少

世界上很多民族都有自己的信仰，并对该民族的经济、文化和社会生活产生着深刻的影响。古代中国庙宇到处林立，供奉着各种神灵。一些文学作品如《山海经》《封神榜》《西游记》都是描写神灵鬼怪的，经过长期的传播，也在普通百姓中形成了对神的信仰，人们为了求得福佑、免除灾祸、祈求好运而奉祀神灵，如贴门神、祭灶神、迎财神，如祭拜风、火、水神以保五谷丰登，祭拜关帝、城隍以保一方平安，等等。这些由“迷信”转向“俗信”而逐渐成为“习俗”，也有积极、亲切和和谐的一面。

闵行镇有记载的寺观中，道观多于佛寺，道士多于僧尼。即使如观音阁、清净庵这些供佛庙宇，也同时供奉着济公活佛，观音阁也供奉地

新闵路556弄内的佛会（汪大纲摄）

藏、三官老爷等道教菩萨。只要信奉，都可磕头烧香、拜佛求仙。

老闵行道观、寺院列表

名称	始建年代	地点	主要供奉	简况	毁废
洞真道院	元延祐七年	新闵路560号华坪派出所址	道教各神像、城隍像	俗称城隍庙，北庙。清乾隆间李枝桂[1]增建第三进房“锡祉堂”作上海县城隍行辕。民国17年部分院房开办游民习艺所，后为上海县保安中队用，解放后改作粮库、血防站、看守所用房	1950年代后期原房拆除
春申道院	不详	河东路东端近黄浦江	春申君像	清雍正十二年、乾隆十年曾重修，嘉庆九年再修，增建春申阁于后，前殿祀武帝，道光二十九年建阁旁观澜堂三楹，民国17年为公安分局租用，春申阁仍属道院	1937年为日机炸毁
关帝庙	不详	河东路东端南侧	关羽像	庙屋3间，民国17年改建为第一公安分局	1937年为日机炸毁
奎星阁	光绪初	河东路东端春申阁前	魁星像	阁为两层，六角形。由李祖锡、夏其钊捐募创建。民国6年改建楼房3幢为闵行乡教育会用房	1937年为日机炸毁
东庙	不详	河东路44弄内	火城隍神	也称东城隍庙。三开间二进庙房，南进山门后搭建戏台，中间空地称庙场。民国20年北进房改作简易小学，庙场作校操场	1956年改办草包厂
广明庵	不详	新闵路528号地域	三官大帝	三官为天官、地官、水官。清乾隆三十七年重修，额为“小云台”。咸丰二年再修后为闵行衍善堂用，仍保留三官大帝像	光绪二十年归并普安堂
小祇园	不详	新闵路522弄西	文昌神	清同治十三年改建为普安堂，另建房32间作寄棺所。1958年普安堂停办	1970年代初改闵行三幼

[1] 李枝桂（1718—1796）为李林松族伯父，原名李鹏翮，号复斋，金山卫庠生、副贡生，乾隆五十九年（1794）会试赐举人，次年赐国子监学正。嘉庆元年（1796）参加乾隆千叟宴。李氏以医自给，著有《澹竹轩诗钞》《内经指要》二卷、《医宗约贯》十卷、《杂钞医案》六册。为纂修乾隆《上海县志》分修人。其子李如龙，参见“书画人物”。

（续表）

名称	始建年代	地点	主要供奉	简　　况	毁废
西庙	嘉庆二十一年	西浦滩六曲河西	文昌神	又称文帝庙。文昌书院设于内。清宣统元年作巡警分局，后为中等农业学堂用	民国元年毁于火
三神庙	不详	后东街口北侧	水火财三神	民国6年后东街失火，镇人将庙内物移于聚龙桥东脚旁待渡亭，此亭改称三神亭。后又放置救火用具而改称救火会	民国6年毁于火
武帝阁	不详	佛阁弄南口过街楼上	关羽像	原阁有南北两间，南阁凸出于街面，解放初拓宽浦江路时拆除，北阁供奉时要架梯上阁。李林松有重建阁记[1]	1967年后改作民居
度门寺	元至正二年	新闵路534至538号	佛教神像	明倭寇烧毁后重建，清乾隆、道光、同治间均有重修，道光间重修时李林松有记[2]，清末衰落，民国初改建为乡公所，留祖师殿[3]房一幢维持香火	民国3年改作乡公所

[1] 李林松撰写的《重建武帝阁记》，全文如下：“镇南枕浦，而横沥绝浦来，在丙；其北控夷庚，迤逦数十里，在壬。形家言：‘其南维，非神明丽之，无以奠厥居。’而镇故有阁。不知创何时，久而圮，其址存焉。今春己酉灾，夏戊寅复灾，民走相告，思徼福于神佑也。鸠工庀材，匝月而阁建。余维帝庙遍宙合，如日无不照，虽微阁，岂遂弗庇？然蚩蚩者，睹庙貌而始有神，于其心庶有儆乎。抑犹愿帝之灵，日以聪明正直觉吾民，则虽永肩福贶以长世无难焉。不徒恃女丁妇壬为厌胜已。爰志斯役，以诒来叶，谨记。”

同治《上海县志》记载：“武帝阁在浦滨，嘉庆二十一年，李林松有修阁记。”这个记载有误，李林松文中“夏戊寅复灾”的戊寅为嘉庆二十三年，因此，该文不应在嘉庆二十一年所写。

[2] 李林松撰写的《重修度门寺记》，全文如下：“上海县闵行镇度门寺者，元至正二年僧水月之所建，厥后照庵、元白之所修也。重葺之岁为国朝乾隆之十二年，而今颓废且尽。道光二年住持僧道芳募之，获泉以缗计者二千而强。鸠工庀材，阅一期而葳，乃以碑记请。余唯乡之俗纤啬已甚，民苦窳无以生，而物力日以耗，亲不恤而灾，不振者比比矣。彼缁流号于众，卒得所愿焉。岂佛法果有然者欤？夫佛不以寺之有无为加损也久矣。欧阳子云：‘强犷之夫，王法所不能驯，而见佛则拜，中无所本故也’。虽然，昨之岁小旱，三农无余蓄，而以兹役，故梓者、圬者、工墣者、肩者、负者受值，归以哺其孥，盖浃岁。傥匪寺熟肯损其赀，以食若辈者哉？佛功德以济人为大，身可以饲虎、饱鸟雀。而昔之人，有以俭岁兴工，作为补救者，亦此意也。由斯以谭，弗可以不记。”

今江川文化馆“老闵行历史文化陈列馆”内，藏有李林松撰“重修度门寺记”碑，青石质立式有座，碑高1.38米、宽0.66米、厚0.17米，落款为“住持僧道芳敬立”。

[3] 民国《上海县志》记载：“度门寺在闵行镇，民国3年改建乡公所，后仅余西北祖师殿，由李祖佑购叶姓房两间，葺为寺门。”

（转下页）

（续表）

名称	始建年代	地点	主要供奉	简　　况	毁废
观音阁	乾隆间	横泾东路19号	观音	相传乾隆间有观音像从浦中漂来，里人建阁奉之。民国26年师太惠明重建，传曾有白龙现身遂雕龙头一尊供奉，阁亦改称龙音寺。1955年改作草织厂用房	1997年城区改造拆除
清净庵	民国初	新闵路556弄内	观音	五开间两层楼房，南三开间加二层厢房为庵，北二开间为尼僧住舍。1966年改作街道螺帽厂，后作华福制线厂	2017年修葺
佛会	民国15年	新闵路556弄内	佛教神像	由蔡汉卿、吴渔根等募建，作信佛徒讲经、念经场所，原借聚珍楼二楼活动。为三开间两层主楼加前单层厢房的石库门式建筑，门头上方有“慕莲精舍”额	1966年改作民宅，今房仍在
义勇武安王庙	不详	何家西渡北，该址无考	关羽像	崇祯《松江府志》载：“义勇武安王庙在闵行镇。何家西渡北水势湍湧，尝坏舟楫，里人副使何广建庙镇之，后庙颓，复为患，何三畏三让益地重建。”关羽去世后逐渐被神化，宋宣和五年朝廷褒封关羽为义勇武安王	无考

（接上页）

祖师殿为三开间房，祖师佛居中间，东间为度门寺迁请之小佛像，（据传度门寺大佛像均移请至龙华寺）西间为看庙人住舍。祖师殿前为院落，院落前为北街嫁妆店业主叶姓房，中间改作寺门，进门后便见一座高2米的弥勒佛，叶姓房另一间暂存度门寺归拢的佛象。由祖师殿形成的小庙，香火维持至解放。

解放后，乡公所房为闵行镇政府驻地后，祖师殿房改作政府机关食堂。1960年后改作民居。1970年代后期，公安分局向西扩大时祖师殿房拆除。

横泾东路上的观音阁（唐世杰摄）

李林松撰写的《重修度门寺记》碑

新闵路556弄内的清净庵（汪大纲摄）

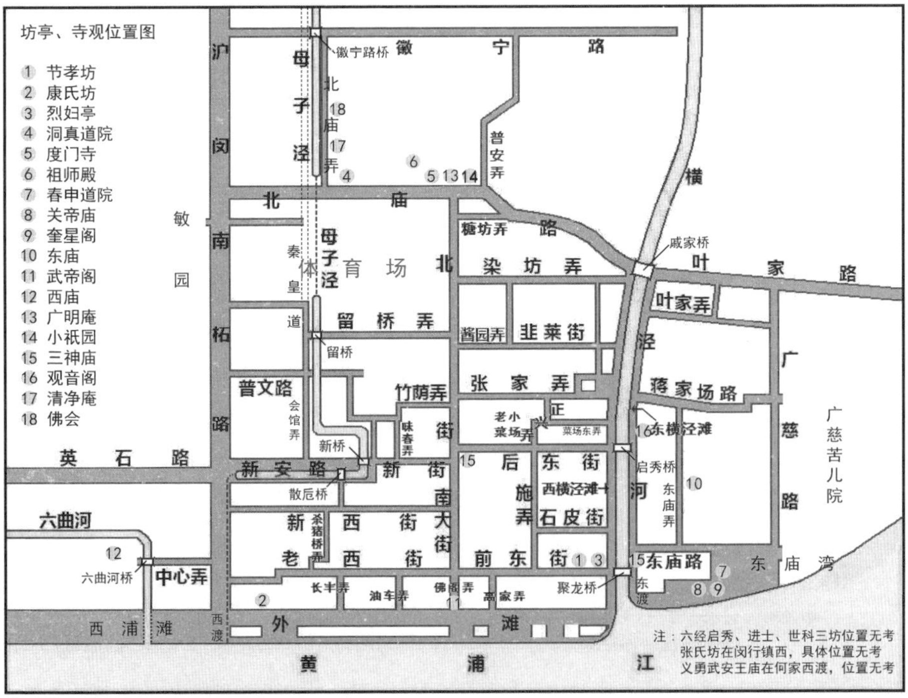

闵行镇坊亭、寺观位置示意图（汪大纲绘）

北庙的道教活动

北庙的道教以“正一经”为经典的正一派教，以张（道陵）天师为道首。道士不重修持，戒律也不很严格，可不居宫观而有家室，非斋戒时亦可喝酒食荤，散居道士平时不着道服。从事以崇拜神仙、画符念咒、降神驱妖、祈福禳灾为主的道教活动。大体分为：丧事、做七、追思、超度的称“功德”，造房、建屋的称“归土”，祈求病愈的称“解难”，免除家畜瘟疫的称“安槽”，等等。凡求福请灾、求取功名、求寿延寿、求晴祈雨诸如此类均可请做法事，俗称为“打醮”。北庙道士分班首、二职、法师、香火、看经、侍钟、拜忏等职，做法事时各司其职，相辅相成，有时也有乐班贯穿。庙内道士需做早晚功课，讲经、诵经、供香、拜忏和举行道教节日、神祖圣诞的斋醮，以及参加一些民间的节日活动。散居道士及乐班多为镇上及周边乡村手工业者或村民，有事则聚，无事各谋其业，大多把参与北庙斋醮活动当作为谋生的补充。

端午日一早，庙内设置祭桌，置香炉、烛台、花瓶、香筒，供品为香、花、灯、水、果等物，在诵经拜忏、踏罡步斗、掐诀念咒等斋醮仪式结束后，老爷出会活动开始了。当天乡镇民众已蜂拥而至，守候在庙门两边，善男信女都跪在地上叩迎。打头阵的是举着“巡游”“肃静”虎头牌和提着锣的道士，三步一锣开道。随后便是宝盖幢幡下手持黄牌的班首、托着如意莲花香火的二职。城隍大轿请起时，钟鼓号角齐鸣，不绝于耳，八位壮汉抬着城隍坐轿，众道士尾随护驾。法师一路表演着“踏表”“打乱家”“飞括子”等法术，道士们举着风调雨顺、国泰民安的黄旗，唢呐领头的乐班一路渲染着气氛。最后便是信众经生或提灯笼或持供香跟着队伍为尾。

出游队伍自北庙起沿新闵路、南北大街、浦江路、沪闵路折至新安路绕一周后，仍至沪闵路回庙。沿街观者云集、摩肩接踵，争相观看老爷行街。其中每经一段稍停片刻，一些信众将准备好的燃香换取道士手炉中的炉香带回，意可求得祈福的好运，人们深信城隍出巡能赐福消灾，带来国安民康。这一日，孩童们雀跃欢呼，当作一次娱乐活动，好不快活。

城隍出巡，展示的是旧时闵行民众的市井生活场景，展现的是一幅对美好生活热切期盼的民俗风情画卷。

城隍出巡落幕，一场大戏登场。北庙山门上筑有戏台，歇山式单层飞檐顶，独特之处是戏台前后两面开敞，庙内庙外均可看戏，故有“二个半戏台”之称。道教以与自己信仰关系重大的日子和所奉神灵、祖师诞辰日为节日，演戏庆祝。端午日闵行庙会之外，另有黄浦“龙舟竞渡”，镇上人山人海、热闹一片。因此，老爷出会后，必有酬神演出，答谢城隍的庇佑。

北庙戏台的演出，作为一道亮丽的风景，写进了光绪间民间小调《三十六码头》的唱词里：“十月芙蓉开得旺，北庙头做戏闹堂堂。男人看戏前头走，女人看戏两班房。”

闵行镇端午庙会的集市贸易，其形成与发展也与北庙的道教活动有关，因此也称庙市、节场。该日烧香拜神者从四乡赶来，游人如潮，商贩看准商机，为供应信徒、游客云集百货，遂成庙市。相传闵行镇端午庙会在光绪晚期已形成，逐渐成为定期的商贸活动。每届庙会持续半个月之久，参与集市的商家除奉贤、松江、金山、南汇等县外，还有江、浙、皖商的加入。集市摊棚集中于新安路、沪闵路和外滩（浦江路），大操场（体育场）一带、敏园废址也成为各种游艺、戏曲和杂技表演的场所。庙会也促进了本镇商铺的生意，商户提早囤积货物。届时，戏园、书场、饭店、茶馆均人满为患。

解放初，端午庙会停办二年，1952年得以恢复。新安路西口搭起一座竹牌楼，满插松枝柏叶，上书“端午节城乡物资交流会”，街口锣鼓喧天、鞭炮阵阵，舞龙舞狮表演圈外人头攒动，熙来攘往，短暂仪式后宣布开幕。该年为闰五月，先后二次物资交流会持续整整一个月，规模巨大，盛极一时。

北庙原称洞真道院，系元代延祐七年（1320）道士潘复原创建。明正德《松江府志》记载称洞玄道院，其他志籍记载也曾称过洞元道院和洞园道院。民国《上海县志》记载时改称城隍庙，为上海县城隍行辕。庙在闵行镇北，镇人称之为北庙。

北庙有房三进，进间各有院落，一、二进间东、西庑房称班房，第三进房相传为乾隆时寿民李枝桂所建，称锡祉堂。第二进房中间有城隍坐像，称出会老爷，第三进房中间也有城隍和城隍奶奶坐像，庄严肃穆，后有童男童女持双扇近侍，称坐堂老爷。庙内有道教神像数十尊。

民国17年（1928），北庙前二进房为区公所开办游民习艺所用，庙山门改设在西，清净庵房之北。住持张星楼又募资筑房2幢，为住舍、书房及安置各神像所用。庙内仍有城隍及城隍奶、施老爷、猛将、杨阿大、蛇王、水火诸神，原班房东斗姆阁的斗姆神也请至庙内。抗战胜利后，前二

今华坪路派出所内的银杏树（汪大纲摄）

进房为上海县保安中队使用。1947年12月，中国道教总会上海县分会成立，办公处设在第三进房北庙内。

解放后，前二进房改作上海县闵行粮库，山门上戏台拆除。1953年为江苏省上海县血吸虫病防治站。第三进房改作闵行看守所。1960年代后期全部地块建闵行区公安分局。今为华坪路派出所。

洞真道院有二位著名住持为县志所载，一是凤来仪，风雅善篆隶，尤工绘蔬菜，人得片纸皆珍之。二是黄绥来，善符咒，祈雨屡验。最后一位住持张士川，为张星楼之孙。

北庙内有一株银杏，树龄在500年以上，为民国《上海县志》所记载，苍老遒劲而依旧傲然屹立，为今江川路街道内古树之最。

隐士闵其墓

民国《上海县续志》记载，隐士闵其墓在横沥（横泾）启秀桥北。闵其为山东人，明嘉靖间游学来沪，卜居黄浦之滨，殁后葬此。隐士闵其墓在清乾隆时为闵行镇八景之一，称“闵墓蒹葭”，乾隆初图册载有户名。

相传，闵其为孔子弟子闵子骞的后裔，为传播儒学慕名来闵行游学，居洞真道院，董其昌与之有一段交往：一日，少年董其昌见一位素衣长髯老者走过，认定是一位仙人，便悄悄跟随至洞真道院。只见其居舍内挂满书法字幅，字字劲挺墨饱、笔笔力透纸背，于是啧啧称奇也有了仰慕之情。老者为闵其，见此读书少年眉清目秀，好学敏求，日后恐成大器，便相互留名、交谈起来。

之后，一老一少志趣相投，时常相约。天文、地理、历史，书法、绘画、诗文，无所不谈而成忘年交。

又一天，闵其找到董其昌告别，约好三日后再见一面并留下一个包裹。之后董其昌打开，里头竟是魏晋唐宋名家的书画碑帖。

三日后董其昌如约前去，闵其已圆寂。

董其昌为万历十七年（1589）进士，授翰林院编修，官至南京礼部尚书。晚年居于闵行，为报答闵其之恩，将其重新厚葬于家宅之旁，题名“闵墓蒹葭”。

董其昌宅“董园”之后门在张家弄，离闵其墓只20米之距。

闵其墓情景画

张家弄东口，电杆之右为上海县印刷厂，原为闵其墓（汪大纲摄）

上述故事为坊间传闻，亦为趣话，并非史实。

民国《上海县志》记载，闵其墓占地一亩，民国8年（1919）时，经董李祖佑请县给谕归乡公所营业，墓之四周甃以短墙。根据这个记载，民国初这里仍是镇上的一处景观。

闵其墓镇人称“闵家坟”，在南北大街97弄（张家弄）东端横泾旁，解放初只是一座光秃秃的土山，约高七八米，是疏浚横泾所挖泥堆积而成。1953年坟土用于填没母子泾，该址建房开办上海县印刷厂，房东边为闵行镇私人医生联合开办的“大公联合诊所”。

老街路名知多少

闵行在明初时已成集市，随着社会经济的发展，近乡和外来经商谋生人氏的不断迁入，定居者日增，地域也不断由南向北、由内向外的扩大。至解放前夕，闵行镇人口已有近万。据民国36年（1947）的资料，镇内有各类房屋3467间，建筑面积10万余平方米，其中属民国前的占31%，民国元年至民国25年（1912—1936）建造的占66.2%，民国26至36年（1937—1947）建造的仅占2.8%。

闵行镇有二条古道（俗称官路）对外沟通。位于西渡口连通浦江南北并沿母子泾西岸的秦皇道，出镇境向北，过北桥、颛桥后可抵上海县署；东有叶家路与东乡莺窦河地区相通，辐射至塘湾、吴泾地区；西有建设路通“小闵行”、翁家塘、乔家塘，辐射至紫藤棚、马桥、荷巷桥地区。

镇内临街而建的房屋，多为砖木结构立帖式一、二层房，双坡小弯瓦屋面，三至五间为一幢并相互连靠。西横泾滩（横泾西路）的南段（后东街与前东街之间），沿横泾筑石驳岸，路上方为廊棚，靠河一侧为木扶栏，具江南水镇韵味。而外滩（浦江路）一条街上，“生意廊棚”多达十多座，长的有十余家门面，花米、杂粮、毛猪、地货在这堆卸、验货、过磅、计数，为独特的商业建筑型式。

街巷道路

与大多数江南古镇一样，闵行镇的街巷并不宽畅，南部商业集中地带的前东街、后东街、老西街及南、北街的街宽仅3米左右，弄巷宽仅1—2米。特殊的是，外滩因是花米市场，街宽5—7米；新安路在1956年填没母子泾后筑街，宽达15—18米。

中华人民共和国成立初期，北街、南大街、后东街、前东街、老西街为条石路；新街为砼路；施弄及石皮街为青石皮路；外滩及新安路在1956年均拓宽筑小石块台阶路外，其他街巷均为竖砖铺筑，街两侧住宅房边设沿石。

下图为闵行镇示意图，新旧路名对照表见附录。

闵行镇街道示意图（汪大纲绘）

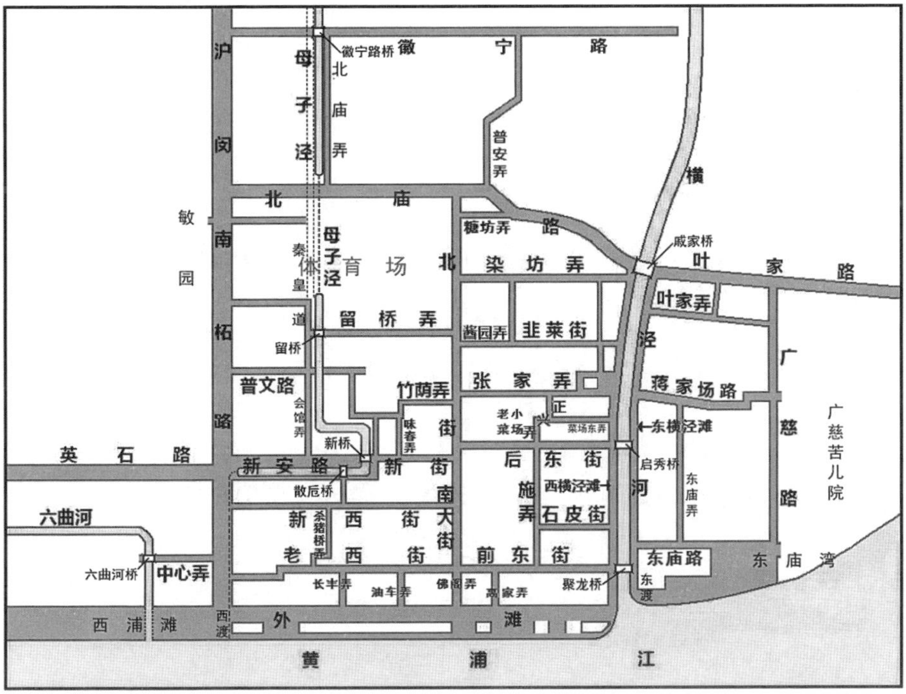

闵行镇道路的取名，以传统约定俗成方式自然形成，朴实无华，便于分辨和使用，因此也产生了一街多称和在不同时期会发生变名的现象。道路取名主要有：以时间方位、地物地貌、居地姓氏集中和以人名命名这样几种。

以时间方位命名的有：前东街、后东街、老西街、新西街、河东前街（又称河东街、东庙路）、北街、南大街（又称大街）。

以地物命名的有：糖坊弄、染坊弄、酱园弄、孵坊弄（又称张家弄）、油车弄，因弄内有此类作坊而取名。北庙路、北庙弄、东庙路（又称河东街）、东庙弄、佛阁弄（又称鲜鱼弄，弄口为活鱼交易场所），以附近庙宇取名。长丰弄因附近有长丰碾米厂。味春弄因弄内有味春客栈。留桥弄因西端有留桥。竹荫弄因弄内有竹荫庄住房群。杀猪桥弄因附近有散卮桥，谐音讹称杀猪桥，后来新园茶馆江弄口，便称新园南弄。后东街的小菜场弄因通菜场，后又称正兴弄是因弄口为老正兴菜馆。新安路的小菜场弄是因母子泾填没后新建菜场。普安弄因旁为普安堂。徽宁路因有徽宁思恭堂，1957年拓宽延长至达丰化工厂后，称达丰路。新安路因有新安公所（也称徽州会馆）。敏园路因自敏园通出。广慈路因有广慈苦儿院。六曲河桥东的中心弄是因桥西为闵行中心小学，原弄称统捕弄，是因弄内有黄浦巡检司署。

以地貌命名的为横泾两岸的道路，称东横泾滩和西横泾滩。靠黄浦的街称外滩。另有石皮街、石皮弄是因路面铺的是青石皮。

以居地姓氏集中而命名的有：蒋家场路、叶家路、叶家弄、高家弄、张家弄。

以人名命名的有施弄（原称石皮弄），相传为太史公董其昌经常出入而得名，也称太史弄、史弄，讹作施弄。念椿街是商绅乔念椿集资利用宅间隙弄而辟作，后改称新街。建设路原是一条古道，李显谟筑李园后拓宽，人称英石路。

街名中最为奇葩的是韭菜街，但其街名来历被记载在同治《上海县志》里：“张必荣，归安（浙江湖州）人。鼎革（明末清初）时奉母梅氏避乱遇盗，母子赴水，籍枯木浮至闵行，遂家焉。梅喜食韭，必荣种韭养母，人呼其里为韭菜街。卒附祀孝悌祠。”因此，此街又名孝子街。为此本地诗人黄家锟以《韭菜街》为名作七律一首：“街因种韭得垂名，孝子当年独行成。堂上慈亲勤侍养，园中隙地乐锄耕。回思萍梗秋涛险，窃幸瓜庐夜梦清。敢效茅容鸡特设，祝他丰本日滋生。”

韭菜街在明末清初时为镇北边缘地带，有田可种，因此也可归纳在

1990年代韭菜街南口（汪大纲摄）

以地物命名的街中。

街道中最为特殊的是外滩和新安路，外滩一条街因商贸而成，新安路因地貌而成。外滩除了做生意用的廊棚外，还有毛猪棚、地货棚、竹木栈站和砖灰沙石、缸甏瓷器堆场，交易在道路上完成，掮客穿行、车水马龙，与其说是道路，不如说是一块交易场地。解放后公私合营，商店大大减少，1956年拆除街面廊棚，拓宽路面，店铺改作民宅，才真正地成了一条街，命名浦江路。

新安路原是沪闵路至新桥的一段，新桥以东的一段称新街，1956年合二为一，统称为新安路。原新安路只是一条土路，称竹荫路，南旁有母子泾，民国5年（1916）其西段北侧建徽州会馆后，西段称会馆场。民国10年（1921）乡公所筑车站路，自黄浦母子泾口起沿西岸折弯至北岸达

1984年的浦江路（唐世杰摄）

1984年的新安路（唐世杰摄）

新桥，因此，原新安路一段成了车站路的东西向段。以后车站路南北向段融入沪闵汽车路，东西向段又因徽州会馆别称新安公所，便不再称车站路而称作新安路了。

新安路地处镇南北之中心，又离汽车站最近，成了商业繁华之街，平时摊贩罗列，庙会时又成最热闹的场所。1956年母子泾填没为路并与新街合称新安路后，成了一条宽窄迥异的街道。1979年新安路开设农副产品和小商品市场，为当时闵行区内最大的贸易市场。

公共场地

场地也即为空地，是公共使用的地方，除供通行外还可他用。闵行镇上有多块场地且均有名称，取名方式与街弄相同。有晒场、白场、蒋家场、庙场、小操场、大操场、小菜场、戚家坛。

晒场（张家场）在北街竹荫弄内，竹荫庄之东，常为制伞作坊上油后晒伞用。白场在沪闵路东，母子泾与夏氏宗祠间，中有东西向的新西街穿越。新西街之北称前白场，1953年由私人集资建竹结构的“闵行剧场”营业，放映电影和演戏，1962年成危房而拆除，建浦江菜场。新西街之南称后白场，常用于碾米厂晒谷。蒋家场在蒋家场路（闵东路）之东口，用于通行。庙场为东庙戏台前的一块场地，民国20年（1931）东庙作简易小学时为学校操场，后复为场地，1956年东庙改为草包厂，场地作堆场，后又复为场地。小操场在北庙路与裕成米店之间，为晚清时乡勇操练场，民国12年（1923）辟作农事试验场，后又复为场地。大操场亦为清末时的乡勇操练场，民国4年（1915）辟作闵行镇体育场，1952年后为上海县体育场，1964年为闵行区体育场。小菜场原在后东街中段北侧的小菜场弄（正兴弄）内，弄口悬额“贸易有无”，为光绪年间形成的露天菜场。1953年母子泾填没后，在新安路东端之北、竹荫弄之南新建菜场，原小菜场复为场地。戚家坛在戚家桥之西，南北均临小河，为普安堂义塚地，中有积骨塔（也称瘗骨塔）一座，解放后沦为场地。

如今，闵行镇的这些街道、弄巷、场地，大部分已随着城市建设的快速发展而消失，成了历史的档案。它的名称，也只留在了老一代人的记忆里。一个地方，有了街弄，便是这个市镇的诞生，有了它的名称。街名和地名，有着丰富和深刻的含义，它是一个地方文化的载体，一种特定的文化象征，一个潜在着凝聚力、亲和力，还有复杂的乡土情怀的称谓。

旧年风俗曾记否

刚守完岁，不多时鸡鸣报晓，新年到了，爆竹一声除旧，先先后后的鞭炮声响遍全镇。家家开始忙碌起来，敬天地神是第一件事，点香烛、供糕点，一家之主操持仪式，按辈分长幼一一拜过天地。有家祠门户还向祖宗叩头祭祀。小辈向尊长“拜年”后，仪式便结束了，孩童还可拿到一份预先准备好的“压岁钱”。

富裕门户以“八仙桌”为供台，前置一对点烛的“蜡台”和香炉；中为糕点、糖果、蜜饯等装于“和合盘”“七珍盒”内为供品；后置天地神像，也多以福、禄、寿三星图替代。

早点是甜食，一般是“糖圆子”。喝茶的人第一口先吃糖茶，也可放一枚橄榄称元宝，然后便可喝茶了。

吃罢早点，年长的祖辈守岁后体力不支，去睡觉了，穿着新衣服的孩童拿着压岁钱找同伴上街玩要去。

大年初一禁忌的事很多：不扫地，不理发，不洗衣，不泼水，不串门走亲戚，不说脏话粗话。小孩说漏了嘴大人要说“百无禁忌”。

出门碰到熟人、邻居的礼貌语是“恭贺新禧”“新春吉祥”等。

春联在年前已贴好，也可在初一日贴。百姓门户人家只贴一张红纸便有节庆的气氛了。

商铺在初一不开张营业，但老闵行镇有一处却热闹非凡，这就是在东外滩（佛阁弄以东）的地方。这里聚集了吃、玩的商摊，一摊紧接一摊，有牛肉细粉汤、豆腐花、小笼包、汤包、汤团、馄饨、五香豆腐干、甜面酱豆腐串、冰糖葫芦、米花糖、芝麻糖、粽子糖、状元糕、绿豆糕、云片糕、五香豆等等。

玩的有“套泥老爷头”“转台”“押头子”等。“套泥老爷头”是以小藤圈在一定距离外扔出套中即为奖品，距离越远奖品价值越高。“转台”是一个圆盘，中间立杆上有一根挂了针线的可旋转横杆，用手拨转后针停留处标有奖品项目，奖品价值大的园盘上格子越小，针落在上面的机会越少。“押头子”（骰子）是押点数，押得对的得奖，也称“六门斗”。

商摊以东，还有露天说书的，略放几条长凳便可招揽听客了。说的大多是本滩的“说因故”书，说书先生手拿竹纤和钹，说说敲敲，在讲得有声有色的时候停顿下来收钱了，给多给少随意，不付钱的在旁边听也行。也有卖“梨膏糖”的，一手拿小汤锣，一手拿小竹板，唱了一段“小热昏”后推销梨膏糖，不停地唱不停地卖，顾客一波又一波。

从年初一至年初五，这里整日人头攒动，叫卖声、吆喝声不绝于耳。初六后各商铺开张营业，市场也就自行解散了。

老闵行镇商铺颇多，大年初一是不开张的，大商号或合伙的商号一般都有伙计、学徒，他们上午休息下午进行盘点结账，计算去年的收成。

年初二日，可以串门跑亲戚，见面时相互问候“恭贺新禧”，做生意的祝贺“恭喜发财”。家庭一些扫地、洗涮的禁忌事，这天起便可做了。

初三日，大户商家依旧早上点香烛敬天地，一般门户家便随意了。新出嫁的女儿，初三回娘家拜年，当天得回夫家。

初四这一日，街上多了许多“鱼担子”，都是鲜活的大鲤鱼，这是因为商家们迎接财神所必须用的，取于“有利、有余送元宝”的含义。这日的夜饭，老板全家、伙计徒工聚在一起吃“迎财神酒”。放台面中间的鱼是不可动筷的，表示吃剩有余的意思。

这席酒，最担心的还是伙计。酒巡过半，老板宣布留去，年成不佳，伙计被辞掉，但不论留去，红包人人一份，大家感谢老板说一番祝贺恭维话。

老闵行镇的各大花米行、毛猪行、竹木行、南货、棉布等商号，“接财神”要行隆重的仪式。供桌上菜肴丰盛，香烛用上品的。大鲤鱼用红丝绳吊了起来，鱼肚上斜贴一方红纸。也有商号在席中放“猪头三牲”，红纸贴于猪头中央。

在差不多时辰时大家一一拜过财神，待一交初五子时，爆竹声便响了起来，一年收成好坏，期待财神菩萨的保祐，从这一刻便开始了。

正月十五是一年中第一个月圆的日子，称“元夕日”或“元宵节”，是整个春节活动的高潮。“吃元宵”和“观灯会”是闵行镇二项重要的习俗。镇民把元宵分为实心的“圆子”和有馅的“汤团”二种。实心的做得较小，称“小圆子”，以糖、桂花、桂圆、蜜饯作佐料。汤团则甜咸荤素皆有，肉、菜肉、豆沙、芝麻沙为大多数，各家以喜好制作，一般为夜食元宵。

大户人家在客堂中挂上一或四盏灯的，多为“走马灯”“花兰灯”“荷花灯”等品种，也有在家门口挂红灯笼以添喜庆景象。

初一月半为进香日，不便走动的老年妇女在家中观音菩萨前上香念佛。年轻信徒去观音阁、清净庵拜佛或请庙姑问吉占个卜。

傍晚时分，一些人家“迎灶君”的奉祀开始了，考究一些的灶头，砌筑时已留有“神龛”，常年请着灶君老爷，没有神龛的可在灶头中间贴上“灶君图”。灶台上放置甜食之类如花生糖、芝麻糖、桔子、甘蔗和甜点，家主点香烛后按灶君图上文字念一遍：“上天言好事，下界保平安”，合掌三拜，待香烛燃尽也即祭毕。

老闵行镇向有元宵节观灯、赛灯的风俗。“灯会”是一项民间的文化活动，需要巨大的财力支撑。闵行凭着得天独厚的黄浦江码头经济形成的商业大户，是活动的主体。

灯会队伍在下午起便在闵行大操场（体育场）集中了，陆续从四周乡镇赶来的有马桥、北桥、塘湾、颛桥、塘南的队伍。

天黑时分队伍开始出发，行进路线为：进入北街向南至大街南端后折向前东街，再向南后沿浦江路进入沪闵路，向北折至新安路、新街后进入后东街，过后东街后沿横泾滩时队伍逐渐解散。

灯会队伍之长，观者之多在闵行镇上也称一个奇观。一般，灯会队伍行进至北街中段“一笑园”茶馆处便舞动起来了，这时，爆竹声、锣鼓声、叫好拍手声响彻云天，而在大操场等待出发的队伍还有一半呢。届时，街道两边站满了人，两层楼住户家的窗口人头挤挤，沿街商店里头也人满为患，远望一片人山人海，人头涌动。

穿着彩装、举着灯牌的是队伍的领头。灯牌中设举棒，上为方形箱，四面糊色纸，边有锯齿形彩色布番，左右两边加红丝吊穗和飘带。灯牌前书“灯会”两字，后有“风调雨顺”“五谷丰登”文字。

灯会有如下几类：一是“调舞类”灯，有狮子灯、龙灯和鲤鱼灯。二是“地戏类”灯，有抬阁灯、蚌壳灯、荡湖船、卖水盐、摇荡橹等。三是“表演类”队伍，有秧歌队、腰鼓队、高跷队、大头娃娃队、锣鼓班、丝竹班等。除此之外，因为是民间活动，有兴趣有能力的某店某居民自己制作的各式彩灯，也可随意加入队伍，争奇斗艳展示一番。

本帮的狮子灯制作最为精良豪华，内设机关，用羊肠线抽动头、脚和下嘴巴，随着锣鼓节奏舞动，摇头伸腿活灵活现。还会对着商家老板张嘴点头、伸脚作揖，逗得一个个老板们赶快摸出准备好的糖果、香烟慰劳，观众捧腹大笑。

本帮的狮子灯大多是外滩的花米行、竹木行、地货行大户商家筹钱制作。

龙灯由苏帮参加，为闵行镇碾米、轧花、油车等行业制作。龙头造型各显神通，制作也十分讲究。布制龙身的龙鳞、龙尾描绘得工整细腻、鲜艳夺目。龙灯的调舞在于技巧，十多名穿着彩服的身强力壮者必须动作协调和配合，舞龙如行云流水，才能博得片片掌声。龙前一名手持彩球者，实际是舞龙的指挥，什么时候起舞，什么时候停止，是他掌控的。龙头跟着彩球起舞追逐，名为“游龙抢珠”。

徽帮的鲤鱼灯独具风格，是闵行周边四乡所没有的。鲤鱼灯体形巨大，长度有3—4米，头、身、尾三部分装二处活动关节，二人调舞控制头、尾的摆动。鱼嘴边二须用细弹簧加小电泡发光，用干电池及开关控制。鱼身内部点烛，整体红色（二条灯时一红一青），加上抹过一遍桐油呈半透明状，因此在烛光下整体通红，十分夺目。其调舞又有特色，时而上下、时而左右，有如跳跃、有如翻滚，慢时如鱼儿嬉水、快时见急游穿行。鲤鱼灯也因其独特的造型、灯光的运用和调舞的别致出名。

“调舞”灯又称大灯，需身健体壮的青年男子参加。“地戏”类是小灯，由女子来担当了，但往往也有男演员扮女装参加。

“抬阁灯”是由二个八仙桌绑扎一起后铺以色布设置后屏，两边捆长竿，四人抬着游行，由二三个小女演员在上面穿戏装演唱。“蚌壳灯”是演员身后加装一对蚌壳，蚌壳为竹扎纸糊涂色而成，演员双手控制张合扇动，边走边唱边动作。“荡湖船”是竹扎纸糊的无底船，中设方形仓阁，船上各处加以装饰。演员在仓阁内双手拎着船边带摇晃动作和节奏，走走唱唱。“卖水盐”是演员用一根二头弯曲上翘并涂红色加装饰花朵的扁担，挑着二个花篮灯，边扭边唱。“摇荡橹”是演员用一根彩竹代橹，边作摇橹动作边唱。

“地戏”的唱词，有戏文，也有农家生活、劳动、丰收、因故报应等通俗内容，有丝竹伴奏。演员均化妆着戏装，可单人演，也可按内容由男演员合演、对唱。

“表演类”的扭秧歌人数较多，本地秧歌女演员腰上扎红绸带并双手拿着带头，随音乐扭舞。徽帮秧歌演员手拿一“莲湘”作舞，莲湘为竹竿上挖数个对穿长孔，孔内串数个铜钿，舞时按节奏敲击身体几个部位发出节拍声。

还有腰鼓队、高跷队、大头娃娃队等等。

队伍最前是大灯，后面各类灯交错穿插，队伍浩浩荡荡，缓慢而行。孩子们欢乐地在后面跟着热闹。

各类队伍到大商铺前，老板已在店前恭候着，伙计们放高升、点花筒放烟火，插金花、递香烟，欢呼声一阵又一阵。

就这样热热闹闹至后半夜。相传，灯会自正月十五起每晚一场直到清明节，以后改为逢三、六、九日并至二月二十八日止。最后一场灯会在白天进行，意味着灯会的结束，过年也渐行渐远，开始忙碌各自的行当了。

在不知不觉中早春来临。

农历二月十二是“百花生日”，老年妇女们欢聚一起剪纸花、扎纸花。雅士们月内可赏梅。

二月十九日观音大士生日（六月十九、九月十九也是），观音阁、清净庵多进香人士，格外热闹。

过了三月赏桃花的季节，便是过清明了。

清明的上一日是“寒食日”，不可动烟火，只吃凉菜如拌竹笋、拌豆腐之类，主食水果及糕点。

清明是大节，有“前七后八，阴间放假”之称，在这半个月里祭祖、扫墓。

一般门户家庭，正清明日要设祭台，以菜肴、瓜果、糕点和酒供祖宗，点香烛叩头作拜烧纸钱锡箔。仪式完毕后祭品上灶头放置后家人才可食用。上坟头为携带方便将锡箔放入“囤”中，囤有麦管制作的，五边形有盖，内放锡箔折成元宝状。也有稻草制作的，内放三串长锭，上盖“长禄钱”。长禄钱由各家南货店制作后出卖，为一方毛边纸上用模具冲出钱形，一方纸上有几十个钱形的钱。长锭也由南货店制作，以黄纸在模具上压成元宝状穿成一串，下挂丝头，一囤内可放长绽三至五串。

清明当日称“正清明”，一般按家族血缘关系各家祭各家祖宗，亲朋间不串门跑动。也可在“前七后八”的日子里约定一日，还请平时不常走动的远亲同往祭扫，主人招待一顿“吃清明”。

正清明又是新丧的落葬日，近远亲朋必定请来祭奠，看时辰和潮水入土，披麻戴孝做仪式，或加吹打。主人招待一顿“吃豆腐饭”。

传清明日晚，闵行普安堂有赈济义塚幽孤的仪式。

四月初八，释迦降生，佛徒聚清净庵、佛协会、观音阁念经做佛事。

立夏日有吃蛋、吃豆的习俗。外来习俗还有吃酒酿、枇杷和梅子。镇人以“红花头”（形如草头，种植用于肥田）做饼，或以草头代替，传说可防“疰夏”。这日，还要称一称体重，记下与去年比较。

“端午节”为五月初五，俗呼“当午”“当五”，又是一个大节。家家户户提前裹好粽子，当日午时，贴门符挂艾蒿洒雄黄酒。

传说插菖蒲能辟邪，挂艾蒿去五毒，也有挂一串大蒜头能驱鬼的，洒雄黄酒避蛇虫百脚，贴钟馗门神保家平安。

中药房、国药店提早准备，一包包苍术、白芷、艾青、雄黄、雄黄牌和香料都已包好，买者陆续不断。

火煨苍术、白芷、艾青可以消毒，大人将雄黄调酒涂抹在孩童额上，或写成一个“王”字，也有请小孩喝一口雄黄酒以驱百病，香料用于做香袋、香包。幼童穿虎头鞋、戴虎头帽、挂雄黄牌压邪。女孩跟着母亲学做玩具粽和香袋，将纸条折成空心粽状遍绕五彩丝线后穿成一串，香袋做成“心”形，穿红丝绳后或挂颈内或挂室内为装饰。男童们手持菖蒲作剑玩耍，一会儿便消失在庙会集市的人群中去了。

镇人裹粽子多为两种：长粽和三角粽。长粽为肉粽，三角粽为白粽、赤豆粽、豆沙粽和枣子粽。粽箬多为农民采集芦苇叶叫卖而来，也有自行采集的。裹粽烧粽多为家庭主妇所为。端午当日相互赠送，还有展示手艺的喜悦呢。

“五月五，买条黄鱼过当五”，是日，镇上鱼摊、小贩生意兴隆，大黄鱼、小黄鱼、黄鳝供之不尽。商家店铺也因端午是大节而请伙计帮工们吃“端午酒”，其中黄鱼、黄鳝、黄豆芽、黄瓜是必有的菜，“端午吃黄，顺顺当当”。

清代，老闵行镇有端午浦江“龙舟竞渡”和北庙“老爷出会”的活动。是日，周边乡邻村民赶来闵行，镇上人山人海、热闹非凡，商人看到了商机，遂形成集市贸易，年年举办，成了习俗。

“浦江午日赛龙舟，红男绿女看滩头”是当时热闹场面的写照。民国后龙舟活动逐渐消失，但仍能从一些“竹枝词”中反映出当年的场景。

清代闵行镇士绅李林松诗曰：“豢得神龙数十双，由来竞渡说申江。绿头鸭子黄封酒，几许豪情未肯降”。清代松江贡生陈金浩诗曰：“龙潭五月聚龙舟，瓶酒随波没鸭头。不及闵行喧夜渡，烧灯荡桨唱吴讴。”

二首诗中描绘了龙舟竞渡的欢乐场面，酒船放鸭、随波追逐、挑灯划桨、吴歌回荡。一派笙歌鼎沸、热闹非凡的景象。

在北庙那头，清早便聚集了男女信徒和游人，等待城隍老爷出巡，吹打声、锣鼓声、鞭炮声、欢腾声一阵又一阵。

老闵行镇集市贸易规模巨大，商贾云集。北至体育场南到外滩浦江路，各类商品大到家具缸甏，小到针头线脚应有尽有，商摊接着商摊，还有穿弄走巷叫卖，入晚点起“电石灯”“汽油灯”继续买卖。各种吃食、游艺、杂耍、杂技、戏曲、展览、表演掺入在一起，整个镇上人潮涌动、挨肩接踵，闹腾至深夜。老闵行镇的端午集市，也有“前七后八”之说，买卖半个月后才逐渐散去。

转眼便是六月了。

“六月六，晒红绿”，天贶节，家家户户晒衣、晒被后收藏好冬日再用。读书人晒书，以防虫蛀。

六月十九日又是观音生日，二十三日火神生日，二十四日雷祖生日。寺观里多了香火，信徒们这几日不吃五谷，只吃根茎食物与水果。

自四月后，是农事方面的重要时间，不久又是黄梅季节，有关气象谚语在老闵行镇也流传不少：“四月十六乌落秃，西乡村里绕田哭”（乌落秃指有黑云，怕多雨水）；“四月十六亮悠悠，鲤鱼游到灶前头”“端六落雨烂掉瓦”“六月六，鸭蛋晒得熟”“六月六，买把蒲扇铁粒秃”（铁粒秃指摇个不停的声音）；“小暑一声雷，倒转做黄霉”“小暑打雷，衣裳发霉”“六月不热，五谷不结”。

年已过半，七月七，乞巧会。做巧果，吃巧果，面粉中拌芝麻、鸡蛋和盐揉团后干成一块块片状，中间再切一口后穿心翻转，油氽至金黄色，香脆可口，相传为恋人间互送，但也饱了孩童的口福。

女孩以凤仙花加少许明矾粉捣团后固定在指甲上，染成红色且可保持很久。

夜晚，老人对孩子指点天空银河两边星座认识牛郎、织女星，讲述鹊桥相会的故事。月下女孩穿针谓女红七巧。

七月十四日食豆浆、油条的习俗自松江传来，纪念抗清义军李待问生辰，相传还可明目亮眼。这日，所有豆腐店准备了大量豆浆，油条摊整日忙碌，还手持摊篮叫街或上门推销来了。

七月半是鬼节，延续半个月，有新丧人家要做节祭奠，或是大户人家请道士做一次道场。

七月三十日闵行普安堂请北庙法师做“打醮”，先由普安堂人收取各家挂在门旁的长锭，届时，二人抬一长竿，将收取的长锭挂在中间，回普安堂集中于场地，由法师做完仪式后奠化。有时也上戚家桥西脚的义塚地奠化祭祀孤魂亡灵。

入夜后家家插棒香于宅边、街沿和阴井四周，聚龙桥石缝中也被好事者插满棒香。此习俗称“地藏王开眼”，插棒香谓“地灯”。孩童在圆形“落苏”（茄子）上插香，以棒扎线如灯笼状玩耍，或以菖蒲果实（蒲卵子）浸废油（油条摊、豆腐店讨给）点燃后串街走巷。也有放“天灯”“水灯”的。好玩者将准备好的“天灯”（即孔明灯）在启秀桥、聚龙桥上放。天灯的燃烧物需用棉线通过反复浸油晒干才能持久燃烧，放飞得高。“水灯”为苏籍船帮的活动，大多集中于横泾河东茶馆，祭过香烛后在水桥边放灯了。水灯是在小方木板上敲一钉子于中，剪粉红纸作荷花瓣于旁，插烛点燃后顺水逐流，灯上贴“顺风顺水”“舟行平安”等吉祥语条。

“立秋”后，周边农村纷纷做“秋社”（秋规），社主或请太保先生操办，抬请北庙水、火神、土地神，祖师殿的祖师爷做社，杀鸡宰羊献酒祭神，社事做毕有说太保书、丝竹的演出。

秋后有晨起收集花枝露水者，传说点小儿太阳穴能免生百病，也可用于研墨作书。

八月十五“中秋”日，吃月饼、毛豆芋艿、藕和菱。佛徒斋天烧“香斗”，雅士踏月影赏月，商家请吃中秋酒。

老闵行镇各商号店铺及一些门户人家，也有八月十五烧“香斗”的习俗。香斗以硬纸作斗状或筒状，外周布排细香，上置牌楼架，架后斜插多面三角形锦旗，斗中间插一上细下粗的巨香。香斗按需制有各品类，若牌楼架内为天神天将，则巨香最高处挂帅旗，锦旗上刻“三国演义”故事纹样。另有“魁星”“财神”“福禄寿”等品类供选择。制作骨架为竹篾，

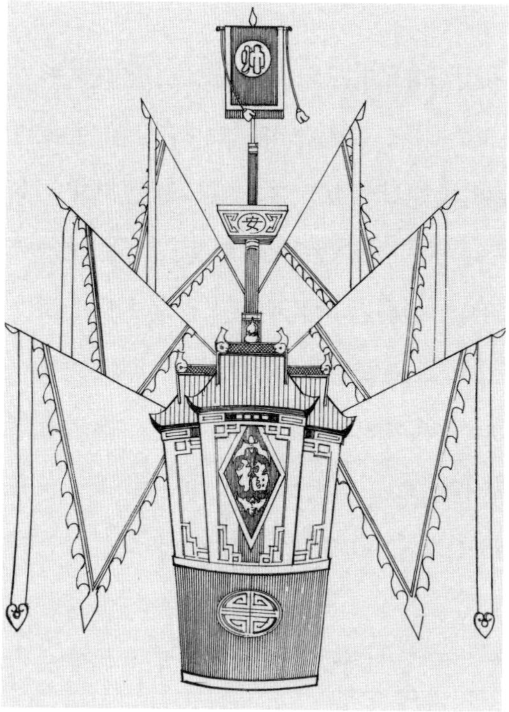

香斗示意图

用硬纸、油光纸、拷贝纸及印刷品糊制并加装饰。香斗分大、中、小几种，一般是南货店提早进货供应，大商铺使用的大香斗有二三公尺高，必须定做。

香斗内装木屑，拌以柏枝屑、檀香末，奠化时有浓郁香气，故称“香斗”。

八月十八潮头生日，闵行镇有“八月十八看潮头”的传统习俗。东庙湾的奎星阁、春申阁均为闵行观潮胜地。浦江潮虽没有海宁潮那样壮观，但“银峰雪岭”汹涌而来，也颇具观赏性。1930年代后长江口淤积，潮水逐渐平缓而无磅礴气势了。

八月二十四日，有以小圆子祭灶君的。

九九重阳，家家蒸糕。或对菊尝酒，或游阁登高。

广慈苦儿院举办“菊花会”，规模庞大。院内大、小戏台有上海名角演出。收入纳入该院基金。

九月十九日观音生日。在佛国世界，观音菩萨每年有三个生日，分别在二月、六月和九月的十九日。也分别为观音菩萨的圣诞日、成道日和出家日。这三日为佛教三大朝拜日。

清净庵、观音阁尼姑上门贴"平安符"并收取符钱。

进入深秋十月。

十月初一俗称"十月朝"（读音十月早），祀先，有家祠的献家祠聚餐，当年的新坟需祭扫。

十一月，冬至。有"冬至大于年"之谚，冬至前一夜有"冬除夕"之谓，故亦祀先，当年新葬户请亲朋同祀。

大商号请伙计、徒工或客户、商户吃"冬至酒"。有谓"有得吃吃一夜，呒没吃冻一夜"，贫困门户家就没有什么冬至酒了。

十二月初八，各寺僧尼煮粥，赠进香者。苏籍门户吃腊八粥，本地门户无此习俗。

十二月二十三、二十四日"送灶"，以酒果、糖团、慈菇祭拜，其中因由是：用饴糖做成元宝形，为粘住灶神之嘴，不让上天后说人间的过失；慈菇读音"是个"，即"是的"意思，有请说好话的含义。灶神图像在前东街膜张店购买。

相传秦始皇筑长城放假在（农历）十二月二十四日，所以，二十四日后家家户户已经预备过年了。

各家打扫除尘，采购年货，杀鸡宰鸭，蒸糕炒豆。街上，店铺延迟打烊，"大减价"彩旗与大红灯笼交相辉映，大包小包拎着菜篮子的人多了起来，横泾河、浦江边水桥上终日不断有人涮洗，一片忙碌的过年景象了。

大家准备好除夕和春节期间的菜肴。

除夕，易门神春帖，插冬青柏枝。祭祖完毕合家团坐，吃年夜饭了。

饭店、南货、肉庄等商家店主提着灯笼带着伙计外出讨债。敲着竹更吆喝了一年“火烛小心”的年迈更夫依旧在大街小弄里穿行。

街上终日有孩童玩的鞭炮声，傍晚后多了起来，一到子时，高升、鞭炮声响彻天空。有通宵不寐守岁者，有辛劳一年依旧贫苦者。桃符年年更新着，过了一年又一年，人们总是期待明年比今年好，忙过了旧年，等待着忙忙碌碌的明年。

第三部分

农商云集　街兴市旺

从商帮会馆到商会

商帮应运而生

闵行为开埠城镇，清乾隆晚期已有徽籍人士来闵经商。至清末，来自徽、苏、浙、赣等地商人队伍中，以徽、苏商人最多，随着商品行业的繁杂，竞争也日益激烈。封建统治者向来推行重本抑末的政策，社会阶层中，“士、农、工、商”之商也屈尊末位，且国家也没有明文的法律保护。这些商人利用他们天然的乡里、宗族关系联系起来，互相支持、和衷共济，商帮在这一特定经济和社会背景下应运而生。

邑人李右之的《上海乡土志》中谓：“上海五方杂处，侨寓之民实多于土著，故各处之旅沪者皆立会馆以通声气。”会馆又称公所，为同乡或同业的组织机构。各地、各行业的人士结帮成行，以当地土特产品、掌握之特技或劳动力，来上海谋求利益。为了联络乡谊，接济同乡、互助互进，逐渐以乡以业聚社，相继组织成立会馆或公所。

会馆公所的功能分内部和外部。内部功能为“答神庥、敦乡谊、辑同帮”，外部功能则是对地方事务的参与。

“答神庥”即是对神祇的祀奉。地方商人对原籍公认的偶像、先哲、保护神的祀拜，或是对本行业的祖师爷的祀拜，或是对各行各业各地人士都一致崇奉的财神的祀拜。

“敦乡谊”是以岁时聚会、宴娱等形式联络乡情。还有如建房廉租与同乡，建厝舍、设冢地或对同乡中病疾、客死者实行救助及施棺、掩柩等慈善之举。

“辑同帮”是对同乡、同业商人间各种事务关系的规限。如对各种商务矛盾、纠纷的排解，提供急需的借贷等，一般为通过制定各种条规来实现，目的为尽量保护同乡、同业商人的利益，团结同乡、同业商人与外者进行竞争。

对地方事务的参与主要是对地方公益的捐助，对地方政府的报效，代办政府捐税，代地方政府辖理同乡事务等等方面。

闵行镇徽州会馆 为徽州商人及新安慈善团人员在民国5年（1916）

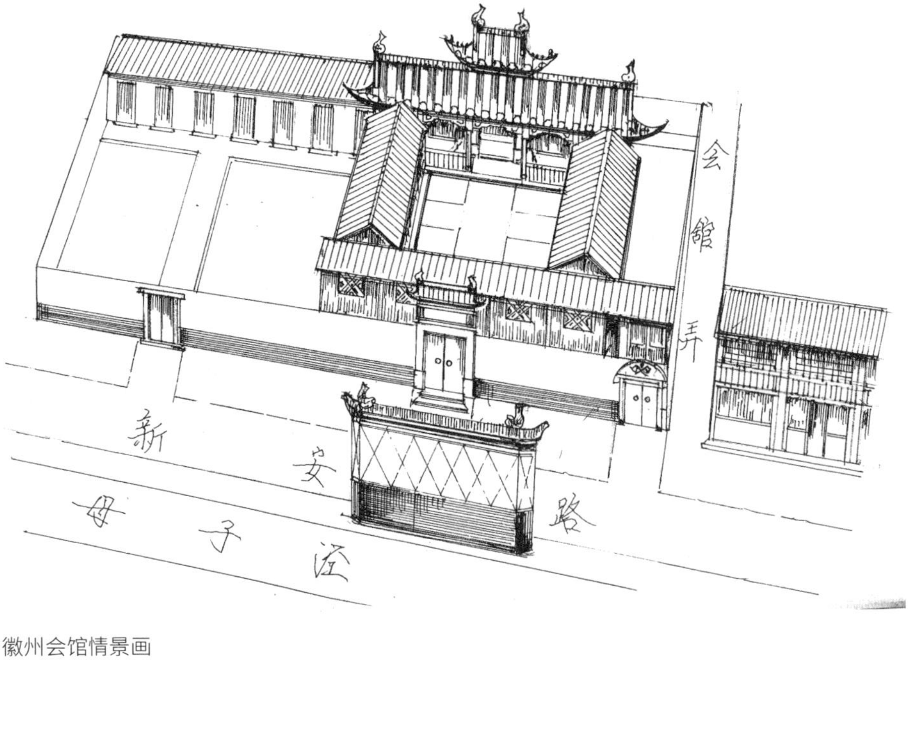

徽州会馆情景画

建，位新安路西部（会馆弄与新华书店房之间），母子泾（东西向段）之北，占地约3.5亩，四周圈以围墙，东南角为救火会。会馆分东、西两部分，主要建筑在东部，为两进有厢房的徽派建筑，中间院落内置假山洞石、植花卉树木。出正门在母子泾边设八字形照壁一座。西部一长幢房为寄棺所，前有场地一方，甬道通门出入。

会馆北的两层楼房"九间头"、会馆东弄内"八间头"平房和弄东新安路街面"十间头"两层楼房（北有附房）均为徽州会馆所建，租给入会馆的徽州籍人士居住。

徽州会馆在解放后停办。1956年，闵行联合诊所（华坪地段医院前

会馆北的"九间头"房（汪大纲摄）

新安路“十间头”房

身）自行集资后在会馆西部建医疗用房280平方米。1959年在会馆东部开办闵行被服鞋帽厂，1967年改名红旗服装鞋帽合作厂（亚美服装厂前身）。

南京会馆 原称金陵仁善堂，建于民国初，为苏籍商人所建，位北街糖坊弄东口南，有房7间，其中4间寄棺所，前有空场一块，有百年银杏两颗。

南京会馆房屋界碑（汪大纲摄）

思恭堂闵行分堂落成合影

解放后房交政府接管，改作民居。

徽宁会馆思恭堂闵行分堂 在徽宁路东端北侧（今江川东路自沪闵路至横泾一段原称徽宁路），1957年闵行中学新校舍之东部，改作学生食堂、医务室、库房用。

今《卢湾区志》对徽宁会馆的记载如下：徽宁会馆 制造局路300号。乾隆十九年初建殡舍，名思恭堂，后屡次扩建，清道光十六年（1836）改为徽宁会馆。清咸丰三年（1853）、十年两次遭兵燹，光绪十四年（1888）重建，为三进大屋，以建筑精美享誉沪上诸会馆。前进奉朱熹，正殿供关羽，后进为先董祠。正殿前有戏台，雕梁画栋；两旁廊架置看楼；外有石狮、小池，池中立一大鼎，气势巍然。光绪三十三年改建，前进改为思恭堂，后进为朱文公支祠，专奉朱熹。抗战中，建筑遭侵华日军炮火严重破坏。抗战胜利后，在原徽宁义园东侧另建新馆（今徽宁路625号，南市区境），称原建筑为老馆。墓园首辟于斜土路251号，广69亩；后于江湾、蒲淞、闵行等处扩置，其中闵行杨家台墓园，占地40余亩，民国18年（1929）置，建有徽宁会馆思恭分堂。

杨家台在今江川东路南、闵行小学北，新闵新村东部地块，靠横泾河。据镇民称，杨家台墓园在解放前已成乱坟冈。

思恭堂闵行分堂在解放后由上海市救济福利界第四残老院接管，1955年交上海县政府管理使用。

商会取代了会馆

光绪二十九年(1903)，清廷为协调政商关系成立商部，作为统辖全国商业的最高机构。第二年颁布了《廪定商会简明章程》和《商会章程附则六条》。同年，上海商业会议公所改为上海商务总会。民国7年（1918）北京政府颁布《工商同业公会规则》后，各地相继成立同业公会，并赋予商会一定的管理权力，但商会与同业公会间不是隶属关系，会馆公所与同业公会的关系也不明确。民国18年（1929）8月南京国民政府颁布了《工商同业公会法》和《工商同业公会细则》，虽依旧未对商会和同业公会的关系作出明确表述，但对包括会馆公所在内旧式按乡缘、地缘、亲缘、官缘等五花八门的商业组织，进行遏制、整顿或改组，行帮性条规被废止，统一建立工商行业的同业公会。这样，会馆公所"辑同帮"功能随之消失，逐渐被近代工商业发展所需的同业公会所取代。

闵行镇在光绪三十二年（1906）成立商务分会，由普安堂划出余地五分改建，隶属上海商务总会。民国元年（1912）始呈准改称会所。民国3年（1914）改名为闵行镇商会。民国24年（1935）闵行镇商会隶属上海县商会。抗战爆发后商会活动停止。至民国28年（1939）秋，商会又改组成立，时因市县行政区划变更，闵行在伪上海特别市北桥区内，改称北桥区闵行镇商会。民国29年（1940）9月，成立伪上海特别市北桥区商会，闵行镇设置分业务所。1944年8月至1945年8月汪伪统治时期，伪北桥区改为伪申江县，设申江县商会，辖闵行镇商会。抗战胜利后，民国34年（1945）12月重新成立闵行镇商会，推选林则梅为商会理事长。民国35年3月重新成立上海县商会，下辖闵行镇商会。

同业公会是同行业组成的商业团体，隶属于地方商会领导，接受商会规定的各项任务，并协调本行业内外纠纷争端。同业公会也是民国时期主要的行业组织形式，解放后，随着社会主义改造的完成和计划经济体制的建立，工商业同业公会基本上为各级工商联所取代。

民国24年（1935）闵行镇有同业公会组织11个。汪伪统治时期，闵行镇有南货、豆腐、粮食、茶食、国药、卷烟、水果、酱油、腌鲜、糖、绸布、食油、麦粉、茶馆、理发、菜馆等16个同业公会，会员383人。抗战胜利后的1947年，闵行镇有同业公会11个，会员177人。

1947年闵行镇商业同业公会情况表

名　称	负　责　人	会　员　数
烟杂业同业公会	林楚九	40
米粮业同业公会	林则梅	33
酱油业同业公会	朱仰忠	19
南货业同业公会	吴元康	15
水果业同业公会	黄孟贤	15
理发业同业公会	金桂荣	12
茶馆业同业公会	朱才根	10
腌鲜业同业公会	胡拱璧	10
豆腐业同业公会	黄国良	9
菜馆业同业公会	马补良	8
棉布百货业同业公会	陈景成	6

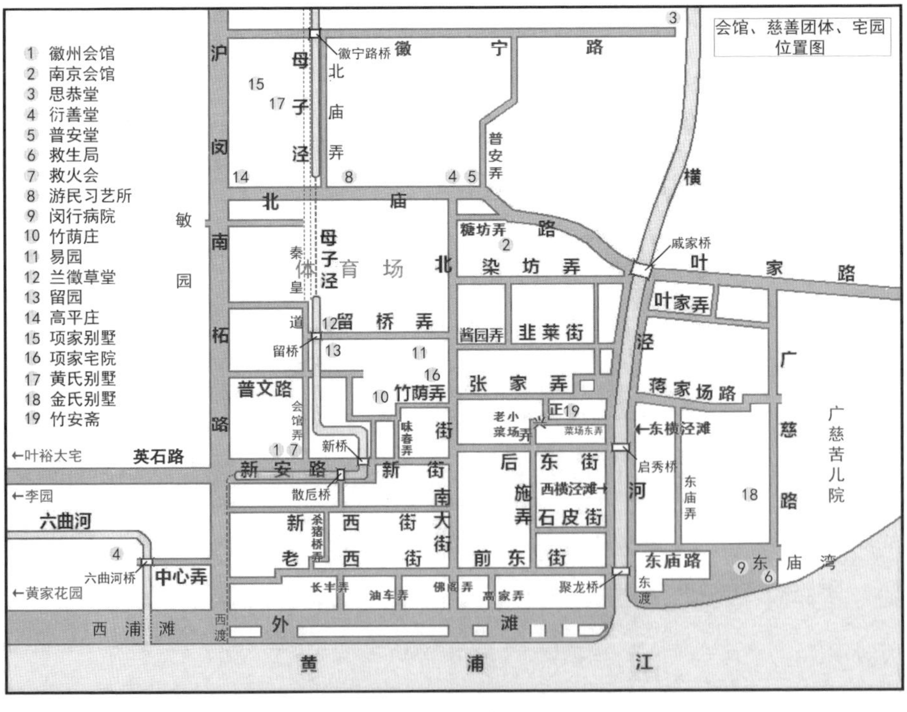

闵行镇会馆、慈善团体、宅园位置示意图（汪大纲绘）

木棉曾庆闵行丰

上海县盛产棉花，古时棉花称木棉、吉贝。黄家河圈人黄宗坚在其著作《种棉实验说》一书中谓："考上海有田六千八百五十二顷，棉田居其七。"指的是种植棉花的土地占了其它作物的七成。清同治《上海县志》在物产类记载棉花时称："他处虽有，然土地之宜、种植之勤、纺织之精、运售之广，吾邑独甲于天下。"邑人李右之在其著作《上海乡土志》中也谓："棉花纱布，乃邑产之大宗。""吾邑棉花一项，售于外洋为数甚巨。"民国《上海县续志》记载了"芦纹布""雪青布"出自塘湾、闵行周边各乡村，每年约出四五万匹，销苏、杭、徽州等处。

闵行周边沙竹冈一带、莺窦河地区气候与土壤适宜植棉，且棉种均为优良的"白籽棉""百万棉""闵行棉"。本地的植棉，也多有本土文人名士作诗描写，黄家河圈人黄家锟诗曰："高原宜吉贝，沙土种为嘉。烈日铃俱坼，迎风叶欲斜。携筐忙妇女，压担尽霜葩。南北遥相望，秋收晒满家。"莺窦河人蒋柱诗曰："海上无蚕桑，潮沙宜吉贝。织作成文章，授衣此为最。"

棉花的种植，为手工纺织业奠定了基础，农村妇女以织布为业，波及市镇。乾隆、嘉庆《上海县志》均有这样的记述："纺织不止乡落，虽城市亦然。里媪晨抱纱入市，易木棉以归，明日复抱纱以出，无顷刻闲。"说的是城镇妇女早上将昨日纺好的纱拿到市场上去卖，买回棉花再纺成纱，明日再卖，周而复始，以此为业。李林松的《申江竹枝词》也作描写，既有卖花，又有卖布：“一村红树起炊烟，冬至朝朝霜满天。要向城中卖花去，夜来趁上夜航船。”“河角弯环星烂烂，晨庄买（原书如此，应为‘卖’）布声声唤。风水人愁白露前，米柴价钱秋分半。”

李林松之女李媞在《北街夜织》诗中，将街上已是深更半夜还在不停织布的场景，作为闵行十景之一，写进她的《申江十景》，刻画了这些“丁娘”们劳作的艰辛，表达了对她们的同情。但也从一个侧面反映出其时闵行已有很多从事手工纺织的人家了。

手工纺织带出了闵行镇上的染纱、踹布业。戴氏染坊、蒋永安染坊、高记染坊相继开出，代为周边农村染纱、土布印花和踹布。清末民初时，蒋永安染坊在北街西侧杀羊弄晒布凉布，镇人遂将杀羊弄改称为染坊弄。民国21年（1932），上海县民众教育馆举办土布展览会，在闵行巡回展出的土布，花式品种有千余种，色泽纷呈，使闵行染坊业声誉徒增，业务日趋兴旺。后又有朱春盛和祥泰昌染坊相继开业。

闵行的“张记布庄”自乾隆间从事收布、贩布获利，遂有了“竹荫庄”，发达后建一批房屋租赁取息，遂有了“竹荫路”“竹荫弄”。民国间张柏良的“永兴衣庄”获利后建“庠村”，出租后继续获利。

棉花生产的发展，使棉花成为市场上流通的重要商品，明清时上海地区已成为全国的棉纺织业中心。清代晚期起闵行众多花米行不仅收购周边地区的棉花，还收购从奉贤、金山以及浙江来的棉花，以供应上海各纱厂。沪闵公路辟筑后，闵行的棉花交易更趋繁盛，成为上海纺织产业链中重要供应地之一。

棉布生产的发展，也使轧花业成为一个独立的手工业部门。民国15

年（1926）前后，业主王志山在沪闵路西、六曲河东的西浦滩开办德丰兴花厂，有轧花车间和打包车间各一。初用牛力作业，后改柴油引擎为动力的皮辊轧花车生产，设棉花收购站于西渡旁。民国26年（1937）年初，宁波巨商范桂馥、秦琏官对其收并，易主后更名“鑫建花厂”。范、秦在宁波开有和丰纱厂，在上海开有盛和花号和三林杨思的恒大纱厂。闵行鑫建花厂由范的学生周性存任厂长，所轧之花为其纱厂提供原料。其规模有4个轧花车间（其中一个在奉贤南横泾东），一个打包车间，共144台轧花机，6台打包机，自备运货卡车3辆，每日作业200余人。

位于横泾河东叶家弄的祥发元花米行，业主潘宝元，是花米行中自设轧花车间的一家，柴油引擎带十余台轧花机，自行打包后由横泾运上海纱厂。

1949年前后，闵行镇也开办过二家小型轧花作坊“志生轧花号”和“宝林轧花号”。有多家弹花店，如沈记弹花店、邵永顺弹花店、祥兴弹棉花号、洽兴弹花庄、华兴机弹絮被厂等，为镇上及周边乡村服务。这些自给自足式的小作坊、小商号，也仅反映了闵行镇商业繁盛的一个侧面。

民国时期，每当棉花收获上市，自西渡至米业公所、长源木行一带的黄浦边，停满了花船，且一层又一层地停泊在外围等待卸货。棉花与其它经济作物相比，其对近代城市及城市工业发展所产生的影响最为巨大。闵行作为棉花原料收集地，源源不断地供应上海各纱厂，与此同时，也推动了闵行其他商业的繁荣。

外滩的花米行与脚班行

上海开埠后，商务日盛、人口日繁、消费日增。米粮、棉布、肉猪为国民必要消费品。闵行镇的地理位置和地理条件，使粮米、棉花、毛猪行业应运而盛。

上海的米市，分南、北两市。南市原属县治，人口稠密，需求量大。米市集中于三泰码头一带（北市集中于苏州河新闸桥一带）。闵行镇的米行，集中于外滩一条街，米行的米粮，除少量供本镇居民及糖坊、面坊、豆腐业和酱酒业外，大多供应上海南市。

闵行镇也因米行之多，讹称为“米行镇”。清末民初，闵行的花米行有恒丰、三泰、王协茂等几家。沪闵路辟筑后，水陆交通更为方便，1930年代初，米行米店增至20余户。1937年闵行沦陷后，日军对粮棉实行“统制”，米行米店减至10户。抗战胜利后粮食业得以发展，米行米店增至31户。解放前夕，闵行有米行米店44户，其中外滩一条街上就有花米行25户。

花米行业以收购销售粮食为主，资金雄厚的大行如恒丰、三泰、恒生义、南裕成、协太盛等几家兼收棉花和毛猪，待一定数量后，棉花由花客运送上海纱厂，毛猪由猪贩运送龙华屠宰场。花米行业的性质系一种居间业，大行整收整售，也有去奉贤、金山、松江等地设点坐收。小行资金不足，零收整售，多为周边乡村自食有余之米粜给米行，或为大行代收，按量收取佣金。有实力的米行自设碾米房自碾外，兼营代碾。另有张义茂、长丰、郑记三家碾米大厂可代客碾米。

外滩一条街上有一种称掮客的人，专做粮食、棉花、毛猪的贩运生意，也称米客、花客、猪贩。米客大多来自南市，与闵行花米行间颇有联络，有相对固定的业务协作，成交后转运至沪向米店兜售，并辗转经营以谋得利。也有产地如奉贤、金山、浙江的米客，零收后整运至闵行业务相关的花米行。通常，花米行与米客间均须到船或到栈看货、谈价，合则成交并商订付款日期。大宗交易可分二至三期（每期十五日）交清，对一次交清者，则多给回佣，以示鼓励。棉花、毛猪的交易运作也基本如此。

每年新米上市、棉花收获季节，停泊在外滩一带的花米船樯密如林。货物的上船、下船，均由“脚班”装卸。脚班旧称“脚夫”，以手提肩扛、出卖劳力营生。他们活动在码头、行栈间，负责货物的运送装卸，按行分班并由大、中、小把头控制。“脚班行”也成了闵行外滩一个特别的行业。

今《上海县志》（1993年版）记载：闵行脚班行，有100多年历史，解放初解体。闵行全镇有48个脚班，全部由卸职归里官吏、乡绅、大商号业主控制，并持有行帖，委任3人（1人为总，2人为副）管理。脚班行规定，凡在闵行镇挑扛营生，必须凭帖。初定正帖（俗称“大扁担”）48张，

商业街外滩情景画

后又增副帖（俗称“小扁担”）12张。士绅持帖若干，如李英石持有2帖，年终按帖多少获取红利，持帖权世袭（有人至解放至少已传3代）。脚班行分成4个班，各班由把头指定班中强悍者为班头，又称“黑鱼”。脚班大多数是闵行四乡无地或少地的农民，也有城镇无业居民和外地游民，入行前须送礼，求持帖士绅作保，借到帖子后再向把头送“生意钿”，民国37年（1948）为一担米或一头猪，或2只火腿，然后在茶馆请老脚班喝茶。正月半、八月半，脚班须向行里送礼。凡红白婚丧扛抬、商号扛抬等劳务收入较高的生意，均归大扁担，零星挑运则属小扁担。装卸搬运一般是肩担一根扁担，一副络线，或者二人扛，如一坛酒800斤，先由二人从船上扛到岸上，再由四人二档扛棒拼扛。收入二八分成，把头二成，脚班八成。

解放初，中国码头工会上海县闵行镇工会委员会成立，会员大多是原脚班行成员。筹资添置板车、拖车等生产工具，1955年改为闵行搬运中队，1958年发展至400余人，成立闵行装卸站。同年掀起了装卸工具的技术革新、技术革命运动，使用机械设备，装卸劳动强度大为降低，劳动生产率、工班产量大为提高。

商业街外滩情景画

茶馆，品不尽人生冷暖

闵行镇曾有三大著名茶楼，分别为：新园茶楼、第一楼茶馆、天一楼茶馆。

新园茶楼　在原新街北侧西端，其东为味春弄，其西为母子泾折弯处，原址为业主开设的味春客栈，民国25年（1936）新建3开间×3开间面积的两层楼房为新园茶楼，上、下楼均设茶堂和书场，茶堂均设在房南部，书场均设在房北部，扶梯在房中央两侧，底楼西侧为彭氏的新新理发店，老虎灶设在屋北的西侧。

业主黄尚文为老闵行西乡黄家塘（今电机厂北部）人，故茶客大多为西乡村民和本镇镇民。书场主唱苏州评话、弹词，有日、夜场，买“筹”代票。

抗日战争胜利后二楼书场改为剧场（闵光剧场），有200余座。以沪、越剧为主，兼淮、锡剧，常来戏角有赵春芳、杨飞飞、施春轩、仇凤仙、莫文芳、竺喜娟、吴牡丹、王素芳、沈锦芳、盛少兰等。

闵行镇京剧票友夏诚一、周瘦鹤、朱文孚等人发起组织的“闵青剧艺社”，也常借剧场演出《借东风》《女起解》《草桥关》《黄金台》《四盘山》《法门寺》等曲目。

1953年茶馆业合作后，改名“新园茶馆”开在新安路东端、杀猪桥弄北口处。原址改作闵行镇文化馆，由原在新西街李宅内迁此。时扶梯改

新园茶楼情景画

设在房东侧，二楼有阅览室、图书馆、剧场和办公室，底楼为活动场所，有乒乓、棋类、展室等。

第一楼茶馆 在前东街南侧东端，又称“东来第一楼”。业主黄庆泉，民国元年（1912）开设，初为平房，民国25年（1936）原址重建假三层西洋式楼房扩大营业，茶堂有4开间×3开间面积。第一楼茶馆一、二楼均为茶堂，有理发、点心、糖果烟杂等配套服务，假三层解放前设麻将台和烟榻。底层设老虎灶供应熟水。解放后二楼开设书场，主唱苏州评话、弹词。

天一楼茶馆 在原前东街南侧中部，高家弄之东，业主韩根山，民国2年（1913）开设。天一楼茶馆设底楼二开间、二楼四开间的茶堂，底

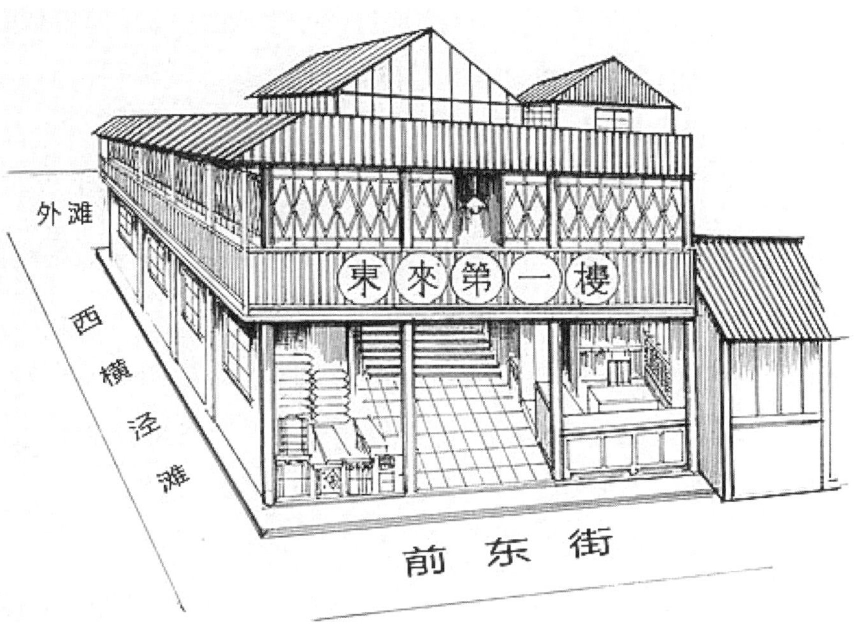

第一楼茶馆情景

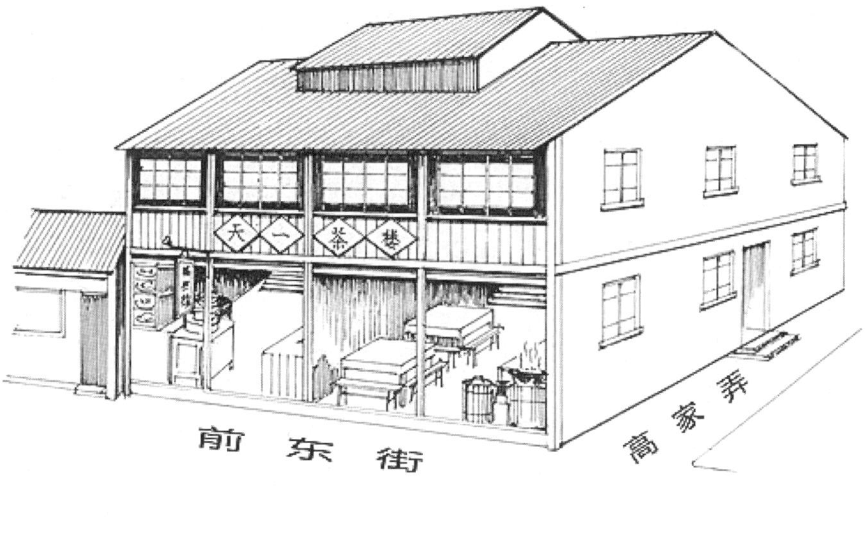

天一楼茶馆情景画

楼有点心、老虎灶熟水供应，初创时有理发服务。茶堂二楼不定期开设书场，老闵行节庆间或有名角来闵时，或外滩浦滨园茶馆爆满时加场演出，主唱苏州评话、弹词。

天一楼、第一楼茶客多为船主、来闵洽谈生意的掮客及镇民。

闵行镇还有三个说农民书的茶馆分别为：洞春茶馆、一笑园茶馆、天福茶馆。

洞春茶馆 在原后东街北侧中段的老小菜场内，正兴弄中段折弯处，业主陈关兴。茶馆开设于清光绪三十一年（1905），4开间 ×3开间面积，老虎灶设在弄对面，有理发服务，茶客多为北乡村民及贩猪崽生意客商，设日、夜书场，主说农民书。

一笑园茶馆 位北街西侧、新街与竹荫弄中间，业主陈水根。开设于民国17年（1928），2开间 ×3开间面积，有老虎灶供应熟水，茶客多为北乡及镇西村民，有日、夜书场，主说农民书。

天福茶馆 在后东街东口南的横泾西路，开设于民国26年（1937），业主陈阿英母女，2开间 ×2开间面积，有老虎灶供应熟水，茶客多为本帮小船民、东乡村民，书场只开夜场，主说农民书。

农民书即是浦东说书，因改变佛教中的因果调而称作“说因果”或“因果书”，也因说书人手击钹子而称“钹子书”“敲刮子”。为一种有浓郁乡土特色的地方曲艺品种。

说书艺人身穿长衫，以浦东语调坐唱，击钹静场后先唱开篇后说正本，长篇时以说为主，说说唱唱，说唱结合，配以手势动作和面部表情加强效果。

演出时艺人左手持钹，右手持竹筷击钹，发出不同快慢、轻重和节奏的音响，或击不同部位、或击后手按以产生不同音色用以镇场、闹场，或以渲染情节，或以烘托气氛。

说书书目以侠义、公案、传本为多数，每场演出二个多小时，中间小息片刻。

茶馆门口挂书目牌，并有预告以吸引听众。

旧时闵行镇商业繁盛、交通便捷，流动人口众多，商贾、掮客、船民、小贩，还有一大早出来出售农副产品的周边乡民，茶馆成了他们小憩和交流信息、洽谈生意的场所，而具有质朴亲近乡音的农民书正合他们的口味，百听不厌，经久不衰。

其他茶馆：

浦滨茶园　在原外滩（浦江路）南侧，佛阁弄之西南。民国16年（1927）开设，业主朱泉根，2开间×2开间茶堂面积，前东开间为大兴馒头店，后茶堂濒临黄浦，旁有闵南公司轮船码头。书场主唱苏州评弹，只设日场。茶馆是花米、毛猪行老板与掮客洽谈生意之处，常客也有脚班在此等候客户雇唤，也有奉贤的船帮和乡民。

春申茶园　在原外滩（浦江路）北侧，近沪闵路，大众饭店之东。民国24年（1935）开设，业主杨关通。茶堂设楼上为3开间×1开间面积，老虎灶设于底楼。茶客多为长丰弄以西花米行生意人、西渡船帮和奉贤乡民。

龙泉茶园　在原后东街东口，坐北朝南，东为岳秋泉理发店，西为徐正昌铜锡号。民国24年（1935）开设，业主陈锦文。底楼二开间茶堂，有老虎灶供应熟水，楼上设麻将桌。茶客多为东乡村民、东乡棉花生意人。

船家茶馆 在原横泾东路，环龙桥与启秀桥间，二开间门面，有老虎灶。茶客多为江苏方向来船的船民船工。

同乐居茶馆 在原后东街北侧，程瑞丰南货店与东方理发店间，业主朱小妹，有老虎灶，茶客多为出售农副产品乡民、小商贩。

大雅轩茶园 在原英石路（今建设路）东口南侧，房屋呈“L”型，茶园设于底楼，6个开间。1937年11月，闵行沦陷于日军的铁蹄之下，大雅轩房屋被强占为日军“慰安所”，茶园闭业。

闵行民众教育馆特约茶园 在新街（时称念椿街）润康文具百货店楼上，该处原为“同乐居茶馆”所设茶室，业主汤惠兴。民国19年（1930）3月民教馆与业主接洽商议改为民众教育馆特约茶园。

民教馆特约茶园有茶桌30只，凳90只，每日平均售茶130壶。园内除陈列书报棋类外，每日下午举行其他活动，例时事报告、名人演讲、纪念日演讲、纪念周活动、比赛会、留声机播放、说书、游艺活动、答问代笔等。

特约茶园提供民众在闲暇时间里的娱乐机会，开展富有教育意义的活动，使民众获得各种知识和信息，丰富业余生活。

旧时，茶馆是人们喝茶聊天、生意买卖、信息交流的大众活动场所，听书也是市民阶层的娱乐需求。茶馆业是一个比较辛苦的行业，常是清晨三四点钟起忙碌至深夜，还得应付三教九流、地痞流氓的骚扰和黑势力的盘剥。老舍先生的《茶馆》就是一个绝好的写照，茶馆成了旧社会生活的一面镜子。

商业兴，誉为“小上海”

闵行在明代初已具集镇的雏形，明正德间已知名，清乾隆间已为上海首镇，清末民初起随着水路通航、公路通车，交通的进一步发展，闵行商业更趋繁华。邑人李右之谓：“闵行为本邑首镇，地当水陆之冲，户口殷阗，商业繁盛。”有“小上海”之称。

1946年的南大街（老闵行历史文化陈列馆展图）

闵行镇商业特点体现在：一，商业门类繁多，不但满足镇民的需求，同时满足周边乡民生活、生产的需求。二，由流动人口增加而发展的饮食、服务类的第三产业十分发达。三，社会日常生活用品用具大多为手工制作，因此，手工业的发展，手工业品的多样性，为商业的繁华提供了坚实的基础，闵行有较多的作坊作铺。

闵行镇的商业店铺可分为：纺织品、绒线、百货、钟表、眼镜、文

1980年代前东街（唐世杰摄）

1980年代后东街（唐世杰摄）

1980年代新街（唐世杰摄）

1980年代老西街（唐世杰摄）

1990年代南大街
（唐世杰摄）

1990年代北街
（汪大纲摄）

具纸张、文体用品、玩具、金银饰品、铜锡制品、白铁制品、铁铺、颜料油漆、电器、成衣、鞋帽、裁缝、烟酒、糖果、糕点、南北干货、茶叶、水果、蔬菜地货、肉类、水产、禽蛋、豆制品、中药、西药、油麻棕绳、草织品、陶瓷器、缸甏、竹器、木器、藤器、园作、棕棚、炊具、雨伞、栲栳、芦席、弹花、秤具、船橹、作铺、砖灰、竹木行、洗染、刻字、印

1970年代新安路（汪大纲摄）

1979年新安路西段开设的贸易市场（唐世杰摄）

刷、花米行、米店、面坊、糖坊、碾米、油酱、照相等等。饮食服务类有饭店菜馆、糕团点心、茶馆、理发、旅馆、沐浴、镶牙等等。门类相当齐全，因此，《闵行诗存》序言称闵行："蕞尔弹丸，严然都市"。

闵行的商业分布，主要在七条商业街上：外滩、前东街、后东街、老西街、新街、北街和大街。其外，横泾东路自蒋家场路至黄浦的一段、横泾西路自后东街至前东街的一段均布满商店。沪闵路南端自新安路至浦江段的两侧、英石路东口、后东街老小菜场内亦有不少商店分布。

据1995年版《闵行区商业志》统计，抗日战争胜利后，闵行镇有商号333户，占全上海县大小商店1141户的29.18%。据今《闵行区志》统计，解放初闵行镇有私营商店395户、从业人员1422人，资金48.13万元；有个体摊贩48户，计18个行业。1954年有私营商店253户、从业人员825人，资金52.8万元；有个体摊贩350户，资金9904元。

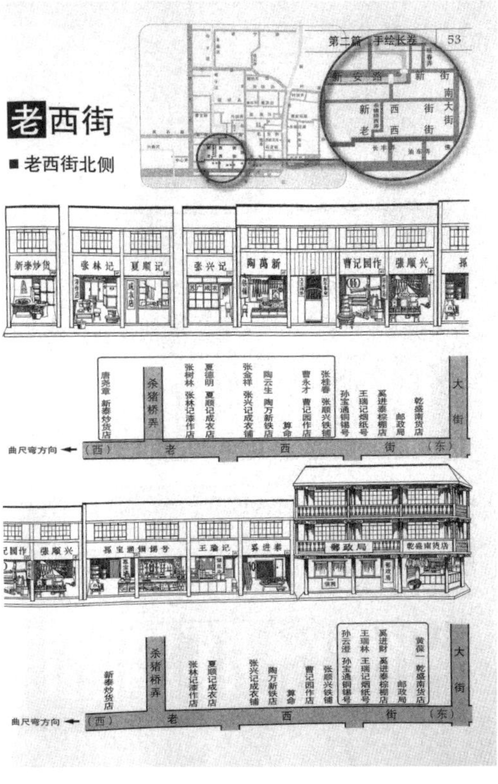

《闵行老街史料选集》中张文华所画之一

闵行镇人、原闵行百货商店美工张文华，自2011年起，用三年时间将闵行七条商业街上的

1946年外滩毛猪市场（老闵行历史文化陈列馆展图）

商店一家一家地画成情景画，由48幅画面组成8条长卷。反映了20世纪40年代闵行镇街面商号店铺的布局状况，该时期的商铺店址相对稳定，尤其是老店、名店和经营尚好的店铺基本固定不变。情景画栩栩如生地表达了这些商家铺面的时代特征，一些如今已消失了的行业、消失了的商品、一些不再使用的作坊工具和劳作场景一一展现在画卷中，成了闵行镇一段商业历史的乡土图志。本书中的情景画，也为张老先生生前所作。

2016年闵行区档案馆编辑的《闵行老街史料选集》一书，将8条商业街长卷收录在内，组成一篇，并在序言中称：“这对于民国后期缺乏文字档案记载和图像记录的闵行老街显得弥足珍贵。2013年3月，闵行区档案馆接收了张文华的捐赠，将其收藏入馆。”

如今，闵行镇的这些商店已不再存在，旧貌换成新颜，一幢幢新颖、美观、宜居的高楼大厦耸立在横泾两岸、浦江之北，沧海成了桑田，老闵行步入了新时代。

教育之风劲吹闵行镇

从蒙馆、私塾到学校

学校是有计划、有组织地进行系统教育的组织机构，其名称则起源于民国。古代的学校称为庠、序、学、校、塾。西汉时学校已分中央和地方两种，中央设太学（后又称国子学、国子寺、国子监），地方上置学宫。明、清时地方学校有书院、书堂、私塾、社学、义学等，为本地人受教育的主要场所。清代末兴办新式教育，光绪二十八年（1902）的《钦定学堂章程》中称学堂，辛亥革命后教育部公布新学制，学堂一律改称“学校”，一直沿用至今。

蒙馆，也叫蒙学，古代对儿童进行启蒙教育的学校。主要教授学意识字、写字和封建道德的常识。一般用《蒙求》《千字文》《三字经》《百家姓》等作教材，无固定年限，注重背诵和练习。李林松的家谱记载：李朝英“开蒙馆于家，凡遇远近童幼咸来从学，授读绝有法程，略无旷懈，凡七八年无倦色，学生六十余人，至今称道之。”

私塾是我国古代社会由私人开设于家庭、宗族或乡村的民间学校，以经费来源分为三种：一是富贵之户聘师在家教读子弟，称坐馆或家塾。如李尚暲妻钱韫素，记载“诸寇乱后，尚暲家居著书，境益困，氏应诸臣族延聘，课徒十余年，藉束修以资补助。”

二是地方（村）、宗族捐助钱财聘师设塾以教子弟的，称村塾、宗塾。如普安堂总董吴钟英，记载“馆本镇夏氏九年，彭家渡沈氏七年。”

三是塾师私人设馆收费教授生徒的，称书屋、门馆、学馆。如后东街叶域（号读六，著有《南浦草堂诗集》），记载“设帐授徒于‘竹字衍’，垂数十年，门下士得其绪余而成名者甚多。”闵行乡议事会长朱承鼎即为其门生。

李显谟之父李祖锡，也有记载：“在家授徒十六年，馆竹冈黄氏八年，所造就甚众，远近执贽来游者，皆撷芹食饩掇巍科以去。”意为李祖锡在家设馆教授子弟16年，又为竹冈黄家河圈黄氏子弟教授8年，造就了很多人才，远近求学者带了礼品谒见师长，后来都成了生员、廪生，取得了高科或金榜题名。记载说明李祖锡既在家设过学馆，又在宗塾里教过书，上述二三种类型皆有之。

蒙馆、私塾是民间教育的基本形式，与官学相辅相成，对文化的传承和人才的培养发挥着巨大作用。

老闵行镇最早出现学校记载的是清乾隆十六年（1751）的**闵行义塾**，为里人张缟等捐建，址在母子泾。之后，清同治七年（1868），知县朱凤梯设年捐钱84千文创办**闵行义学**于衍善堂。

清末，清政府对原来的教育制度进行改革，先后于光绪二十八年（1902）、光绪二十九年颁布《钦定学堂章程》和《奏定学堂章程》并付诸实施，义学就发展为新式小学堂或小学校。闵行义学在光绪二十九年（1903）改为**蒙养小学堂**，光绪三十二年（1906）正月转为公立，称**乡立第二初等小学**，校长李维华，民国2年（1913）改名**第二国民学校**，校长高国干，校址在普安堂（衍善堂已归并于普安堂）。

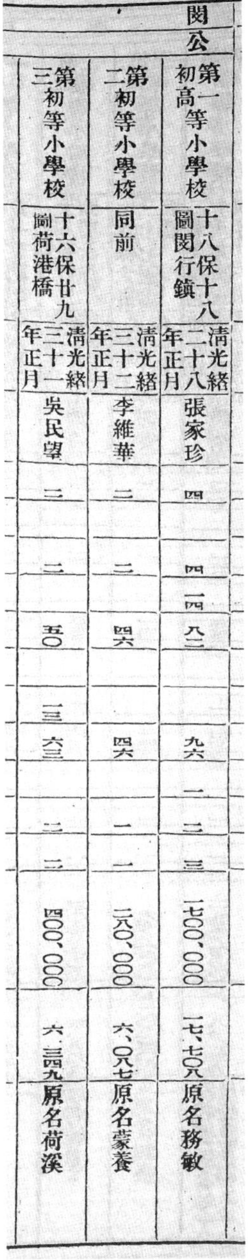

閔
公

第一初高等小學校	十八保十八圖閔行鎮	清光緒二十八年正月	張家珍	四		四	一四	八二		九六	一	二	三	一七〇〇、〇〇〇	一七、七〇八	原名務敏
第二初等小學校	同前	清光緒三十二年正月	李維華	二		二		四六		四六		一	一	二八〇、〇〇〇	六、〇八七	原名蒙養
第三初等小學校	十六保廿九圖荷港橋	清光緒三十一年正月	吳民望	二		二		五〇	一三	六三		二	二	四〇〇、〇〇〇	六、三四九	原名荷溪

乡立第一、第二小学

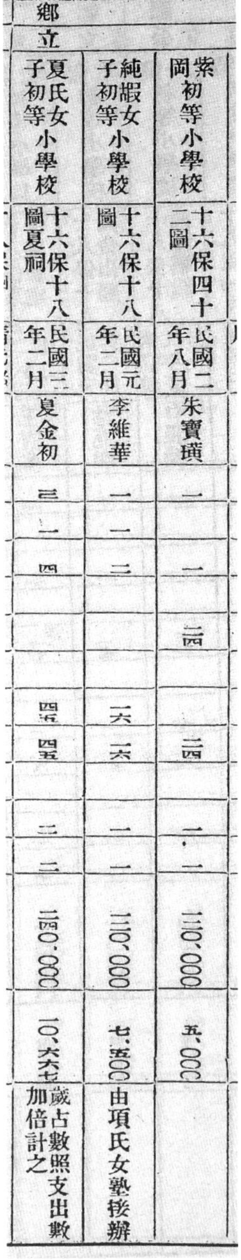

鄉
立

紫岡初等小學校	十六保四十二圖	民國二年八月	朱寶璜	一		一		二四		二四		一	一	二二〇、〇〇〇	五、〇〇〇	
純嘏女子初等小學校	十六保十八圖	民國元年二月	李維華	一	一	三			一六	一六		一	一	二二〇、〇〇〇	七、五〇〇	由項氏女塾接辦
夏氏女子初等小學校	十六保十八圖夏祠	民國三年二月	夏金初	三	一	四			四五	四五		二	二	二四〇、〇〇〇	一〇、六六七	歲古數照支出數加倍計之

纯嘏、夏氏女子小学

在清廷颁布《钦定学堂章程》后，光绪二十八年（1902）闵行士绅李祖锡、顾言、李祖佑、马恩培等捐募银800余元创设**务敏学堂**。务敏学堂创办在镇西（今沪闵路西）积谷仓，由积谷仓房改建而成，有校舍平房21间、楼房7幢，校基2亩9分余。务敏学堂附设由乡公所管理的**乡立第一初高等小学**，校长张家珍。民国2年（1913）务敏学堂改为**强敏高等小学**，乡立第一初高等小学改名**第一国民学校**，两校校长均为奚省耕，校址仍在镇西积谷仓。

闵行镇西浦滩，原有文帝庙，镇人称西寺、西庙。文帝庙设“**文昌书院**”，书院是中国古代封建社会教育的一种组织形式和机构，常与寺庙结合在一起，由庙设学、庙学合一，这种庙学制度起源于唐代，清雍正十一年（1733）也正式明令各省建书院并受政府监督。清光绪二十七年（1901）清廷发布上谕，诏令书院改为新式学堂，书院就此结束。民国《上海县续志》第二十七卷名迹中记载：“西寺，俗称西庙，今改建农业学堂。”

教育改革，催生办学风气

清末实施新政，改革教育，催生了办学风气，光绪三十二年学部又颁布《奏定女子小学堂章程》，对女子教育给予了承认。民国初闵行镇陆续出现了2所女子小学：一是**纯嘏女子初等小学**，民国元年（1912）2月创办，校长李维华，该校前身为**项氏女塾**，接办后址在北街易园纯嘏堂。民国4年（1915），士绅李祖佑等将纯嘏女子初等小学改为**崇实女子小学**，经费由乡公款补助并迁入乡公所楼上（度门寺基地），校长仍为李维华，民国12年（1923）改为乡立，迁入强敏小学。二是**夏氏女子初等小学**，民国3年（1914）2月创办，校长夏金初，址在老西街西端的夏氏宗祠。民国7年（1918）邑人夏建藩、昆季又改夏氏女子小学为**私立振华女子小学**，民国8年（1919）改名**浦滨国民学校**，仍以夏氏宗祠余屋为校舍并负担办学经费，校长夏建藩。

女子学堂的设立，具有反抗封建伦理压迫的时代意义，也随着妇女文化程度和社会地位提高，促使整个社会的文明程度的提高。闵行镇人李右之在其著作《上海乡土志》中也有另外一番见解：“女子为国民之母。人人能知书识字，将来必能教训其子女，而家庭教育自能完备，足以补助学校所不及也。”

《奏定学堂章程》是清廷推出以日本为模式的新教育体制，时年为癸

實業學校一覽表 民國八年度

學區區域任敎	校名	地址	設立年月	校長姓名	教職員數	學生數	學級數	歲出銀元數	每生歲占費數	備註
第六區閔行鄉縣立	乙種農業學校	閔行鎮	民國三年八月	尹錫熊	一〇	六六	三	八九四四	一三六弱	
第十市	巽與乙種商業學校	蔡陽弄	民國元年二年	高[illegible]基	九	八六		二一一二	二五弱	

县立乙种农业学校

卯年，故又称“癸卯学制”。癸卯学制的推出和新学的推行，小学教育得到极大的发展，除上述闵行镇在这一时期创办的4所小学外，若按闵行乡言，在民国4年时，则又有乡立的第三初等小学（原名荷溪，在荷巷桥，校长吴民望），建于清光绪三十一年；第四初等小学（原名莺湖，在莺脰湖，校长吴杰），建于清光绪三十一年；第五初等小学（原名竹溪，在黄家河圈，校长罗超），建于清光绪三十一年；第六初等小学（在吴会，校长范崇衡），建于民国2年。私立小学有培德初等小学（在平安庙，校长乔源），建于民国元年；强蒙初等小学（在沙冈，校长郭祖诒），建于清光绪三十二年；增新初等小学（在中渡桥，校长吴大雄），建于清宣统元年；紫冈初等小学（在紫藤棚，校长朱宝璜），建于民国2年。

“癸卯学制”的另一个重要内容是把全国学堂分为基础教育和职业教育两块。光绪三十三年（1907）春，县劝学所（后改组为教育局）总协董姚文楠、顾言议创建**中等农业学堂**筹款事，得到邑绅陆徵祥银2000元、邑诸生毛经畴银1000元及邑绅王丰镐银200元的赞助办校经费。宣统元年（1909）闵行复新裕木行捐田3亩9分、李正养堂捐田6分作为校基，建校舍27间，又购置理化仪器、校具、书籍等银10500余元。宣统二年（1910）正月开学，先办预科，招收学生免收学费。中等农业学堂由闵行士绅李祖佑、黄宗坚协同经理，顾言为督理，李祖锡为督教。

中等农业学堂在闵行镇西浦滩（原新安批发市场部分地块，现新建为滨江公园），民国元年（1912）毁于火，民国3年（1914）重新建造新舍两幢，前幢为教室，后幢为宿舍，当年秋创办**县立乙种农业学校**，修业期3年，校长尹锡熊。民国11年（1922）春，鉴于义务教育的需要，划出乙种农业学校校舍开办**农村师范讲习所**，招收学生1级，修业期2年，民国13年（1924）7月毕业。8月，改组为**县立师范学校**，招收学生1级，修业期3年，民国16年（1927）7月毕业后停办。县立乙种农业学校在民国12年（1923）8月改为**县立第四小学**。

广慈苦儿院为一所收养无靠儿童、施以教育技能、使各能自立成健全良好之公民为宗旨的慈善机构，在闵行镇横泾河东，今福新面粉有限公司址。

民国7年（1918），（也有记载为民国6年）水警第一区区长沈葆义与士绅李祖佑、黄申锡、乔念椿等购地20余亩捐作院址，沈葆义独助万金，

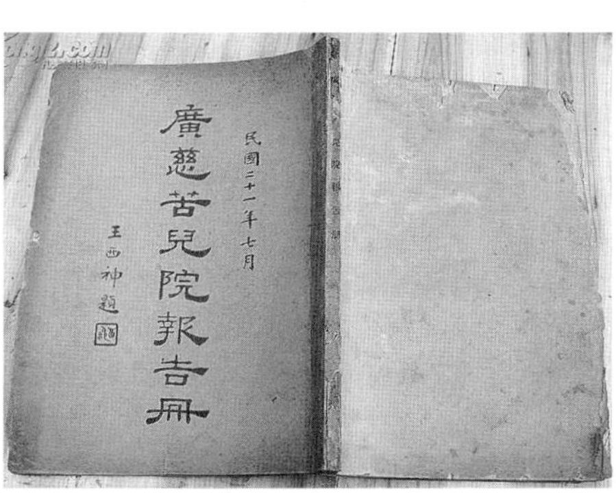

广慈苦儿院报告册

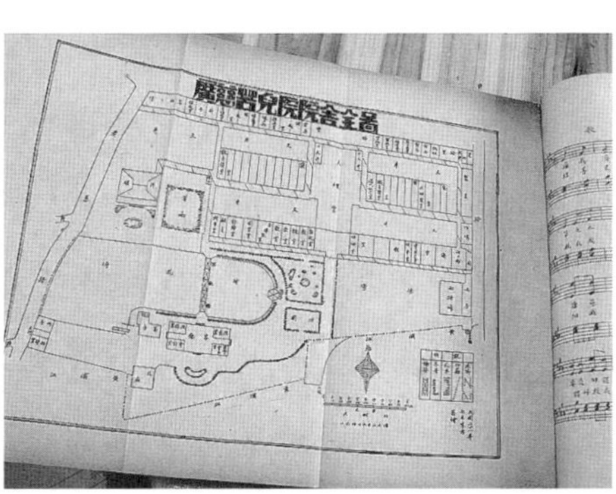

广慈苦儿院校舍平面图

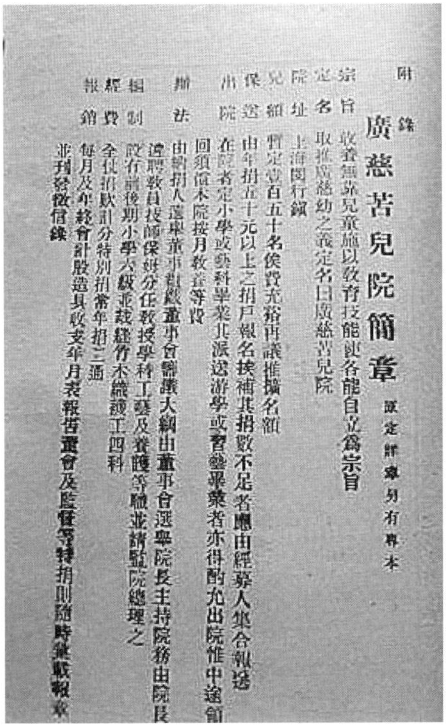
附錄

廣慈苦兒院簡章（詳章另有專本）

宗旨　收養無靠兒童施以教育技能使各能自立爲宗旨

定名　取推廣慈幼之義定名曰廣慈苦兒院

院址　上海閔行鎮

兒額　暫定壹百五十名俟費充裕再議推擴名額

保送　由年捐五十元以上之捐戶報名挨補其捐數不足者應由經募人集合報送

出院　在院者定小學或藝科畢業其派送游學或習藝畢業者亦得酌允出院惟中途領回須償本院按月教養等費

辦法　由納捐人選舉董事組織董事會議大綱由董事會選舉院長主持院務由院長延聘教員技師保姆分任教授學科工藝及養護等職並請監院總理之

設有前後期小學六級並設縫竹木織藤工四科

捐額　全收捐款計分特別捐常年捐二種

經費　每月及年終會計股造具收支年月表報告董會及監督等特捐則隨時徵收報章

報銷　並刊發徵信錄

广慈苦儿院简章

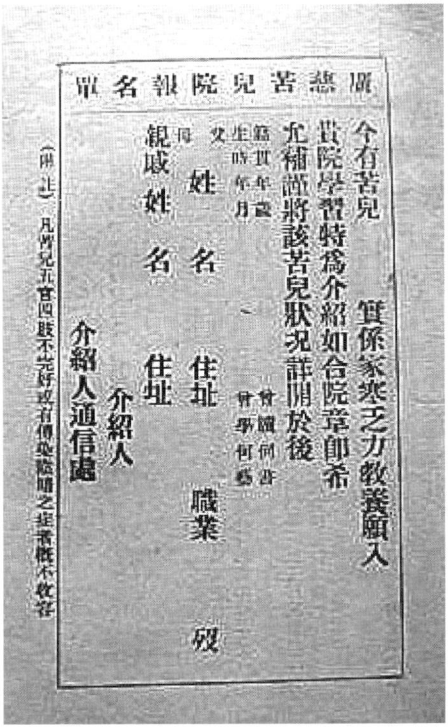
廣慈苦兒院報名單

今有苦兒　實係家寒乏力教養願入

貴院學習特爲介紹如合院章即希

允補謹將該苦兒狀況詳開於後

籍貫　年歲　曾讀何書

生時　年　月　曾學何藝

父　姓名　住址　職業　殁

母

親戚姓名　住址

介紹人

介紹人通信處

（附注）凡苦兒五官四肢不完好或有傳染隱疾之症者概不收容

广慈苦儿院报名单

督工兴筑并呈请省长年拨3000元、旧松属各县长合捐1000元充经常费。初创时建屋50余间，民国12、18年增建27间，民国20年春又复翻造宿舍小屋及礼堂等，故新旧院舍共150余间。后又有黄申锡、乔念椿、夏桂初、金颂鳌等人士捐地，院基达42亩有零。

广慈苦儿院设置监督暨董事会，董事会组织各项工作，督察院内事业之进行、筹划院用经费并议定预算决算。监督为总负责人，由沈葆义任。曾任董事会会长有李显谟、潘伟炳、诸文绮，副会长有黄申锡、马恩培等，曾任董事居闵行的有李祖佑、李显谟、黄蕴深、黄申锡、乔念椿、乔增祥、江问渔、李宗武、李维华、王寿良、蒋世杰、唐家琳、陈之纲等。设院长、副院长综理院务，首任院长乔念椿，曾任院长庄礼楷、潘伟炳，副院长林钦照、乔念椿、姚惠泉、张翼等。

广慈苦儿院设小学与工场二部分，分班授以普通学识，习以手艺，毕业后分送各工商单位。

民国22年（1933）的《上海县教育三年概况》一书中，将小学称为"私立广慈苦儿院附设小学"，民国24年（1935）的《上海县视导报告》一书中，将小学称为"私立广慈院小学"。小学在开办初即设2级，嗣院额渐增并逐年添级。课程按教育部规定有国语(说写读、应用文)、算术（笔算、珠算）、社会（历史、地理）、自然（自然、卫生）、体育、美术、音乐等。也因院之性质特殊，五年级以上增园艺课，四年级以上增英语课。初创时有学生60名，民国8年（1919）达105名，民国14年至150名，民国19年已至200名。民国24年度共有学生267名。

广慈苦儿院工场分刺绣、制鞋、缝纫、织袜、藤工、竹工、木工等供学、实习。另开设农场、建筑鸡舍试行生产教育。院行政分事务、教导、养护、生产4部，各部设一主任负责进行。学生设自治组织，分教育、公安、卫生、业务4股。成立学生西乐队。学校有图书室、礼堂、操场、寝室、膳堂、浴室、理发室、诊疗室等，设备较完善，也为寻常小学所不及。

院生的逐年增加也使财力渐感不敷，民国14年（1925）起，每年秋举办菊花会，间有戏曲文艺演出，筹募特捐充作院基金。民国17年（1928）增设织袜工场和咸菜工场，供学生实习，产品出售收入亦充作院基金。

广慈苦儿院校门 · 老闵行历史文化陈列馆展图

民国20年（1931）秋，松江县县长金庆章（字静初，马桥人，祖居荷巷桥镇）悯其子金友宽之未成志，斥银元数千并书籍为闵行图书馆之初基，附设于广慈苦儿院。（又别捐千数百金设馆于其子求学之江苏省立松江中学，两馆均名为“友宽图书馆”。）

民国21年（1932）夏，由上海市民地方维持会将淞沪战争时所募救济难民捐款余额中拨助国币100000元，移作广慈苦儿院基金，并更名为淞沪纪念广慈院。同年，广慈院小学呈准县教育厅备案。

民国24年（1935）起，考虑毕业生年龄尚小，院增设职业补习班，学制一年，所设科目除充实基本学科外，增加就业应用科目，有商业、珠算、工商应用文、簿记、就业指导等。

广慈苦儿院办公楼 · 老闵行历史文化陈列馆展图

广慈苦儿院的友宽图书馆 · 老闵行历史文化陈列馆展图

广慈苦儿院曾遭民国13、16年齐卢战争和孙传芳部队驻军而蹂躏。民国26年（1937）抗战爆发，院舍大部被日军飞机炸毁，院地被日军划为禁区而被迫迁至上海麦根路泰来里，上海沦陷后迁于青浦朱家角，光复后复迁上海，至民国37年（1948）重建新舍落成后迁回复院。

广慈苦儿院的经费以基金、息金、田租及捐款（分常捐、特捐两种）为来源。院产有奉贤袁浦场荡田、柘林藩植场产田、松奉上南四县院田及历年善户所捐合计300余亩，松奉上三县市房5座，闵南轮船公司股票60股，为租金息金之收入。后又有缝纫工场、织袜工场和菊花会的创收贴补。但毕竟二次遭躏、日本侵华战争中的三次搬迁及多年经营以使基金骤减，加之战后原为主要收入来源的常捐特捐产生变数，复校后苦儿院经营依旧处于拮据状态，步履维艰，房屋设施也均距战前尚远，上海县乡绅、副院长张翼提案恳切政府补助终无济于事，广慈苦儿院因此在解放前夕停办。小学易主更名**广慈小学**，续办至1952年归并于闵行小学。

市、县分治后的学校

民国17年（1928）市、县分治后，原上海县的3个学区在民国19年（1930）依行政区域重行分划，闵行乡为第1学区第1区，有中等学校2所，为乡村师范和初级中学；有完全小学2所，为闵行中心小学和广慈苦儿院小学；有初级小学10所，为沥东、荷溪、莺湖、竹溪、吴会、寿华、紫藤、紫冈、巨漕、增新小学；有社教机关2所，为民众教育馆和公共体育场。前4所学校及2所社教机关在闵行镇区范围。沥滨乡的沥滨小学因是区公所在民国21年（1932）筹资购房开办，划属闵行镇校。

同在民国17年（1928）开办的为**县立乡村师范**、**初级中学**、**闵行中心小学**和**民众教育馆**。

县、市分治后，县境内缺少中等学校且需推进义务教育，于是拟具计划，指定房产租金为经费来源，择定闵行原强敏、崇实二小学校舍，呈准国立中央大学开办县立乡村师范和初级中学。是年秋，乡村师范招收四年制学生1级、一年制学生1级。四年制系收小学毕业生，一年制系收初中毕业或曾任小学教员2年以上者。初级中学招收一年制学生1级，9月开学。

县立乡村师范、初级中学二块牌子一套师资和一个校址，校长刘青照，前江南兵工厂兵工高等专门学校化学专修科毕业。初中教材按部颁标准，乡村师范因教部尚未颁布而暂按校自行拟订之课程施行。

乡村师范第一届学生于民国18年（1929）毕业，有24人。于民国21年（1932）毕业有29人。第二届四年制学生47人在民国25年（1936）夏毕业，毕业后乡村师范停办。

抗战爆发后日军侵占闵行镇，当年初级中学停招新生，原初一、初二升级学生迁上海思南路“松沪中学”念书。该校为松江县中和上海县初级中学合办，校长为潘宝书。

民国29年（1940）秋在原址开办私立闵行中学，日伪期间曾随日伪政权更名而更名为北桥特别区区立闵行中学和申江县立闵行中学。民国36年（1947）恢复上海县立初级中学原名至解放。

县立乙种农业学校在民国12年（1923）8月改为**县立第四小学**。民国17年（1928）8月，县立第四、乡立强敏、乡立崇实3所小学合并成**上海县闵行中心小学**，校长余义彰，校舍仍在西浦滩。抗战爆发当年11月遭日军飞机轰炸学校停办，民国27年（1938）春复校并临时迁至新闵路斗姆阁（斗姆阁在北庙东，属北庙管理），改名上海特别市闵行中心小学，同年秋即迁至初级中学原乡村师范教学楼，抗战胜利后更名为上海县闵行镇中心小学，民国36年（1947）改称闵行镇中心国民学校，时仍和初级中学合校上课，同年秋西浦滩原址新舍落成迁回原址，校名未改，至解放后恢复原名。

乡村师范和初级中学教学楼

闵行中心小学在第一学区的分布校为：沥东、莺湖、竹溪、寿华、巨漕、紫冈、紫藤、沥滨计8所小学。

闵行中心小学由三校合并而成，该三校原各有不同沿革，下页图为闵行中心小学演变图。

第一简易小学在闵行镇横泾河东城隍庙，民国20年（1931）4月，奉教育厅饬令划定义务教育试验区，创设简易小学。上海县教育局按本县情形和经济能力，拟具计划和创办预算，于5月间呈奉厅令核准，当即告知县立乡村师范校长，筹设择定闵行河东城隍庙为校舍，略事修理，制备校具，8月中旬即招生开学，时有学生80余人，二学级，单级二部制，分上午、下午两班授课，校长张永庆。

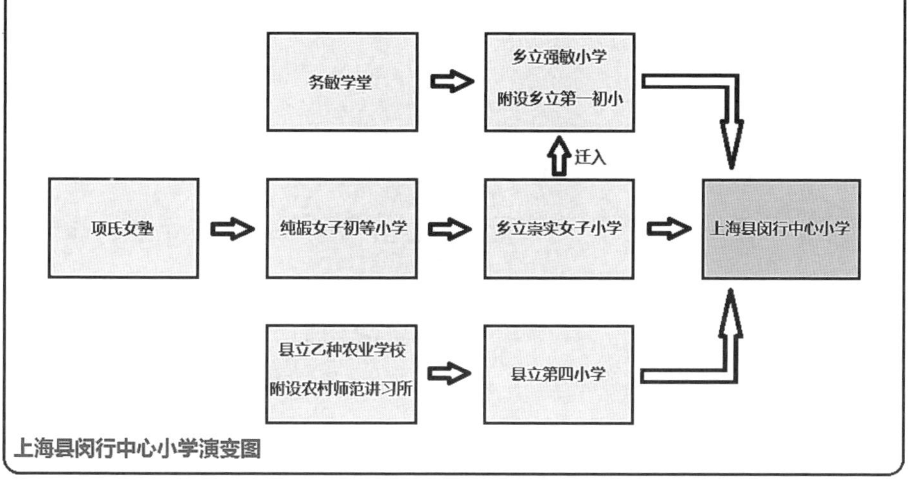

闵行中心小学演变图

河东城隍庙（火城隍）镇人俗称“东庙”，有二进房，中间有空场镇人称庙场。学校设在北进房，庙场作校操场。

第一简易小学也为闵行民众教育馆的**民众学校**。

民国25年（1936），上海企业家、教育家诸文绮筹资并聘请教育界、染织工业界知名人士为校董组成校董会，在闵行镇染化厂北邻置地30余亩建造校舍及实习工场，配备仪器、机械、标本、图书等校具，筹创染织学校。在工程已竣、获准立案、计划招生开学时恰逢抗战爆发，闵行沦陷，染化厂地块为日海军司令部占领，周边地区划为禁区，校遭浩劫办学受挫。抗战胜利后，诸文绮再次集资修葺校舍，配建漂染实习工场、木织机实习工场、力织机工场和整备工场4部，添加织布机、毛巾机、提花机等设备，设立理化实验室，自置发电和抽水设施。又改订章程重组校董会积极复校。终在民国35年（1946）秋正式招生

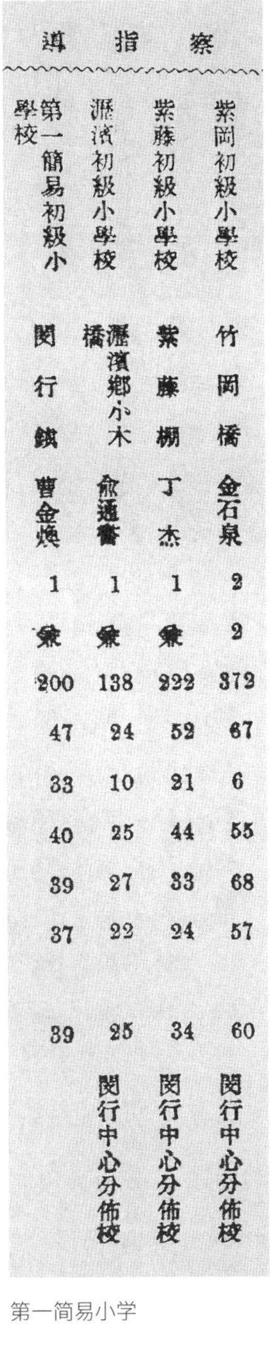

察指導

紫岡初級小學校	竹岡橋	金石泉	2	2	372	67	6	55	68	57	60	閔行中心分佈校
紫藤初級小學校	紫藤棚	丁杰	1	兼	222	52	21	44	33	24	34	閔行中心分佈校
滙濱初級小學校	滙濱鄉小木橋	俞通審	1	兼	138	24	10	25	27	22	25	閔行中心分佈校
第一簡易初級小學校	閔行鎮	曹金煥	1	兼	200	47	33	40	39	37	39	

第一简易小学

诸文绮

开学，校名**文绮染织专科学校**，诸自兼校长。

文绮染织专科学校招收高中毕业生，设染织科，传授纺织、印染技术。初办时暂设专科班及先修班。所授科目，专科班除依照普通大一所授基本课程外，再加授染织之基本理论。先修班则以复习高中课程为原则，外加纺、织、染基础知识。

校有教职人员24人，学制三年，培养毕业生共80余人。

1950年，该校与上海纺织工业专科学校、中国纺织工学院、诚孚纺织专科学校合并成立上海纺织工学院。

民国36年（1947），为解决文绮染织专科学校生源，诸文绮又创建了**私立文绮高级中学**，设立校董事会、校行政组织管理学校，开办在染织专科校内，初时设高中二个班，有学生66人，教职人员12人。以后逐年添级，设初中及高中，修业年限各3年。

原文绮中学及上海县中学教学楼（汪大纲摄）

文绮中学校门口

文绮高级中学的创设也为闵行地区的初中毕业生增添了升学机会。1951年与县立初级中学合并，校址仍在染化厂北，改名**上海县中学**。

闵行民众教育馆：提高镇（乡）民素质

闵行民众教育馆为一所对民众实行社会教育的机构，址在大雅轩房屋，原英石路（今建设路）东端之南，西邻县立初级中学。大雅轩房屋有二幢，北幢靠英石路街面房呈“L”形，两层楼房，底楼为大雅轩茶馆，民众教育馆设于二楼。南幢五开间平房，中为民众教育馆礼堂。两幢房间有一较大院落，东侧沿沪闵公路为围墙。

文绮中学校门口

1980年代闵行体育场（唐世杰摄）

民国17年（1928）5月，上海县教育局决定在闵行镇创设民众教育馆，拟具计划呈由江苏大学行政院核准。8月，与闵行乡行政局议，借大雅轩房屋为馆址，九月，任周英才为馆长，10月正式开幕。

民国18年（1929）8月任金作宾为馆长。民国21年（1932）起改称"上海县第一民众教育区闵行民众教育馆"（以下简称民教馆）。

闵行体育场原为一独立的机关，址在新闵路原高平庄之南、沪闵路之东，今西南商城地块、地约10亩余。清末时为乡勇操练场，民国4年（1915）10月省令筹办各县体育场后，成为闵行镇体育场，民教馆成立后归并民教馆管理，原任指导负责民众业余运动。

民教馆开展综合性的社会公众教育，传播科学文化知识，借以提高镇（乡）民整体素质。民教馆下设总务、研究、推行3个部和宣传、经济稽核2个委员会。总务部下设文书股、庶务股、交际股和会计股。研究部下设调查统计股、编辑股和展览股。推行部下设语文教育股、健康教育股、政治教育股、生计教育股、家事教育股和体育指导股。常务职员6人。

作为民国时期实施社会教育的综合机构，民教馆通过各种教育方式和举办各类活动，在一定程度上满足了不同年龄、不同教育程度的普通民众的需要，使民众获得各种知识和现代生活信息，丰富了业余生活。在农村，为农民基本文化知识的提高，在科学种田、农业合作和乡村建设等方面，进行了积极的探索和实践。

民国26年（1937）11月，日军侵占闵行，强占大雅轩房屋为日军"慰安所"，民教馆停办。

链 接

诸文绮（1886—1962），名人龙，上海县人。纺织实业家、教育家、近代色织工业先驱者。光绪三十年（1904）在上海龙门师范学堂结业后，任上海江海关职员。光绪三十二年入日本名古屋高等工业学校攻读染织专业。宣统二年（1910）获工科举人。历任前清农工商部部员，国民政府财政部浙江卷烟公卖局第四分局长，上海工部局华委，上海租界纳税会执委，上海法租界纳税会常务监委，上海市商会执委，上海市染织同业公会主席委员，江苏省立工业学校主任教员，无锡县立实业学校校长，神州法政专门学校、南洋医科大学教授，万源染织厂、大中染料厂、星华地产公司董事长，中国染织业银行常务董事兼总经理，宝康银行常务董事，中国布业银行、中孚信托公司董事，绸业银行、联业保险公司监察人，长安实业公司、大东实业公司常务董事，大新化学厂、中华化学工业厂、联业汽车公司、中国药物公司、国货联业公司、光华百货公司董事，裕丰织造厂

闵行民众教育馆编行的刊物

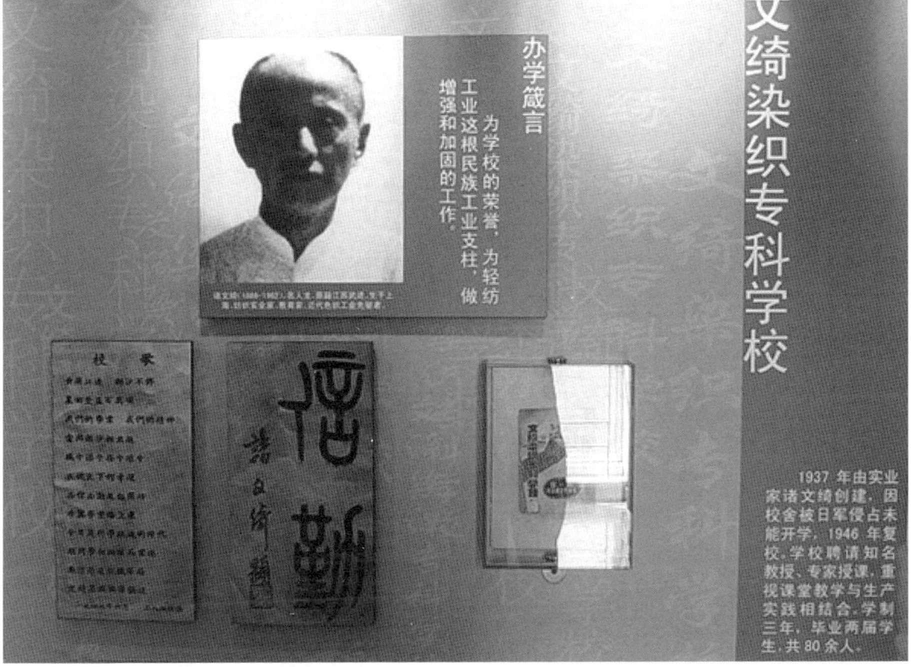

华东理工大学展馆内展版

监察人，启明染织厂创办人兼经理，闵行浦海银行创办人，文绮纺织专科学校创办人兼校长，文绮高级中学创办人兼校长。1949—1950年任上海市工商联合会筹备委员。1950—1962年赴香港经营家庭农场。1962年4月病逝于香港。

诸文绮留日期间，参加孙中山先生领导的中国同盟会。“九一八”事变后，积极投入抵制日货、提倡国货的运动。“五卅”惨案后，参加抗日救国会。日军侵略上海时，慰劳十九路军。上海解放前夕，参加民主建国会的爱国活动，为避免迫害去香港，解放后应周恩来邀请赴京共商国是。

诸文绮著誉实业界，事功之表现，不独部门至多，且多有裨于国计民生。对于染织人才，更竭力培养，蔚为国用。诸文绮所题“信、勤”二字，也就是他毕生身体力行的行为规范和道德准则。

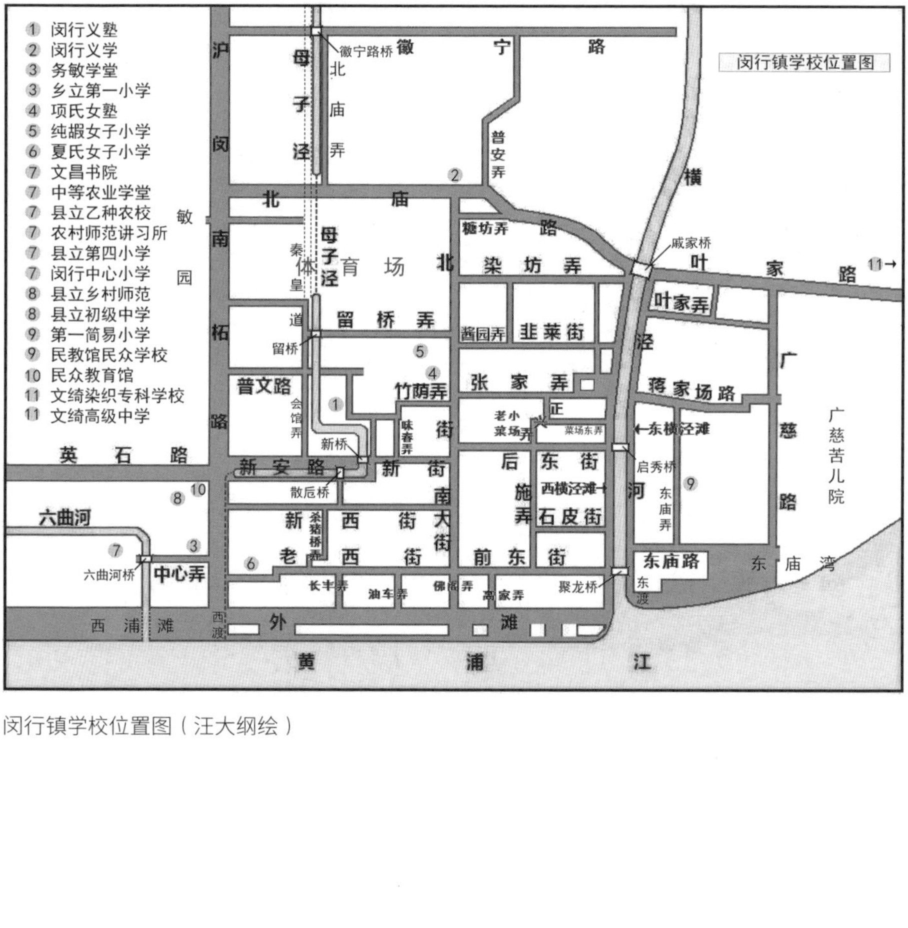

闵行镇学校位置图（汪大纲绘）

从慈善走向公益

乐善好施的传统和慈善团体的出现

我国自古就有乐善好施、救苦济贫的慈善传统，记载闵行镇人施粥赈灾、修桥筑路、施医给药、置义学义塚的善人善事并得到官府表彰的事例也颇多。

邑人李林松家谱记载，李朝英（李林松祖父堂兄）于乾隆九年（1744）倡造戚家桥为木桥；乾隆十年推动春申君庙（春申道院）及黄浦江边石岸的修复；乾隆十三年和二十年因灾而平粜米价；乾隆十八年施济绵衣；乾隆二十一年饥荒后设粥厂施济；乾隆二十四年募修沙冈桥，此类善举获县令王侹颁"望重乡评"、县令李希舜颁"推解高风"匾额，以示褒奖。

家谱的记载中，还有这样一句："邑尊王公侹廉知君老成练达，足为一方楷模，举为乡约。"乡约是乡人邻里互相劝勉共同遵守、以相互协助救济为目的的一种制度，明清时也为一种民间的救助组织。"举为乡约"可理解为知县王侹推荐李朝英为乡里组织中管事的人或负责人。

乾隆《上海县志》记载，闵行义塾在母子泾，监生张镐兴建。

乾隆《上海县志》亦记载，乾隆十三年（1748）雹伤豆麦，时米价大贵。知县王侹劝士民平粜如初。闵行镇有李枝桂、张坤元、李朝寀、王鸣珂、李鹏博、李朝英、李朝鼎、李昇、李如庚、李如稼、蔡秉琯等，均捐米或平粜赈灾。该志“遗事”“义塚”中记载李朝宰在饥岁时出资储粟，大歉时则按户量给。二次捐田，设置义塚地共5亩5分并捐助厅葬。

嘉庆《上海县志》记载，嘉庆二十一年（1816）春，犹饥，闵行镇戴志彦等捐米赈粥。也记载李如稼子李本堃（后改名李恒，字坤成，庠生）质直好施，嘉庆间闵行镇火灾，捐让屋基辟筑新西街，里人便之。

民国《上海县续志》记载，陈兰绕、陈兰毓光绪2年捐田于闵行普安堂3亩2分。李姓捐田于闵行衍善堂10亩2分。

上述记载有着两个方面，一是发生灾害后的救助，二是对地方公益的善举，惠泽乡里，属个人行为。

我国古代在灾害发生时有着严格的荒政制度，地方官员为了稳定民心，尽快恢复生产，也会采取一些救灾赈济措施，采取多种方式动员社会力量进行助赈。崇祯《松江府志》记载：崇祯庚午（1630）岁大饥，斗米百三十钱。郡候禹修方公发贮仓米，七千余石平粜。郡治又亲行分赈上海饥民，芦溪堂、演武场、闵行镇度门寺、周浦镇永定寺、新场镇永宁寺、裕伯题桥长寿寺、高行镇珍敬庵、大平寺、三林镇积善寺、龙华寺、静安寺、安国寺、庆宁寺、王家寺、陆坟庵、明心寺共一十六处。饥民幸不委沟壑者，郡公之力也。

上述的上海县知县王侹，嘉庆志记载其“乾隆十二年水灾，既请帑以赈，又出私资掩残骼甚众。明年雹，借俸买米，以倡平粜。”是一位能办实事、泽被桑梓、造福一方的地方官。乾隆志记载王侹为闵行设“便民船”，记载在“义渡”类目下。

对善人善事的善举，也有直接捐款的方式，民国《上海县志》设

"慈善捐"类目，其中对广慈苦儿院的认捐记载如下：各善士认捐1695元，又1250千文。特捐3489元。各公署认捐：上海县200元，松江县150元，奉贤、金山、南汇、青浦四县各100元。各机关认捐：水上警察第一区677元，闵行税务工所300元。商业团体认捐：闵南轮船局360元，各花厂1040元，沪闵长途汽车电话处24元。

清康、乾后，随着人口的增长，人地关系比例失调，社会贫富分化，社会救济需求大大增加，而伴随着日趋严重的腐败，使国家荒政在社会救济中所起的作用不断下降。一些士绅为主体的地方富裕者，逐渐参与社会活动，进入民间慈善事业领域并发挥了重大作用，成了慈善事业的积极倡导者和管理者。而清廷财力匮乏，社会救济由官府直接救济转向民间慈善团体。嘉、道间，慈善团体如雨后春笋般的涌现。（位置示意图见本书P140页）

李林松的曾孙李右之（李维清）为小学乡土教育教材编纂的《上海乡土志》中谓："上海善堂林立，所行之善举颇多……或施棺木，或送医药，或恤孤嫠，或拯残废，或教聋瞽，或育婴孩，或入堂以养病，或施粥以惠贫，种种善举不一而足。"教材写于光绪三十三年（1907）。

闵行镇最早的慈善团体出现在道光十七年（1837），由里人李荣滋、陈廷楷、刘超、吴凤翔等创捐并办理施棺、置义塚地、掩埋暴露等义举，机构设在文昌书院，至咸丰二年（1852）重修镇北广明庵后改为**衍善堂**。咸丰十一年（1861），由安徽人程秋甫与同乡创建**新安慈善团**，资助和办理安徽籍贫困同乡返皖川资及善后事项，清末归并于徽州会馆。同治十一年（1872），由浙商陈煦元、沈铸等会同里人集资捐建**闵行救生局**，对黄浦内航船覆溺进行救捞。同治十三年（1874），由里人顾鸿序、陈继蕃、李荣滋、夏其钊等倡捐行善，将镇北小祇园改建为**普安堂**。

这些民间慈善团体的发起人，多为地方士绅、贤达和富商，工作人员大多为志愿者，经费大部分来自社会团体、商户、民间人士及这些士绅贤达的捐款，或以捐田、田租等形式充费。闵行镇这些善堂所行善举，有义学、义葬、育婴、医治、清节、救生等行善项目。

程秋甫创建新安慈善团之房屋界碑（汪大纲摄）

闵行衍善堂成立初始，主要是义葬善举，对贫困致极、无钱入殓者施以薄棺在义塚地进行安葬，并对因冻、因病、因饿死亡暴露街头的无主尸骨进行收葬。以后增加了义学、恤嫠的善举。义学是为贫寒子弟提供免费教育的学校，一般为只求粗识文字的蒙学；恤嫠为救济贫苦守寡妇女，月给一定的口粮。

普安堂成立后，其善举有浦江捞尸、设置义塚、收埋暴露、贷棺、建寄棺所、惜字放生等，部分善举与衍善堂类同。因此，知县黄承暄倡议，于光绪二十年（1894）将衍善堂并入普安堂，府县立案，并增办接婴、保赤、施棺、施药等善举。

浦江捞尸是对黄浦江闵行镇一带出现的无主浮尸进行打捞后安葬，贷棺是堂内备有棺木赊贷丧家以济一时之难，寄棺所是为提前准备后事的棺木给予寄放，接婴即接收弃婴，觅乳妇寄养，保赤是为贫苦儿童疾病的诊治医疗或接种疫苗，是对儿童的保健养育。民国《上海县志》也

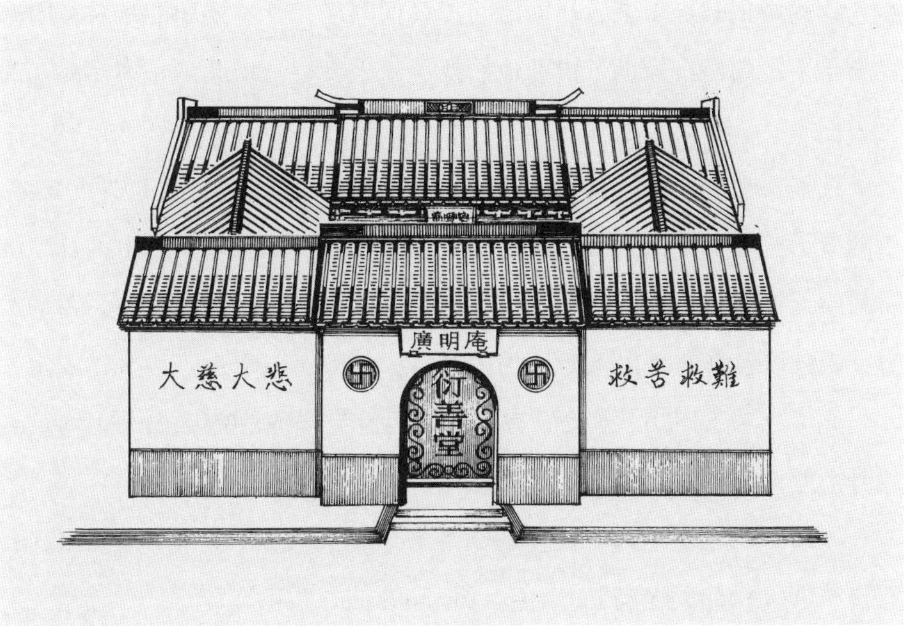

衍善堂情景画

普安堂情景画

在人物卷中记载，李荣滋在同治间添设保婴局，其主要职能是对贫困家庭给予一定的经济援助，协助他们抚养新生女婴，借此禁止溺弃婴儿的行为。

在普安堂所行善举中，有一项为惜字放生。惜字的意思是尊重文字，不随意丢弃有文字的纸张。放生即放归动物于自然。惜字放生本身与济贫救困无直接的关系，但在操作上常与济贫活动配合在一起，宣扬善的本意，起到培养淳风、劝善教化的作用，也一定程度上维护了乡里的安定。

光绪二年（1876）普安堂在戚家桥西设义塚地，3亩2分余，内筑一积骨塔专收死婴后统一处理。

光绪三十三年（1907）普安堂募资后扩大规模，寄棺所增至42间，有资产市房17间、楼房上下4间、田120余庙，收租充费。

普安堂址在今新闵路沪华商务大酒店地块。1954年政府接管，1958年停办。

清代闵行镇另一重要慈善团体为闵行救生局。

黄浦江水域辽宽，水运繁忙，航船往来频繁，遇有风浪险恶、行驶不规常有沉溺发生。闵行救生局对东至邹家寺嘴、西至彭家渡范围内，协请渔船随时救捞，由局按章给赏。后又自造巡船两艘，又请黄浦巡检司召集渔船30余艘补贴费用，遇险协救。在浦滩，救生局还加置靠岸木桩、设置航道标志、规范航行靠岸规则等等，禀道立案勒石。

闵行普安堂有浦江捞尸善举，若捞获死有伤者，需请府官莅验，但闵行与县府遥隔不便，故普安堂禀县核准，凡捞获有伤浮尸，交闵行救生船带至老白渡请验，并照会同仁辅元堂查照（注：同仁辅元堂有对无主尸体组织验尸并施棺义葬善项）。

救生局情景画

闵行救生局费用来源为会馆捐助和市房租息。址在原春申阁东偏，今龙音寺东南浦江边，毁于1937年日军侵占闵行时的轰炸。

慈善向公益事业的转型

清末政府政治衰败、内忧外患，甲午中日战败后民族危机进一步加深，一些维新人士主张仿行西方体制，倡导民权图谋变法以改革中国政治，他们提出实行宪政和地方自治，清廷为了维系垂危的专制统治，有限度地推行立宪和自治，于宣统元年（1909）年一月颁布了《城镇乡地方自治章程》和《城镇乡地方自治选举章程》，规定在城镇设议事会和董事会，在乡设议事会和乡董；城镇乡各设自治公所，为城镇乡议事会及城镇董事会和乡董办事处，令各级官员迅即筹办。

闵行乡自治公所成立于清宣统三年（1911），初在务敏学堂（原积谷仓址）。民国元年（1912）6月改组，乡董李祖佑、乡佐李显常，议长朱承鼎、副议长马恩培，议事会议员有朱承鼎、马恩培、陈之纲、范钦镲、蒋世俊、包飞鸿、范钦钫、乔世德（即乔念椿）、朱凤镆、周锡镛、沈文蕙、马轶群、张承桂、朱紫贵14人。民国3年（1914）3月县公署委李祖佑为经董、朱承鼎为副经董。民国9年3月李祖佑辞职，委朱承鼎为经董。民国13年（1924）7月选顾文郁为乡董、朱奉虪为乡佐。民国16年4月，组织地方临时执行委员会。

民国2年（1913）7月以北庙路（今新闵路）废度门寺址改建为乡公所，民国3年迁入办公。

建成后的乡公所有正中主楼上下10间，东西平屋10间，前平屋3间，后西向平屋2间，总25间。主楼下中间为礼堂，礼堂前为廊，廊外为月台，台外广庭宽数十丈，中作椭圆形池环，置以山石花木，两旁随形为路，前由铁门进入。

乡公所办公室有乡董、乡佐室；正、副议长室；议事厅、文牍、会计、庶务、审查、号所、阅览、憩座等室，下设道路、工程、卫生、学务、农工商公共营业等股员室。

时闵行乡辖境范围东至莺窦河，西达语儿泾，南临黄浦江，北沿望海塘、塘泗泾一线。按民国《上海县续志·闵行图》，有十六保内十四个图和二十一保三个图，有闵行、吴会2镇和荷巷桥、中渡桥2市，境地面积约26平方公里。

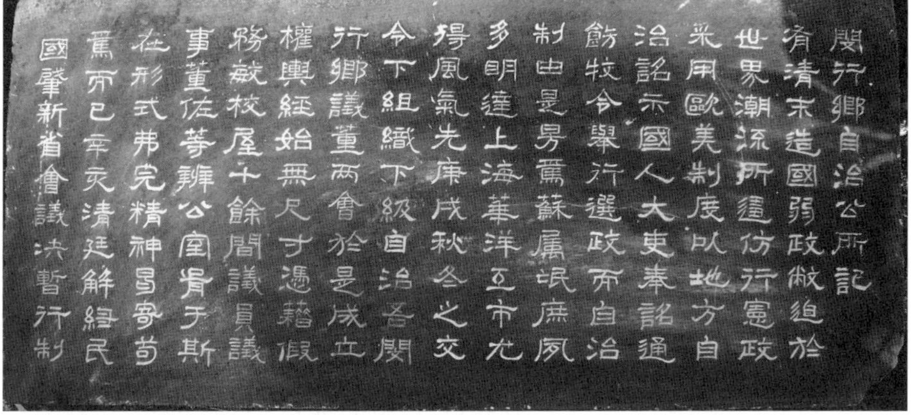

李祖锡撰文《闵行乡自治公所记》碑（汪大纲摄）

清政府颁布的《城镇乡地方自治章程》规定，地方自治以专办公益事宜、辅佐官治为主。在城镇乡实行自治，主要是办理教育、卫生、道路工程、农工商务、慈善事业、公共营业及本地习惯制度、自治规约等事项。民国初，袁世凯为复辟帝制，重申地方自治的宗旨是“辅佐官治，振业公益，决非脱离官制而独立。”

《城镇乡地方自治章程》对公益事宜作了具体规定（见本书附录）。

清末民初是中国社会大转型的时期，传统的慈善事业在此期间发生了向公益性事业的转变。以往遇灾荒的临时式救困和只救助贫困和弱势的理念，以及民间慈善的主要形式如育婴、保赤、恤嫠、施粥、施棺等，这些局限性善举行为远满足不了社会发展的需求。人们认识到除了这些还要大力发展社会公益事业，提高民众的知识教育程度，提高国民素质和健康，改善社会环境，去除不良习俗，使整个社会的公众都能够受益。

民国期间闵行的公益事业

乡自治公所时期，闵行镇在教务卫生、路桥工程、公共营业、社会治防等方面是一个发展较快的时期，期间也有地方开明绅士绅商积极地参与，原有的善堂处于辅助和补充的位置。

民国17年（1928）7月，上海市、县分治，上海县仅存8乡，仍隶于江苏省。民国18年江苏省制发《改进江苏省地方自治办法大纲》，把县行政与自治合为一体，首先建立行政机构，由上而下实行训导，作为地方自治基础。时闵行乡改上海县第一区，乡公所改称区公所。1937年11月全县沦陷后，为日伪政权控制，至抗日战争胜利后才恢复原建制。

以下，录民国《上海县续志》、民国《上海县志》的记载并将公益事业建设的内容综述于下：

一、学务卫生：

清末民初闵行镇创办了许多学校，如**崇实女子小学**、**振华女子小学**、**县立第四小学**、**中等农业学堂**、**乙种农业学校**、**农村师范讲习所**、**广慈苦儿院**等，市、县分治后又建**乡村师范**和**县立初级中学**，开办**民众教育馆**。具体内容见“教育之风劲吹闵行镇”。

闵行乡教育会：记载为“闵行原有奎星阁，为六角形，在春申阁前。民国6年（1917）经李显常等集议，改建楼房三幢，费银一千余元，并建待渡亭于浦滨，教育会移设于此。”

光绪三十二年（1906）十月，学部颁布教育会章程。光绪三十四年由教育研究会会长姚文楠、沪学会会长龚杰联合各学董、各校长共同发起，即以两会改办为上海县教育会，同年8月开成立大会。

闵行病院：记载为“在广慈苦儿院西。水警区长沈葆义就公地捐资建，设药室、病房10余间，费用3000余元。”

民国时期**红十字会**也是一个民间慈善组织。民国13年（1924），商务印书馆刊本《江苏兵灾调查纪实》一书中记载，第一次江浙战争即江苏督军齐燮元和浙江督军卢永祥为争夺上海的控制权而爆发的军阀战争（又称齐卢之战），对江浙地区尤其是苏南地区的社会经济造成了严重冲击，乡村、市镇遭到了破坏，财产损失和人员伤亡惨重。面对兵灾惨状，以战争救护为己任的中国红十字会迅速展开人道救援。书中记述了闵行镇工商企业、医院学校及民户等所遭损失和破坏，也有闵行乡议事会长马恩培、商会及红十字会会长乔念椿出面招待，以欲其速去而不得不如此的记述，有卢军士兵抢劫财物、蹂躏妇女后，马、乔两君进行调停的记述，及调查员对红十字会医士的采访记述。该书提供了至少在1920年代，闵行镇有过“红十字会”的信息，而红十字会又是民国初的慈善组织。民国《上海县志》记载，“中国红十字会沪城分会”在清宣统三年（1911）八月成立，是对战争时救护、灾荒时赈济，进行人道主义救助的民间慈善组织。闵行镇的红十字会是否隶属其下，或是另有所属，这需要更多资料后才能确认。

二、路桥工程：

车站路记载为“起母子泾口，沿北岸东达新桥，民国10年（1921）闵行乡公所筑。”该路分南北向（黄浦至新安路西口）和东西向（新安路西口至新桥，也即后来的新安路）两段。因靠近沪闵南柘汽车公司汽车站故名。民国18年（1929）路旁南北向母子泾填没后，连同车站路一起成新路，时因济南惨案后，因此名“救国路”，后又融入沪闵路。

敏园路记载为“车站路北，李显谟筑。”由敏园大门向东穿越沪闵路，再穿越农田后至秦皇道（当时大操场在秦皇道东），东端路口筑一牌楼，也可作敏园入口处。

广慈路记载为“起广慈苦儿院前，分二支，一达启秀桥，一至聚龙桥。”在横泾东，南近黄浦江，北至新闵路（时称叶家路），位今福新面粉有限公司大门口处。路东为广慈苦儿院，路之西分二支，北支通蒋家场路可达启秀桥，南支通河东路后可达聚龙桥。

新街的记载为“民国9年（1920）并二小弄改建。”原为北侧乔（念椿）家与南侧李（显谟）家的宅间隙弄，乔念椿集资后筑路为街，两旁建统一式样两层有街面阳台的楼房，底层可开店，二楼为住房，路面为混凝土。街成后镇人称之为“念椿路（街）”，逐渐改称新街并成为闵行镇七条商业街之一。

英石路即今建设路，原为一条通向闵行西乡翁家塘、乔家塘的一条古道，英石路为其东端的一段，因李显谟在该段西筑“李园”，故在建沪闵南柘公路时拓宽成马路，镇人称之为英石路。1951年、1956年两次拓宽延长至汽轮厂边门，1955年8月闵行镇人委一届三次会议通过重命名为建设路。

新桥的记载为“闵行乡有新桥，向支以木。民国5年（1916）李祖佑、马恩培等募资重建易石。”新桥在新安路东端，筑新街后改铁架木栅面桥，至1953年母子泾填没时拆除。

启秀桥的记载为“民国5年李祖佑、马恩培等集资重修。”至1984年成危桥而拆除。

留桥的记载为“俗称牛桥，亦名柳桥，跨母子泾。民国9年乡公所募资重建，甃以石，缭以铁栏。”至1953年填没母子泾时拆除。

浚母子泾的记载为“民国5年10月，闵行乡民浚母子泾。该河为闵行镇聚气蓄水之处，且关系消防。经董李祖佑、马恩培等集议开挑，工长178丈有奇，又带浚孙家河46丈有奇。雇工承挑，縻银1080余元。民国11年重行捞浅，縻银530余元。”

三、公共营业：

振市电气厂为乔念椿于宣统三年（1911）创办，位闵行外滩西部（今浦江路190号高层住宅绿地处）。资本3万元，职工10多人，备有45匹马力和37.5千瓦的发电机各一台，敷设供电线路，供闵行镇用户。民国20年（1931）在西浦滩另建厂房，添置70匹马力和55千瓦发电机各一台，并网发电，白天供碾米、轧花等工业生产用，晚上供照明，22点后停止发电。此后，为满足闵行镇工商业生产和居民生活用电需要，向上海华商电气公司订约购电，民国24年开始竖杆架线，民国25年正式日夜供电，营业范围扩及闵行、吴会、马桥、北桥、颛桥等镇。民国26年，侵华日军将重要供电设施毁坏或拆走，被迫停办。

普安公墓在闵行镇北，沪闵路东，横泾河西，北为上海县内河运输公司保养场，南至闵行中学。民国20年（1931）由普安堂董事张宗庠、李维华等募款创办。初占地30余亩，续年扩充，至解放前已占地约112亩。经营以认购墓穴、殡葬为主，兼售苗木。大门为白色牌楼形建筑，入门后有两层四角亭普安墓厅一座。公墓内有墓穴2000余个。1956年由上海县民政科接管，1967年公墓被毁，仅安放骨灰的普安墓厅幸存，1983年划给闵行区民政局管理，继续存放骨灰。1986年北部地块建荣誉军人疗养院和上海市民政干部学校，南部地块在1989年建为闵行公园。

普安公墓大门口 · 老闵行历史文化陈列馆展图

普安公墓内普安墓厅（汪大纲摄）

民国25年（1936）普安堂又建**普安第二公墓**于镇西，今兰坪路近南端西侧，汽轮厂东门（兰坪路48号）之北，占地约8亩。1957年时墓地仍在，后平坟改田，1980年代建兰坪一村。

长安公墓在剑川路南、沪闵路东即今正泰橡胶厂一带，原名私立长安公墓。民国19年（1930）由闵行花商程幼甫、潘旭升等集资，汪云裳负责创办。占地近200亩，经营认购墓穴、殡葬为主，兼售苗木。大门设沪闵路，内有两层四角大亭子一座，大、中、小号三级墓穴2730多个，墓区内种植各种树苗花卉，部分地块种农作物，亦养鸡、鸭、羊等家禽家畜。1956年由上海县民政科接管，改名上海县长安公墓。1967年公墓被毁，1970年大部分地块建上海县化肥厂，1980年改建为上海正泰橡胶厂分厂。

四、农工商务：

农事试验场为闵行乡农会实施事项之一。民国元年（1912）9月农林部颁布了《农会暂行章程》和《农会规程实行细则》后，闵行乡于民国2年6月成立闵行乡农会。随着农会的发展，民国12年5月，农林部又颁布

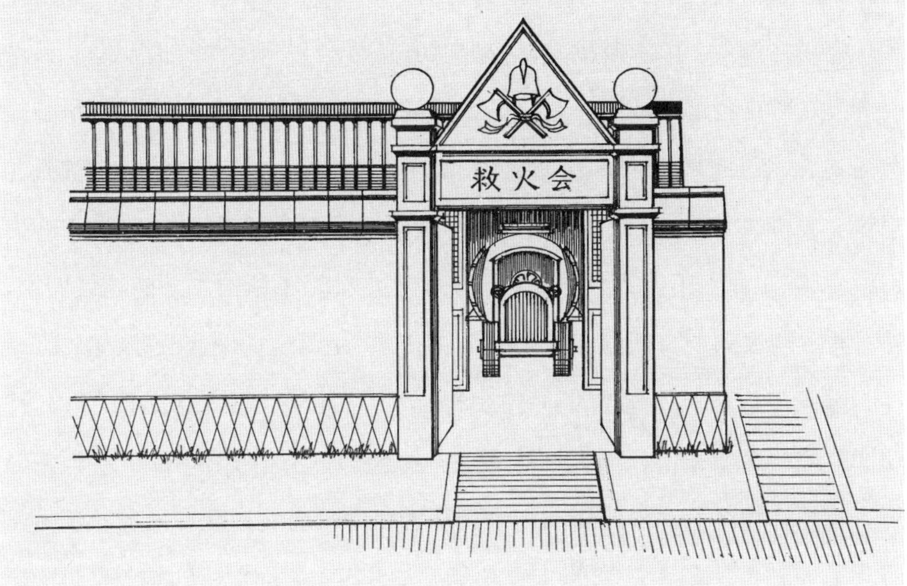

位新安路的闵行救火会情景画

了《修正农会章程42条》和《修正农会规程实行细则15条》，除了继承原来的规定又作了补充，其中有农会应编制农业状况、报告建议、改良农事、救济荒歉及筹备农产陈列室、农事试验场、冬期学校巡行演讲等事务。同年，闵行农事试验场成立，记载为：“闵行农事试验场在乡公所西南，占地4亩有奇。十二年成立，每岁清明节乡人于场中行植树典礼。”

农事试验场地块原称“小操场”，在北庙路（新闵路）南，裕成米行之北，东近北街，西接大操场（体育场）。试验场也是县立乙种农业学校学生学、实习之基地。

五、社会治防：

闵行救火会的记载在新安路，清宣统二年（1910）成立。旧时仅有水龙，后添置救火机一架、皮带车一架、吊车一架，会员32人，每年演习2次。应用之铜帽、雨衣及吊梯、龙珠灯齐备。经费由阖镇绅商捐助。该救火会设在徽州会馆东南角，是闵行镇设施最好的救火会。另有三处称救火会的地方，一在横泾河东聚龙桥脚北的“三神庙”内；二在北街柳桥弄东口；三在外滩宏兴木行西隔壁。三处救火会配置的主要设备为“腕力积桶”，需在两头用人力上下按掀、人工在水桶里不断加水才能连续使用。外滩救火会大门上有楹联曰：“虽设常关；有备无患”，灰趣又发人深思。

游民习艺所于民国21年（1932）开办于闵行镇。早在民国4年12月，北洋政府公布了《游民习艺所章程》，这是近代中国的第一部社会救济法规。使社会救济活动由传统的施舍接济转变为政府的责任和义务，使救济兼具义务教育、职业培训等多种功能。20世纪20年代，上海已成为全国工商业最为发达的地区，但也是游民乞丐聚集最多的地方，不仅影响着民众的生活，而且带来一系列社会问题，也有碍市容的观瞻。民国15年（1926）上海开办了有史以来第一个专收游民的救济机构“淞沪教养院”，对游民乞丐进行收留教养并授以相当之技艺，使其得以自谋生计。民国16年沪上绅商集合地方各公团开会讨论设立游民乞丐教养院问题，公推李平书、顾馨一、姚慕莲、莫子经、姚子让、李右之、秦锡田等17人组织上海乞丐教养院董事会，择沪西漕河泾为院址。民国17年改名为上海游民习勤所。民国20年，上海游民习勤所成立三周年之际，邀请社会各界出席，其中不少为江苏省政界人物，上海县长严慎予大力支持和鼓励该项工作。民国21年（1932）闵行区公所开办游民习艺所，利用新闵路北庙一、二进房改建，有竹、木、漆、缝纫和理发等技艺设置，使一批批无业游民学得了谋生之道。民国26年（1937）闵行沦陷后该机构自行停办。

设备先进的民族企业：中孚染料厂

中孚染料厂创办于民国22年（1933），为股份有限公司，股东共约150人，其中创办人兼投资最多的股东主要有董荣清、李叔彦、王鹏程、吴性栽等。股东大部分为染料商人，先行筹资法币50万元，生产硫化元。设总公司于上海永安街永安坊，选厂址于闵行镇东黄浦江畔，占地约40亩。李叔彦为董事长，董荣清为总经理兼厂长，王鹏程、吴性栽为常务理事。

中孚染料厂主体厂房为钢筋水泥结构的五层楼房2座，其他附属厂房、仓库、沿江码头、职工宿舍、实验室和办公大楼等亦均为钢筋水泥结构。硫化元的生产设备是通过上海瑞士商勃斯洋行，向瑞士国引进，主要辅助设备亦向英国、美国引进，其他配套设备如管道、储缸、输送泵、水塔等均由国内厂商制造。

公司取名"中孚"，有与"美孚""德孚"争雄的宏愿。中孚染料厂是当时国内第一流现代化的工厂，被公认为当时国内3家规模最大、设备最先进的化工厂之一，其他2家为范旭东、侯德榜所办的永利碱厂和吴蕴初等所办的天原电化厂。

民国23年（1934）春，中孚染料厂开工生产，硫化元生产尚属正常，质量、色光、产量基本上尚能达到要求，产品以"钟斧牌"商标投入市场后颇受用户欢迎。不久，日本《化学工业》期刊为此登载在厂外田野偷拍的该厂全景照片，撰文提请日本化工界密切注意中国这一大型染料厂的建成投产。同时，各外商亦决不甘心中国人有自己的染料厂，有损他们在华利益，故决定扼杀中孚染料厂于摇篮之中。当时硫化元市价每桶大致为60两银子（每两银子约折法币1.1—1.2元），中孚厂硫化元的成本包括铁桶在内约法币30元，水、电、煤、工资、伙食、行政、折旧等费用约法币10元，共约40元，故预计可以获利较丰。德、美、英、日各洋行看到中孚厂硫化元进入市场，将大大减少他们的销售，便联合成立硫化元“辛迪加”（即企业联合组织），联销硫化元，将他们进口的硫化元从60两银子一再跌价，直到40元以下。同时各洋行进口高浓度硫化元，按一般市场浓度报关付税，以此偷税漏税，货到中国后，在杨树浦他们自设的加工厂按销售规格拼混元明粉，明目张胆、不择手段地进行恶意联手倾轧，中孚染料厂无力与洋货竞争，亏损日甚，不得已在民国24年（1935）冬宣告破产。

民国26年（1937）2月，中孚染料厂由上海潘序伦会计师事务所经手，招标出售。王氏兄弟（王鹏程、王守澄、王守恒）出资法币10万元与前中孚厂主要股东董荣清、李叔彦、吴性栽和上海东莱银行王子厚等出资6万元，共以法币16万元投标后得标，购买中孚染料厂。新公司改名为中孚兴业化学制造股份有限公司，设总公司于天津路195弄50号，前中孚染料厂为公司闵行制造厂。选王鹏程为董事长，李叔彦、吴性栽为常务董事，王守澄、王守恒、王子厚和董荣清为董事，董事会7人。王守恒为厂长兼总工程师，后任经理。其他职工基本上是前中孚染料厂的旧人员。

中孚兴业公司决心继中孚染料厂之后，再接再厉，抵制帝国主义的经济侵略，维护中华民族利益。王守恒在民国24年初到26年初，中孚染

中孚兴业化学制造公司闵厂厂门

料厂停办之际，留学美国密执安大学，专攻化学工程。接办中孚厂后，根据化学工程原理和国内实际情况，对以前的生产技术和工艺路线，进行全面革新，修正硫化元原料配方，提高质量和色泽，使硫化元成品粒度符合市场要求。并进一步加强操作连续化；添置铁桶车间，自制包装。这一系列改进措施，不但提高产品质量和产量，并且降低了成本。同时，精减人员，节约开支，这样，硫化元每桶总成本降至30元左右，足可与洋货竞争，且有盈利。投入市场后，供销逐步正常，新老客户都陆续前来购货。

不幸，“八·一三”淞沪战事爆发，沪闵交通切断，工厂不能再行生产，不得已于8月15日除留几名闵行本镇工友看守工厂外，全厂职工撤

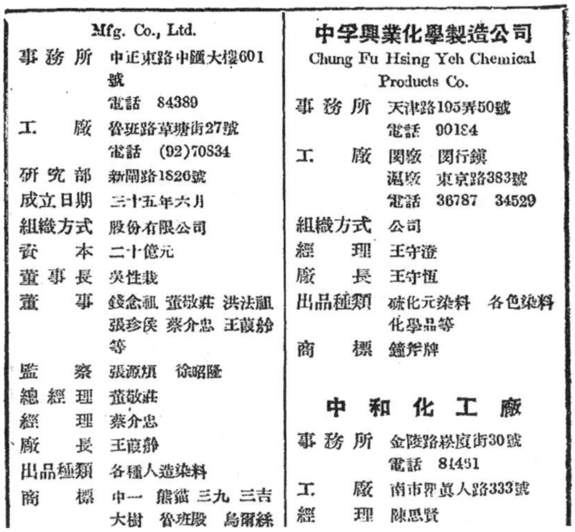
Mfg. Co., Ltd.
事務所 中正東路中匯大樓601號
電話 84389
工　廠 魯班路草塘街27號
電話 (92)70834
研究部 新閘路1826號
成立日期 三十五年六月
組織方式 股份有限公司
資　本 二十億元
董事長 吳性栽
董　事 錢念祖 董敬莊 洪法祖 張珍侯 蔡介忠 王葭舲 等
監　察 張源頫 徐昭隆
總經理 董敬莊
經　理 蔡介忠
廠　長 王葭静
出品種類 各種人造染料
商　標 中一 熊貓 三九 三吉 大樹 魯班殿 烏爾絲

中孚興業化學製造公司
Chung Fu Hsing Yeh Chemical Products Co.
事務所 天津路195弄50號
電話 90184
工　廠 閔廠 閔行鎮
滬廠 東京路383號
電話 36787 34529
組織方式 公司
經　理 王守澄
廠　長 王守恆
出品種類 硫化元染料 各色染料 化學品等
商　標 鐘斧牌

中 和 化 工 廠
事務所 金陵路糕底街30號
電話 84451
工　廠 南市瞿真人路333號
經　理 陳思賢

中孚兴业化学制造公司广告

离工厂。闵行镇不久沦陷，中孚兴业公司闵行厂被日军侵占，先驻日军警备部队，后驻日军作战部队“操部队”。八年间日军一再要与中孚兴业公司合作，生产炸药“三硝基苯酚”。该产品为硫化元主要原料之一，作用和用途与TNT炸药相同，闵行厂当时生产较多。日军许以厚利，中孚公司坚决不予合作，日军几次寻找中孚公司负责人王守恒谈话，王守恒想尽办法，避不见面。日军欲将中孚兴业公司为其生产炸药的企图始终未能得逞。

抗战八年间，中孚兴业公司负责人王氏兄弟，为了维护企业不散，由王守恒率领一部分职工，于民国27年（1938）在当时英租界东京路383号（现昌化路）租地约2亩，设立一小型化工厂，取名“中兴实业公司”，以避日军耳目。生产红丹、锌氧粉、硫酸锌、氯化铵等化工原料，质量良好，产品供应本市各有关厂商，足以维持公司开支，使公司生存下来，以待光明来临。

抗战胜利后，日军“操部队”撤出中孚兴业公司闵行厂。公司负责人王守恒和部分职工立即回厂察看，发现除反应锅、氧化锅、硝化锅、蒸汽锅炉等大型机械设备无法拆迁外，其他设备基本被搬光或拆成部件运走。原料、辅材、铁皮（制铁桶用）、实验室仪器、桌、床，家具等等，

1990年代上海染料化工厂厂门（唐世杰摄）

全部被劫一空，整个工厂杂草丛生。

中孚兴业公司将闵行制造厂称闵厂，东京路制造厂称沪厂。公司将沪厂车间改装为硫化元生产车间，稍加扩充，向东莱银行等借款购买原料，立即投产。当时上海和国内各染印厂陆续开工，需要大量硫化元原料，故沪厂生产的硫化元产销两旺。民国35年至37年（1946—1948）间，中孚兴业公司获利颇丰，随即将沪厂生产所得之利作为修建充实闵厂之用，至解放时，闵厂已恢复到昔日之雄姿。

解放初，中孚兴业公司闵行厂自产自销硫化元等产品。1953年起由国营中国染料化工原料公司配给原料，统售统购和加工订货方式生产，逐步纳入国家计划。同年，与长城染料厂、龙华染料厂、大中染料厂合并经营，改名为中联染料化工公司。王守澄为董事长，大中染料厂主要股东许炳熙为总经理，王守恒为副总经理兼总工程师。中联公司以长城染料厂为中联一厂，原中孚闵行厂为中联二厂，大中厂为中联三厂，中孚沪厂为总仓库，总公司仍设在天津路原址。根据国家下达任务，中联公司将各厂生产作出合理安排和调整，一厂生产甲萘胺、乙萘酚等中间体和化工原料，二厂生产硫化元、直接蓝等染料，三厂生产快色素染料、食用染料等。在国营公司统筹领导下，生产和营业进一步发展。1955年初，公方代表进驻中联公司，各制造厂亦派有公方厂长。1955年底，中联公司公私合营，划归上海市化工公司，成为市属企业，厂名上海染料化工十一厂。1982年7月与红旗化工厂（原名达丰化工厂，1967年改称红旗化工厂）合并，改名上海染料化工厂，开发分散染料的鲜艳型品种及涤纶着色、酸性媒介、烟雾等新型染料。年产染料824吨、中间体1028吨、化工原料23664吨，苯酚和甲胺连续3次分别获得国家金质奖和银质奖。产品行销全国，远销日本、朝鲜、韩国和西欧、南美等地区。

2009年6月交大出版社出版的《上海工业遗产实录》一书中，将中孚染料厂股份有限公司旧址收录在内。闵行区文化广播影视管理局（2017）20号文，公布第二批22处闵行区文物保护点，将中孚染料厂股份有限公司旧址列为“近现代重要史迹及代表性建筑”，成为区内22个文物保护点之一。

链 接

董荣清（1884—1951），浙江绍兴人，早年在家乡染坊做事。光绪三十四年（1908）在上海德商开设的洋行任职员，数年后兼任新康颜料号经理。民国13年（1924）赴美国哥伦比亚大学学习化学。历任前武林制造厂工务董事，中孚染料厂总经理兼厂长，普益经纬公司常务董事，仁丰染织厂监察人，天一化工厂经理，上海市化学原料工业同业公会理事。1951年病逝于上海。

闵行镇的中孚染料厂，是上海第一家民族染料工业企业，也是国内最早引进国外先进技术与设备的民族资本企业之一，为当时中国第一流现代化工厂，董荣清盛名籍籍、功不可没。

一号路：中华香樟一条街

江川路，1958年建成时称一号路，当初，这是一条宽畅的马路。1959年以后，大家叫它闵行一条街。2018年，恰逢它的六十甲子。

1954年华东工业部确定把闵行地区建设成为以机械工业生产为主的小型城市。闵行镇有较完备的商业设施和现代工业基础，镇西的黄浦江段具有深水岸线和3千至1万吨级的通航能力，属一级航道。1955年上海电机厂、上海汽轮机厂试制成功国内第一台6000千瓦发电机组由黄浦江内运出。

1957年，上海市委决定结合旧城区的改造，在市区外围建立一批工业区和卫星城，闵行为其中之一。1958年起，国家投资3.31亿元，在闵行西部建造上海重型机器厂。投资5859万元，建造上海锅炉厂闵行分部。上海重型机床厂、上海水泵厂、新民机器厂等一批中型企业也陆续由市区迁往闵行地区，闵行发电厂、闵行自来水厂、闵行污水处理厂等一批骨干基础设施也相继建成。大批企业在闵行落户，于是，建设一个新的建筑住宅群，以缓解闵行老镇和汽轮、电机两个工人新村的居住压力，便提上了议事日程。

1958年6月，闵行一号路工程开工，同年9月底基本建成。

1959年3月，上海市建委确定"闵行一号路成街成坊建筑"的规划方案。闵行一条街第一期工程于4月破土动工，10月，东段两侧建成四五层楼房31幢及公共设施10项，闵行一号路成街成坊初具规模。

一号路（江川路）、十二号路（兰坪路）交会口在建设中

沿街的11幢大楼，从1959年7月3日开工，到同年9月20日交付使用，仅用了78天。9月25日，上海市领导陈丕显、杨西光、宋日昌、宋季文、牛树才、石西民等来一号路视察。

闵行一条街的设计理念，贯彻落实了1958年中共上海市委提出的“先成街后成坊”、大型企业“就地生产、就地生活”的住宅建设原则。在一号路两侧建筑多层住宅群，即为东风一村、东风二村；在一号路街面住宅房底层设置商业设施，最早开出了16家商店。逐步建立学校、医院、邮政、银行、菜场、影院、公园等配套设施。

闵行一条街的建成，是上海大规模社会主义经济建设的成果，成了当时全国学习的工程典范，也吸引着国际外宾和国内建筑代表前来观摩。党

建成后的一号路、十二号路交会口

建成后的一号路

和国家领导人刘少奇、周恩来、宋庆龄、朱德、聂荣臻等也曾到访这里。闵行一条街成了上海的一张名片，“闵行一条街”工程是“1949—1989年上海十佳建筑”之一。

1961年10月，时任中国科学院院长的郭沫若来参观落成不久的闵行一条街，登上下榻的闵行饭店屋顶观光台，眺望远处，一排排鲜艳色彩的新型新村房屋，繁华绚丽的商业一条街景和雄伟大气的汽轮、电机两厂，回忆起1937年投入抗日救亡运动时途经闵行所见景象，触景生情，即兴赋诗：“不到闵行廿四年，重来开辟出新天。万家居舍联霄汉，四野工厂冒远烟。蟹饱鱼肥红米熟，日高风定白云绵，谁能不信工程速，跃进红旗在眼前。”

1962年4月，著名作家老舍前来闵行游览，并作《春游小诗：参观闵行新城》:“闵行平地起新城，广厦千间一夜成。雨露三年花四面，双双紫燕闹春晴。十年未作沪江游，十里洋场一笔勾。劳动人民干净土，桃花今日识风流”。

1962年上海电影制片厂的彩色立体影片《魔术师的奇遇》在一号路邮电局与洁美理发厅间人行道上拍摄，取景于此展现的是祖国欣欣向荣、日新月异的新气象。

1963年上海市人民沪剧团演出的《巧遇记》，其中由筱爱琴、邵滨孙演唱的《闵行路上》，以后成了沪剧的经典唱段。

当年一号路两侧是高高的白杨树，1969年改种香樟树。如今，香樟树已根叶茂，如两排巨伞腾空撑起绿色的长廊，又像一条葱翠的绿毯。一号路也由此成为上海十二条特色街之一：“中华香樟一条街”。

那时的一条街，指的是从沪闵路到竹港桥的一段。宽敞的柏油马路；笔直的、铺着地砖的人行道；明亮的路灯；路边的电线都走地下管道；整齐新型的五层楼房；大玻璃橱窗的商店；绿化带里红花绿草和随风摇曳的高耸白杨树，都浸透着那个时代的新和美。这毕竟是闵行第一条新型

香樟一条街（汪大纲摄）

的街道，给了人们对美好新生活的憧憬和向往。

清晨，随着早锻炼人们的散去，浩浩荡荡地骑着自行车的上班大军，在绿荫如盖的一条街上奔向各自的岗位。闵行是我国重型铸锻、大型成套发电机组研制和重型机床加工的机电工业区。

林荫下的夜晚，漫步在彩色水泥砖铺就的人行道上，空气中散发着清幽、弥久不散的香樟气息，暖色的路灯灯光透过树叶若隐若现，微风拂面、樟叶浮动、悠适宁静，令人心旷神怡。

2012年2月1日，上海市绿化和市容管理局在官方微博上发布消息，上海首批20条林荫大道正式命名，江川路的沪闵路至红园路段，即为其中之一。

闵行一条街建成后就形成了热闹的街市，至今仍是老闵行的商业中心。

1959年的国庆前夕，《解放日报》发表题为《闵行的“淮海路”》的报道：“一号路是一条宽四十四米、长四百米的大街。路东端与沪闵路衔接，西端与上海汽轮机厂、上海电机厂、上海锅炉厂、上海重型机器厂等大型工厂相连。在这条路上，将要开设十开间门面的服装鞋帽商店，大型的照相馆，有市区甲副级理发店水平的理发厅，同时可容纳六百人一起吃饭的本帮‘老正兴菜馆’，三十五开间门面的‘国营闵行第一百货商店’，有六层楼一百五十只房间的‘闵行饭店’，以及水果、小吃、冷饮、银行、药店、烟糖杂货、食品、钟表眼镜、无线电商店等等。无论吃的、穿的、用的、看的、玩的，在这条路上一应俱全。”

1959年10月1日的闵行一条街上，五星红旗高高升起，“热烈庆祝中华人民共和国成立十周年”的巨大标语横挂在街口，锣鼓喧天、彩旗飘扬，街头花坛里鲜花盛开、喜庆吉祥。人行道上人头攒动、比肩接踵，人们怀着对社会主义宏图的美好愿景，洋溢在普天同庆的节日气纷中。9点正，闵行饭店、闵行百货商店、新华书店、工商银行储蓄所、民安中西药房、民

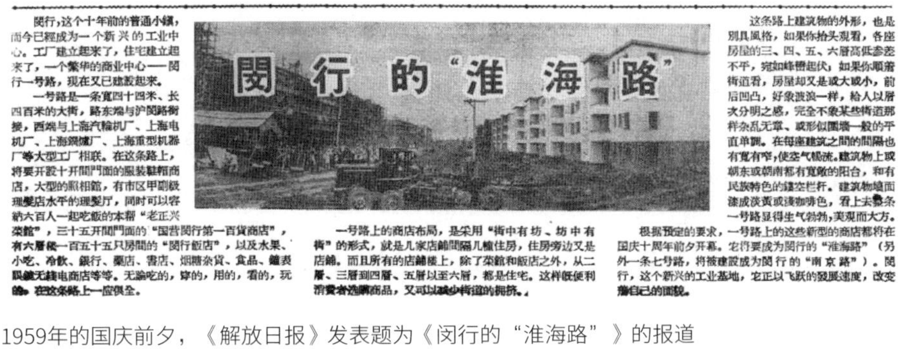

闵行的“淮海路”

闵行，这个十年前的普通小镇，而今已經成为一个新兴的工业中心。工厂建立起来了，住宅建立起来了，一个繁华的商业中心——闵行一号路，现在又已建設起来。

一号路是一条寬四十四米、长四百米的大街，路东端与沪閔路衔接，西端与上海汽輪机厂、上海电机厂、上海鍋爐厂、上海重型机器厂等大型工厂相联。在这条路上，将要开設十开間門面的服装鞋帽商店，大型的照相館，有市区甲副级理髮店水平的理髮厅，同时可以容納六百人一起吃飯的本帮“老正兴菜館”，三十五开間門面的“国营閔行第一百貨商店”，有六層樓一百五十五只房間的“閔行飯店”，以及水果、小吃、冷飲、銀行、藥店、書店、烟糖杂貨、食品、鐘表眼鏡无綫电商店等等。无論吃的，穿的，用的，看的，玩的。在这条路上一应俱全。

一号路上的商店布局，是采用“街中有坊、坊中有街”的形式，就是几家店舖間隔几幢住房，住房旁边又是店舖。而且所有的店舖樓上，除了菜館和飯店之外，从二層、三層到四層、五層以至六層，都是住宅。这样既便利消費者选購商品，又可以减少街道的擁挤。

这条路上建筑物的外形，也是别具風格，如果你抬头观看，各座房屋的三、四、五、六層高低参差不平，宛如峰巒起伏；如果你順着街道看，房屋却又是或大或小，前后凹凸，好象波浪一样，給人以層次分明之感，完全不象某些街道那样杂乱无章、或形似圍墙一般的平直单調。在每座建筑之間的間隔也有寬有窄，使空气暢流。建筑物上或朝东或朝南都有寬敞的阳台，和有民族特色的鏤空栏杆。建筑物墙面漆成淡黃或淺咖啡色，看上去整条一号路显得生气勃勃，美观而大方。

根据预定的要求，一号路上的这些新型的商店都将在国庆十周年前夕开幕。它将要成为閔行的“淮海路”（另外一条七号路，将被建設成为閔行的“南京路”）。閔行，这个新兴的工业基地，它正以飞跃的發展速度，改变着自己的面貌。

1959年的国庆前夕，《解放日报》发表题为《闵行的“淮海路”》的报道

族清真饮食店、闵行食品商店、美昌时装商店、精艺钟表眼镜店、曙光照相馆、精艺无线电商店、北极冷饮室、大庆果品店、聚商老正兴菜馆、幸福妇女儿童用品商店、屋顶茶室等16家商店正式开业。中共上海市委第一书记陈丕显视察后，由上海县县长杜述古陪同到聚商老正兴菜馆用膳。

如今的一条街，商铺毗邻，商品满目。1980年代中期开辟了“百步商场”后，人们又多了一个逛街、购物的去处。2005年闵行剧院重建为“商影大厦”，集餐饮、娱乐、购物、休闲为一体，是一条街上的亮丽景点，2014年改“江川儿童城”，成了综合性的儿童智益乐园。同年，闵行饭店重新规划装修，华丽转身为锦江都城闵行饭店。休息日，一条街上熙

一号路、十二号路交会口东北方向的闵行百货商店，为当时闵行最大的综合性百货商店，营业面积1047平方米。有棉布、织品、服装、鞋帽、化妆品、器皿、电器、钟表、五金、纸品、文体、乐器、玩具、劳防、家俱等各类商品8500余种。1992年改建装饰后加设自选商场，商品增至1万余种（唐世杰摄）

一号路、十二号路交会口西北方向的闵行饭店，主楼6层，副楼4—5层，1960年增建一幢二层楼面的宴会厅和大礼堂。有客房134间，中西餐厅及大、小会议室。备有各帮菜肴及西点，曾多次接待国家领导人和国外贵宾。室外有停车场、喷水池，四周植四季花卉树木，有花园饭店之誉

一号路、十二号路交会口东南方向的聚商老正兴菜馆，创建于1916年。1958年10月从上海黄浦区湖北路迁老闵行沪闵路（向群果品商店北），次年迁一号路。为三层楼建筑，营业面积1200平方米，以经营“锡帮”菜肴闻名沪上。1982年、1987年两次改建后增设面向兰坪路的营业厅。1992年加建飞檐屋顶和红柱绿瓦古建筑式的门面（唐世杰摄）

一号路、十二号路交会口西南方向的幸福妇女儿童用品商店，为两层楼建筑，营业面积2119平方米。二层屋顶建屋顶花园，设茶座营业。1964年后开设为闵行五金交电化工商店，后改为闵行五金交电商店（设批发部）、幸福家用电器商店。1991年改建装饰后称幸福交电商厦，有车行、电讯、维修等行业并入成综合性经营商店（汪大纲摄）

1960年将上海汽轮机厂的托儿所、疗养所辟建成小公园，1962年更名为红园（汪大纲摄）

闵行剧院在1962年建成营业，建筑面积5700平方米，设两层看台，共有1465座（唐世杰摄）

熙嚷嚷的人群川流不息。

街道，既是交通运输的动脉，又是组织市井生活的空间场所。闵行一条街塑造了一个以人为本、既有时代形象，又有社会功能的生活环境，成了放心购物街、人文一条街、科普一条街、休闲一条街。

一条街上的香樟，在这大规模社会主义建设和改革开放的岁月里，一批又一批高科技大型设备和航天产品，从它的身旁经过。它见证的是一个腾飞辉煌的年代，一个欣欣向荣的时代。

一条街上的香樟，它给人四季常绿的享受，留下了沁人心脾的清香，它伟岸高大、挺拔厚重，它端庄规矩、洒脱俊秀。它和闵行人民一样，有着傲岸不屈、坚韧不拔的高贵品格。

街头雕塑《学习》
（唐世杰摄）

街头雕塑《科普一条街》（汪大纲摄）

第四部分

人杰地灵　书香芬芳

《闵行诗存》，既是诗作，也是文献

《闵行诗存》一书为黄宗麟（字蕴深）编辑，完成于民国24年（1935）9月。书分4卷，录古、近体诗790余首，诗作者为明至近代86人，其中居闵行镇人38人，并作小传于名下，也载明居址作为乡人之印证。该书初纂时闵行为乡，成书时改上海县第一区，作品均为乡（区）内人士，并以去世者为断。黄宗麟编辑该书时，曾得黄艺锡、黄申锡相助，而三人自己的诗作因此不录入内，也属遗憾。

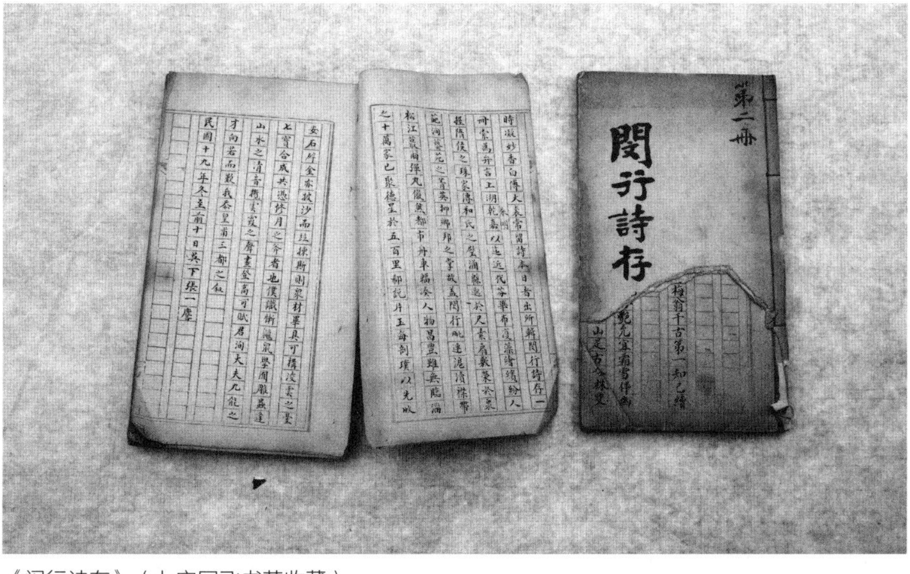

《闵行诗存》（七宝同飞书苑收藏）

对于这些诗作者以及他们的诗，《闵行诗存》序言中谓："芬华布濩，藻绘缤纷。人握隋侯之珠，家传和氏之璧。涵绵邈于尺素，扇敷荣于众葩。洵艺苑之菁英，抑乡邦之掌故。"而辑诗成书，"发潜德之幽光，征乡邦之文献，用意至善，用力亦勤矣。"

可见，《闵行诗存》不仅仅是一部文艺作品，又是一部乡土文献。书中的一些诗的本身、一些诗的注脚和作者的小传，均成为今天研究历史不可多得的资料。

《闵行诗存》在序中也对闵行进行了描绘，谓："闵行毗连沪渎，襟带松江。蕞尔弹丸，俨然都市。舟车辐辏，人物昌丰。虽无临淄之十万家，已聚德星于五百里。"这便是20世纪20年代对闵行的写照。

下录闵行镇22人的小传及诗作：

李林松 字心庵，号易园。清嘉庆丙辰（1796）进士，官户部员外郎，典辛酉（1801）广东、戊辰（1808）广西乡试。著有《易园全集》。居闵行镇北街易园。遗行详载松江府志及上海县志。

［附补：李林松（1770—1828）家谱记载：字仲熙，号心庵。中进士后先授户部主事，为和珅器重，然李氏亢直不阿，终不往谒。久之，始迁员外郎督漕运，力主驳加漕每石二斗之议，事终济。母卒忧归后不复出，葺所居后圃为易园，著书其中。主纂县志多所辩证，体例约而赅。逾年与修松江府志，后又应金华令黄金生聘修金华志。李氏经术邃深，尤精汉学，为文亦不落恒蹊，著作颇多，有《易园集》七卷、《易园集补遗》《易园四书文》一卷、《周易拾补》三卷、《礼运》二卷、《大学古义私述》一卷、《古文尚书辑》一卷、《中庸礼说》一卷、《通韵便览》一卷、《大戴礼记存》一卷、《仪礼经说》一卷、《论语说》一卷、《经说》一卷、《说文解

字部首急就篇》一卷、《读诗序札记》一卷、《五代杂事诗》一卷、《策目策底》一卷、《乡党注》一卷、《星土释》三卷、《鸦片说》一卷、《来远楼诗稿》二卷、《易园课草》二卷、《课草补遗》一卷、《易园试帖》一卷。主纂《上海县志》《金华县志》，协纂《松江府志》。]

申江竹枝词

桃符爆竹一年新，佳节元宵得未曾。
尽力争奇无别事，侬家扎得采茶灯。

渡口人喧一叶舟，杏花风暖浪花收。
谁家红袖青裙女，嫁到塘南新上头。

燕子来时燕笋生，街前携得一篮轻。
银线芦芽才出土，玉筋鱼儿早上罾。

田里小花红似锦，盘中团子绿于莎。
夜深野鬼啾啾去，一陌纸钱飘堕河。

蚕豆花开蚕事忙，侬家不祭马头娘。
生涯自有丁娘子，犹恐风高未刷浆。

豢得神龙数十双，由来竞渡说申江。
绿头鸭子黄封酒，几许豪情未肯降。

黄梅雨后风萧萧，赤泥欲裂萁欲焦。
麦饭熟来日未午，遥唤脱花人过桥。

河角弯环星烂烂，晨庄买布声声唤。
风水人愁白露前，米柴价贱秋分半。

鼕鼕神鼓闹溪南，鸡肉香符一一兼。
村妪不知巫诳语，朝来典尽布裙衫。

满船箫鼓众云鬟，行遍横云兰笋山。
不知山色在何处，但向万人丛里看。

一村红树起炊烟，冬至朝朝霜满天。
要向城中卖花去，夜来趁上夜航船。

冬舂米饭黄浆饼，醉汉前街拍手歌。
一夜雪花深几尺，家家装出雪弥陀。

黄琮 原名琳，字昆发，号二乡，别署春申江上人。清附贡生，研精禅悦。著有《颐素斋诗稿》《金刚经注疏》。上海县志有传。初居竹冈西黄家河圈，即今素安堂故址，后迁闵行镇北街世德堂，又名蜗庐，中有精舍拳石山房，庭前拳石至今犹存。

［附补:上海县志记载，黄琮嗜酒好书，尝游青浦王昶之门。与李

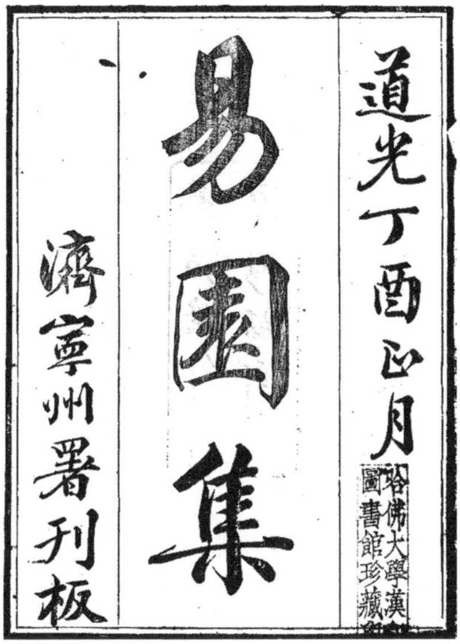

李林松著《易园集》

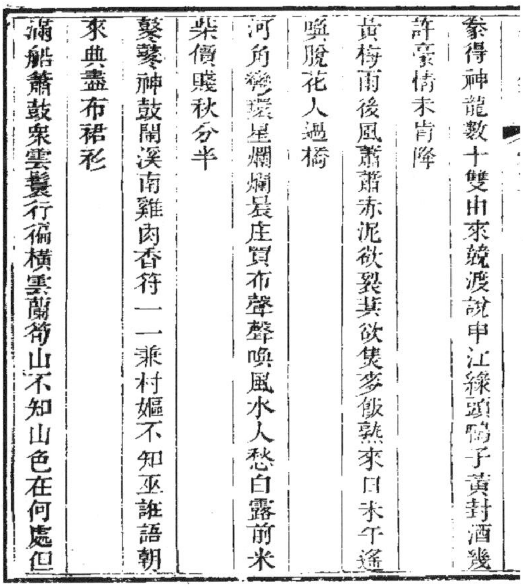
豢得神龍數十雙由來競渡說申江綠頭鴨子黃封酒幾
許豪情未肯降
黃梅雨後風蕭蕭赤泥欲裂萁欲焚爹飯熟來日未午遙
喚脫花人過橋
河角彎環星爛斕晨庄買布聲聲喚風水人愁白露前米
柴價賤秋分半
鼕鼕神鼓鬧溪南雞肉香符一一兼村嫗不知巫誑語朝
來典盡布裙衫
滿船簫鼓衆雲鬟行徧橫雲薦符山不知山色在何處但

《申江竹枝词》之一页

林松(字心庵)、钮春船诸人友善。博观群书,喜作擘窠大字。另有著作《蜗庐杂咏》《大观园图说》一卷、《浦江十二景诗》一卷。]

红 梅

松竹汝为友,年年雪满山。

不红人不爱,一变旧时颜。

忆 心 庵

两眸才一定,君便识吾心[1]。

别后应垂念,云山梦里深。

[1] 春间把晤,余眼一定,心庵曰:“苦哉”。此翁心事多矣。

桃花鮰歌·有序

黄浦多鮰鱼，其种有四：白背、青背、黑背、黄背。白者头小腹大，肌肉微嫩，雅近河豚。东坡鮰鱼诗“雪白河豚不药人”，非咏黄浦之鮰，要即是鱼也。然浦亘一郡，它处止有青、黑、黄三种。惟余所居之西四十里之内，白背出焉，以其白中带红，呼为桃花鮰。苏诗“粉红石首仍无骨”亦确。

鮰之初名是曰鮠，音声讹转唤作鮰[1]。
黄浦蜿蜒二百里，此鱼种类颇不齐。
青黑黄背何足数，纯白一种独珍奇。
我住浦阳横沥口，白鮰出在横之西[2]。
中郎迥与虎贲别，惯见何难作品题。
皤腹膨亨带红润，仿佛桃花着雨时。
身无斑点细且腻，肉无腥气鲜而肥。
尾闾之处尤绝妙，凝脂香韵透冰肌。
小者不肥大者老，四五六斤堪朵颐。
烹宜脔割入巨碗，隔汤热火如烹鲥。
透熟发香味乃出，火力较鲥须倍之。

李尚暲 字竹孙，清国子生。攻苦读书，力求根柢之学。工诗文，书法欧阳率更，兼精篆、隶、铁笔。五试京兆，娄荐不售。乃橐笔出游，

[1] 说《本》，李时珍鮰字不见字书，或即时珍所创。鮠音危，始见《广韵》亦《说文》所无。东坡作洄，从假借例。

[2] 渔人云：白鮰以横沥口为界，东面百不得一，是亦一奇也。

将求菽水以养母。而秉性耿介。历游燕、豫不得展其志。将之晋，中途遇水，踟躇间心念母，遄归，而母疾方殆，未几母卒，人皆谓孝，感动天，故天特以水示之警也。服阕，又游齐、越间，诸寇乱作，归家。遂不复出，屏弃世故，枯坐一楼，里邻之人或不相识。著有《优钵罗室诗稿》二卷、《文稿》二卷、《补焦南浦历代年号纂》一卷。《上海县志》有传。配钱（韫素）氏，字定娴，亦工诗。华亭闵萃祥、南汇于鬯均为夫妇合传。居闵行镇北街易园。

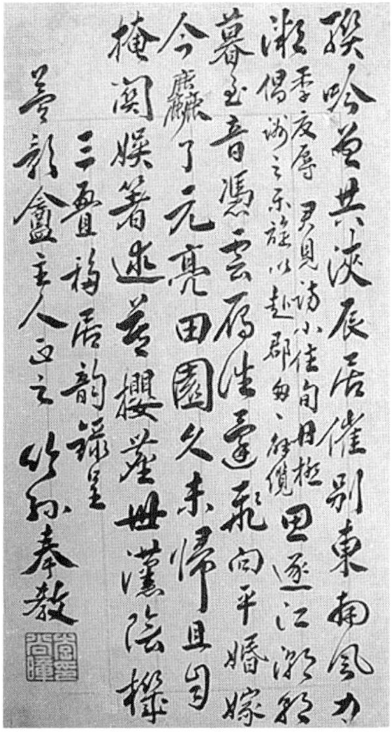

李尚暲书法手迹

［附补：李尚暲(1810—1870)为李林松次子。李尚暲子李邦黻在编辑家集略记中记载，李尚暲另有著作《汉瓦研斋杂录》《青莲书屋诗稿》《杂文》《诗初稿》《磊溪唱和诗》《种红豆馆诗余》《酬应诗》及《优钵罗室印谱》等。清末华亭文学家闵萃祥、南汇学者于鬯均为李氏夫妇写过合传，记述李氏夫妇相濡以沫、互励互勉的生平事迹。咸丰八年（1858）李尚暲续修《李氏族谱》。］

雨窗叠前韵

远山重叠暮烟昏，人在花溪溪上村。

双屐客携壶换酒，一竿风压竹敲门。

坏墙蜗缀连行篆，破屋书憎半漏痕。
莼菜鲈鱼秋思好，思乡那禁不销魂。

钱韫素　字定娴。为嘉兴钱文端公后裔。清上海国子生李竹孙先生之配，明经梯云（李邦黻）先生之母。事姑孝，课子严，治家有法。竹孙先生幕游在外或数年一归，梯云先生之深明经义皆出自母教。喜读毛诗，戴礼尔雅。文选及唐宋古今体诗，兼擅绘事，得南楼老人家法。因自号又楼，诸宦族为子女择师，先后争迎，悬绛帐者十余年，门下士多有赋子衿歌鹿鸣者。寿至七十有八，著有《月来轩诗稿》三卷。

[附补：钱韫素（1818—1895）为李尚暲妻。《上海县续志》卷二十五·贤妇类目中载：“李氏（指李林松）故，清寒，遇匮乏时，恒出钗珥典质以济，或鬻笈中骨董及法帖名画，以贱值去，亦不甚惜，曰：‘物虽珍，失可复得，亲年往不返，与我得珍物，岂若得亲心权更可珍耶！’”足见其艰苦相夫的贤淑气度。]

竹孙应京兆试北上赋诗赠别

唱随已过半年余，惟盼凌云健翮舒。
知否计程情切切，平安早报数行书。

但能志愿似前人，梁孟相依岂厌贫。
此去天香飘月窟，折枝早慰白头亲。

题竹口占示登儿[1]

独抱千云志，亭亭翠玉森。

宜师君子德，直节更虚心。

李媞 字安子，号吏香。心庵农部之女，公子适桐城方传烈。遇人不淑，中怀抑忧，竟与其姨表姊黄香崖女士同投苏州狮子林池塘而死，年仅二十有五。所著有《犹得住楼遗稿》。

［附补：李媞（1805—1829）为李林松长女，李尚暲姐。民国《上海县续志》记载李媞有异禀，读书过目成诵，诗才高逸，似郊岛（中唐时诗人孟郊、贾岛之合称）。道光八年（1828）李媞作《申江十景》诗，在诗序中谓：“吾乡枕黄浦而横沥贯之，九峰三泖环绕于西，数十年来人文蔚起，论云间名胜者首屈指焉。”对闵行风情作了生动的描述。］

桃 花

流水垂杨拟若耶，绿阴深处小桥斜。

春风不识谁家女，独坐溪头自浣纱。

咏 雪

呵冻咏飞花，推敲何太苦。

不及谢庭人，一语留千古。

［1］登儿即李邦黻小名。

忆易园四首

院北风摇柳，墙南为润花。
谁知中有客，一见一思家。

春雨连宵后，苔痕上砌来。
故园红共紫，可对素帏开。

落落柴门里，萧萧竹径中。
呢喃双燕子，应觅主人翁。

浓极桃花色，原因泪染成。
偶将风信算，时已近清明。

李荣滋 字畹香，号心兰。清廪贡生，光绪癸未重游泮水。诸寇粤匪先后扰乱，带团堵御，地方得全。他如：办赈务、董积谷、创衍善堂、疏浚莺窦竹冈两干河、建造宗祠，事迹昭著。生平肆力于秦汉诸书，暨唐宋八家，故发为文辞具有根本。又善岐黄，为人诊治概不受酬。著有《白石窝诗稿》及《新园诗文》稿待刊。居新西街养素堂。寿至八十有二。

［附补：李荣滋（1808—1889）钦加同知衔，即选直隶州分州候选训导。重游泮水：清代科举制度中一种庆贺仪式。童生考入府、州、县学谓之入学、入泮、游泮。自此时起至期满六十年时，须再行入学典礼如初入泮之新科童生，以作为曾考中生员（秀才）而享高寿的庆典，谓之重游泮水。李荣滋道光癸未（1823）年入学，光绪癸未（1883）年重游。］

登春申阁

四君名位本相伦，孰建奇勋此水滨。
三户一尘无故楚，大江高阁有春申。

百年治绩空余史，万顷恩波直到今。
我肃衣冠瞻庙貌，芬芳俎豆快重新。

雁来燕去几清秋，此地年年集胜游。
晚霭东涵沧海日，晚凉西纳泖河流。

窗前帆影移村树，槛外渔歌发荻洲。
最喜淡云微月夜，疏灯点点碎江头。

夏世熙 字慵卿，清上庠生。性爱风雅。著有《兰徵堂诗钞》。居闵行镇留桥弄兰徵草堂。

题静者居

深院日长风不动，小楼花落鸟初啼。
主人怕有闲人过，急把云关锁隔溪。

李祖锡 字子莲，号祉联，别号申申外史。清光绪乙酉（1885）副贡。任职江苏震泽县学训导。性和易，生平无疾言遽色。精研宋儒性命之学。书法遒劲秀媚，兼工制艺（八股文），执贽门下者，取青紫如拾芥

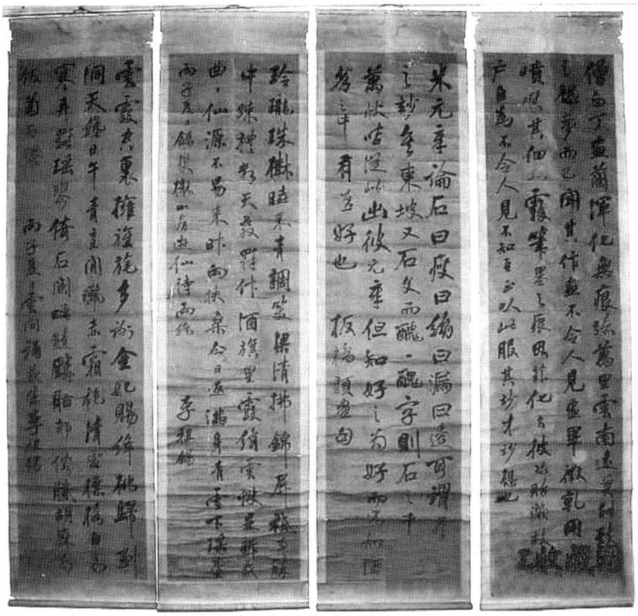

李祖锡书法条幅

（得到一个官像捡一根草那样容易）。秉铎震泽时，著《修身范》一书刊，令儿童诵读，实有功世教。民国《上海县志》有传。居闵行镇新西街养素堂西宅。

［附补：李祖锡（1838—1917）为李荣棣之子，伯李荣滋。民国《上海县志》载：李祖锡热心地方公益。岁欠则请给籽种，匪警则筹备团防，疏浚横沥、淡水沥、母子泾，改建启秀、云路、中渡桥，经理普安衍善堂，靡不竭尽心力、实事求是，而于公款出纳丝毫不苟。与顾言等改吴会书院为强恕学堂。倡设务敏学堂，延聘专家，中西并课，手定规制，躬自督理，以“崇实黜华”为宗旨。李氏曾任江震高等小学校长、本邑中等农业学校监督。在家授徒十六年，馆竹冈黄氏八年，所造就甚众。著有《异文捃略》二卷、《经义类编》三卷、《青琅诗文集随笔》等。］

六十初自述十二章（节选）

冷衙花满万端幽，荆布相依甲子周。
一日清闲似两日，各成百二十春秋。

生辰诞说泰山同，洗腆休夸制鞠工。
郑侠图披惨心目，聊移涓滴慰嗷鸿。
（儿孙辈凑筵资并将亲友祝仪充赈）

年来花样几番新，天演争教物竞春。
珍重同胞留国粹，中朝冠冕是彝伦。

司马曾传自序篇，平生历史溯从前。
惭予未定千秋业，且向崦嵫迅着鞭。

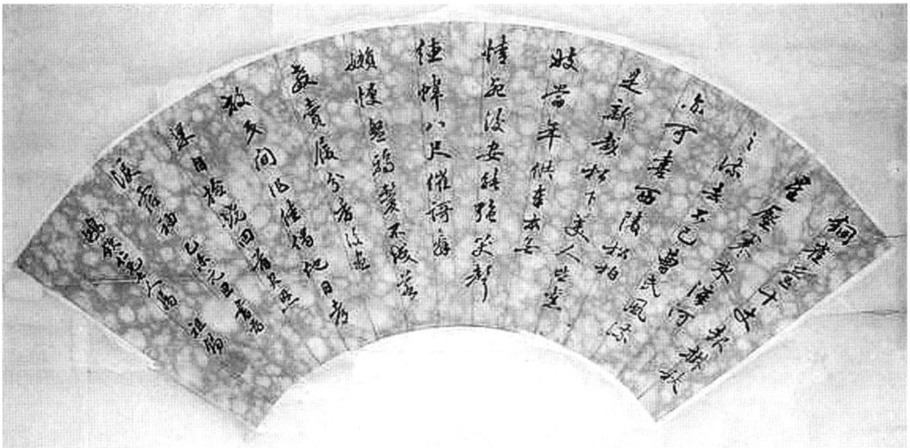

李祖锡书法扇面

李邦黻 字梯云，别字殷叟。洋上庠生。少遭兵燹，弃儒就贾。北桥孙啸琴一见器重，谓：“儒家子不当废学”，遂决然舍去温肄旧业。入庠后从嘉善钟文烝受业。饫闻《谷梁》家绪论，故于《春秋》学为最深邃，成《春秋谷梁经比事》二卷、辑唐玉川子《春秋摘微》一卷、《周易述补》一卷、《切韵启蒙》二卷、《尔雅释宫、释亲》二卷。中年后精研三《礼》，尤好宋儒语录，躬行实践，治家整饬，守朱氏柏卢家训，足迹不入公门。晚岁以保存古学为己任，与同志设立图书馆，课暇则至馆厘整藏书。宣统纪元（1909）邑人公举孝廉方正，固辞，称疾不赴。遗书有《文稿》二卷、《诗稿》二卷、《杂著》一卷。卒祀孝悌祠。上海县志有传。居闵行镇北街易园。

[附补：李邦黻（1847—1912）为李尚暲子。民国《上海县志》记载，李邦黻教授生徒前后四十余年，教法会通经史，归本修身。曾辑《东莱博议集评》，刊行为学徒课本。浦东、西青年经邦黻讲授皆崭然不落恒蹊。家素贫，晚境稍裕。族中无后及戚友困乏者，量力资助，以馆谷之余行慈善之实，而自奉淡泊，衣服或至补缀，饮食恒不兼味，居垣慎默。卒后获县颁“州里所推”额，黄红绿褒章。另著有《魏塘钟先生（文烝）年谱》二卷、《丧礼纂》一卷条理具而书未成。]

又一村居赏菊

摩诘诗才夙昔知，者番诗得诵清词。
箇中一种闲滋味，恍值陶家菊绽时。

嚣尘托迹具幽姿，佳句吟成对酒时。

雅抱东篱元亮癖，名葩喜植傲霜枝。

静对黄花意洒如，开樽相赏九秋初。
二三知己欢然聚，觅句联吟隐者居。

年年羁旅阻秋风，未获追陪坐菊丛。
自愧无才日衰老，俚言休笑白头翁。

姚其慎　字忆仙。清明经。李邦黻之配。著有《六宜楼诗稿》待刊。［附补：姚其慎（1851—1926）南汇人。民国《上海县志》载，姚氏与姊吉仙女史闺中酬唱，同推不栉进士（指有文采的女子），于归后倡和亦多。晚年授徒讲学，有宋宣文风。］

寄吉仙三姊

忆昔欢娱少小时，学诗习字姊为师。
而今绣罢慵开卷，笔墨荒芜感别离。

花落春归雨似丝，添人愁绪系人思。
离怀无限书难达，卜尽金钱君不知。

春日偶成寄吉仙三姊

六宜楼外鸟声多，病起清明倏已过。
欲寄相思无妙句，自惭才薄强吟哦。

夏其钊 字秋田，号元瀛。清光绪元年举人，大挑二等，檄署靖江县学教谕。以目疾不就。幼年习商，弃而求学，竟得成名。精医理，工吟咏。著有《风月双清楼诗钞》待刊。居闵行镇佛阁弄西滨浦。

［附补：民国《上海县志》记载，夏其钊妻彭氏中年得癫疾，独居一室，夫与之食则食，他人则否，待之二十年无稍厌倦，里人义之。夏其钊在同治十三年与顾鸿埒、李荣滋等创办闵行普安堂。光绪初与李祖锡等创建奎星阁。光绪十六年（1890）疏浚横沥，在李邦黻撰《开浚横沥河记》中记载，里绅夏君秋田等综理其事，诸君黾勉从。公实事求是，擘画周详，乡民起而颂曰：“是亦公德政之一，不敢忘。”］

步李畹香先生重游泮水诗

芹宫容易再来游，身世何须叹去囚。
毕竟遐龄由盛德，上元太乙祗虚求。

青莲才调是公师，游戏神仙任众嗤。
自写新诗刚脱稿，洛阳纸贵遍传时。

吴存钰 字子良。光绪元年（1875）副榜。曾任浙江兰溪县教谕。其先世本徽籍，清咸丰间避洪杨乱迁于浙之嘉善。光绪十五年（1889）设帐申江，遂迁闵行。著有《萝月山房诗集》四卷，曾剞劂行世，今已不可得，仅有《题堂弟伟卿芳草马嘶图小像》一首，只鳞片羽，籍示一斑。

题堂弟伟卿芳草马嘶图小像

芳草碧如烟，游子怅别离。
出门意惘惘，风高马长嘶。
男儿一堕地，四方志自期。
安得如鷃雀，饮啄恋藩篱。

驿梅拂帽影，灞柳萦鞭丝。
风尘多感触，尽成囊中诗。
客怀壮未改，马足力已疲。
呼僮暂解辔，饮马水之湄。

吴存钰书法扇面

项文瑞　字莲生。清光绪丁酉（1897）拔贡，朝考以州判，用分发连州，丁母忧，未赴任。先世自安徽休宁迁闵，遂入籍上海。幼年苦学入庠，后肄业龙门书院。研究格致，尤精算术。游学日本，归国创设师范学校，门下逾千人。嗣任上海县视学，岁必遍历全境两周，劳瘁弗辞。其天性纯挚，概可想见。著有《游学日本笔记》。居闵行镇北街。

［附补：民国《上海县续志》记载，项文瑞曾任敬业学堂监学，养正学堂总理，第一、第二、第三师范传习所总监督。旋奉提学使周树模檄，委为上海县视学兼学务总董，力辞，乃以协董代办视学。项氏既精算学，择崇正六官塾聪颖子弟，以公暇授算课几十年，其成材者均有声于时。又，项氏历任学使，咸相倚重，屡以病辞不获，及提学使毛庆蕃言于大府，请予奖叙，未及出奏，而文瑞以积劳卒。殁前三日，犹手定六塾学程，其拳拳初地如此。既殁，太仓唐文治为之传。项氏子**项镇方**，清光绪十二年（1886）年生，先父见朝霞映窗作红色故取名吉云，26岁改镇方，字激云。光绪丁酉（1897）选贡，京师高等实业学堂化学科毕业，以知州分省尽先补用。民国《上海县志》载任国务院主事。民国2年（1913）任江苏省立四中校长。民国7年（1918）参与投资丹华火柴股份有限公司，其产品控制华北及中原一带市场，项镇方等一批实业家成为闻名于全国火柴业界的头面人物。民国13年（1924）创办通文油墨社，有北平、上海两家，民国15年前后成功创制“三环牌五彩印刷油墨”，有效抵制了洋货的倾销。晚年醉心于书画。民国26年（1937）与妻金粟合刊《小言》一册，内有“髫龄追忆录”一卷、“中年自省录”一卷、“晚岁杖游录”一卷、“杂录”一卷和金粟“辛未葬父记”一卷。另著有《简明代数学》、译著《分析化学实验书》等。］

自有才华作庆宵

一作青云客，千宵志自赊。

得人徵国庆，名世有才华。

鹏路腾千里，鸿文构八叉。

掞天词散绮，画日笔生花。

可用仪为羽，何须慧拾牙。

诗情凌碧落，字彩焕丹霞。

此际翔鸾拟，当年吐凤夸。

趋跄枫陛近，丽藻灿皇家。

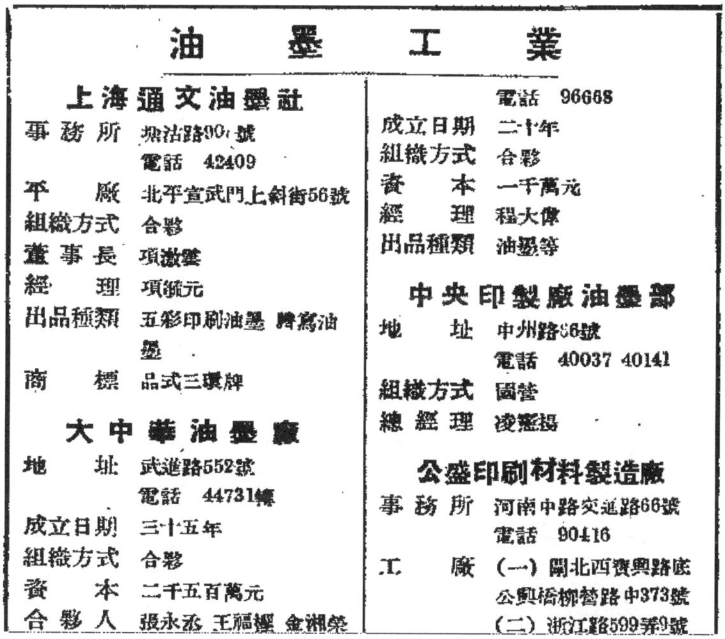

油墨工業

上海通文油墨社

事務所 垙沽路90號
電話 42409
平廠 北平宣武門上斜街56號
組織方式 合夥
董事長 項澂鑾
經理 項毓元
出品種類 五彩印刷油墨 膽寫油墨
商標 品式三環牌

大中華油墨廠

地址 武進路552號
電話 44731轉
成立日期 三十五年
組織方式 合夥
資本 二千五百萬元
合夥人 張永丞 王福樫 金湘榮
電話 96668
成立日期 二十年
組織方式 合夥
資本 一千萬元
經理 程大偉
出品種類 油墨等

中央印製廠油墨部

地址 中州路56號
電話 40037 40141
組織方式 國營
總經理 凌憲揚

公盛印刷材料製造廠

事務所 河南中路交通路66號
電話 90416
工廠 （一）閘北西寶興路底公興橋柳營路中373號
（二）浙江路599弄9號

上海通文油墨社广告

项镇方题画

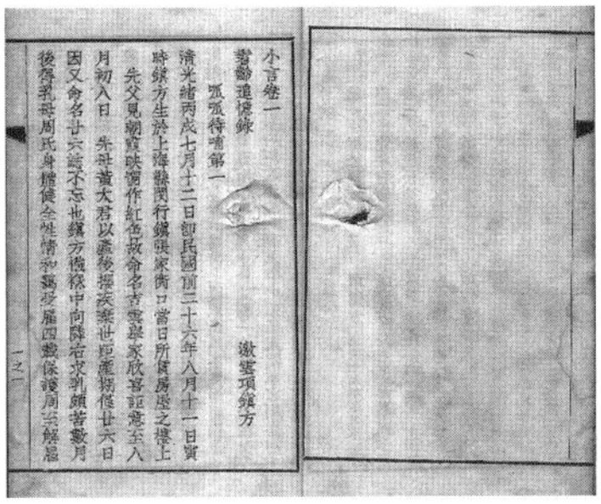

项镇方、金粟合著《小言》

项镇方译著

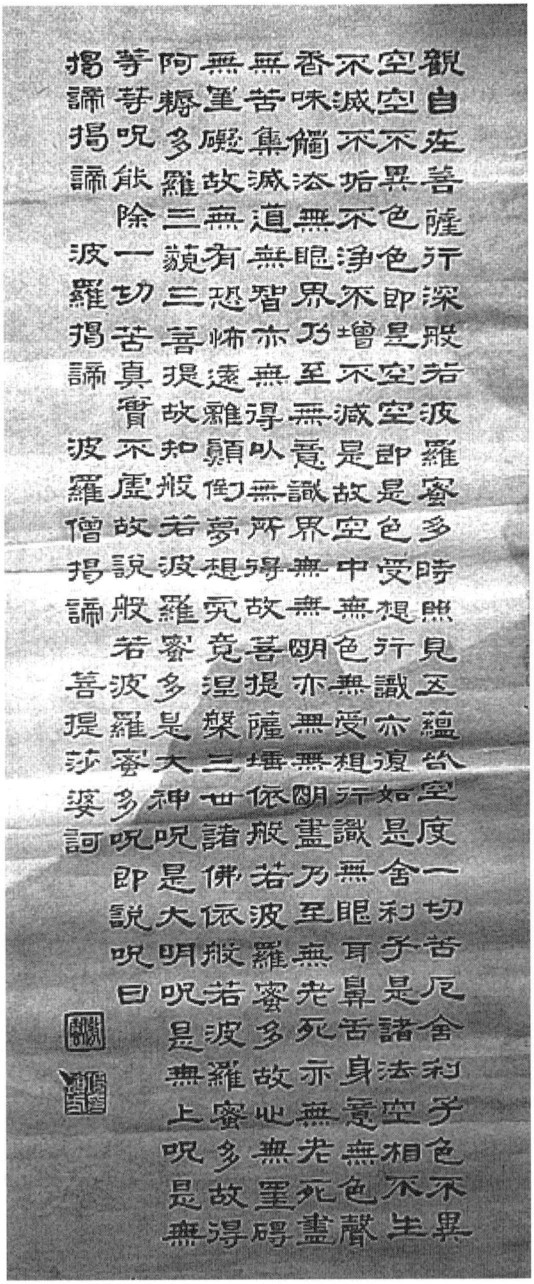

项镇方书法

朱承鼎 号理卿，清庠生。少负大志，好读有用书，文宗韩，诗宗杜，字学苏，画学米，兼长公牍文字。对于地方应兴、应革事宜，多所论列。旁逮医卜星相之学，无所不窥。一任乡议会议长，再任乡公所经董，树全省自治模范。家贫，藉医自给，而应诊，并不望报。其志趣、品性概可想见。著有《蒿隐庐诗稿》及《医案》等多种待刊。初赁屋以居，颜曰"今寄晚岁"。筑蒿隐庐于横沥之东，终老焉。

［附补：朱承鼎先世自南汇新场迁居闵行，遂占邑籍。6岁入闵行名士叶域（号读六，原籍奉贤，迁居闵行镇后东街翁宅50余年。设帐授徒数十年，门下士得其绪余而成名者甚多。）之门，接受启蒙。15岁负笈沪上，游著名学者曹耀圻（字仪逵，号易轩，光绪二年岁贡生，候选训导。著有《求志居诗稿》）之门，读书终日不释卷。年轻时颇有大志但报国无门，中法战争时曾拟有上皇帝书，李鸿章驻节沪江时曾拟有条陈共十策，无奈都束之箧中。光绪三十二年（1906）成立上海县商会闵行商务分会时任会长，第二年朱承鼎以如"税书经手，诸多弊窦"，禀准代理上海县知县王念祖将官契改归绅办。民国《上海县志》载，任议长、乡董间，朱氏规划地方，如办团防、设商会、兴学校、筹自治、浚河、救荒诸章程皆其手订，便于实施。处事和平详慎，人无异言。］

和黄蕴深宗麟韵

三月江南正落梅，朵云飞渡海天来。
东风踏遍蘼芜草，又向樱桃笑口开。

湖山胜处快歌呼，海外东坡兴不孤。

紫紫红红花烂漫，风前折得一枝无。

送项莲生文瑞之京

吾乡滨黄浦，江水日汤汤。
大雅沦不作，僻陋吁可伤。
皎皎朱舍人[1]，启秀空斜阳。
觥觥李农部，易园蔓草荒[2]。
讵知石蕴玉，毕竟山辉光。
吾友有项子，允矣邦之良。
守取古人素，弃捐时世装。
千里展骥足，矫首奋一昂。
伯乐真知己，贡登天子堂。
丈夫会清时，报国恃文章。
世运艰难闵，大厦资栋梁。
勿谓时无道，兰蕙抱孤芳。
勿谓事难为，衡泌足徜徉。
求贤诏方下，愿君辅明皇。
柱作中流砥，澜回既倒狂。

---

[1] 名永佑，殉甲申难，有启秀坊。朱永佑字爰启，闵行镇人。明崇祯七年（1634）进士，授刑部主事，改吏部。明亡后，随南明唐王于福州，进郎中，历太常卿。以张肯堂荐，监周鹤芝兵，屯于鹭门。清顺治三年（1646）唐王死后，又从鲁王于舟山，加吏部侍郎，晋工部尚书。清兵南下袭舟山，朱永佑绚难，妾石氏、仆顾瑞从殉。乾隆四十年（1775）赐谥“烈愍”，祀忠义祠，其墓在今定海海山公园内。

[2] 名林松，有易园集。

他日报故人，慊然乐未央。

李祖佑 字蕉轩，晚号适叟，清附贡生。历任闵行乡乡董，上海县劝学所协董。创设务敏学堂，建筑农校校舍及乡公所办公房，开浚横沥、淡水、汲水等河。凡所兴举，事必躬亲，不辞劳，不糜款，视公事如家事。钩稽出纳，每至漏夜，其公正廉洁可为继起者矜式。好读史、汉书。年至七秩外，犹手不释卷。纂修《李氏宗谱》，深合家乘体例。居闵行镇新西街养素堂。

[附补：李祖佑（1862—1933）父李荣滋咸丰辛酉（1861）避难南通，次年李祖佑生，故幼年名通。攻举业屡踬于场，23岁时始获一衿（附贡），三赴省试不售，遂绝意功名，致其力于史学。宣统二年（1910）被举为乡董，主持乡政十年余。其间经理中等农业学堂、创办崇实女子小学、筹款建竹冈桥、重修启秀桥、新桥、建待渡亭、组织菜场、请设警局、成立救火会、遇灾平粜米价等诸多公益事业。晚年日手一报，以扩见闻。暇则重理旧籍，日与古人相晤。凡从前有志未逮者，而继续丹铅以备，课儿辈并以自束其身心。]

夏逸飒姻伯八秩双庆（节选）

人生难备寿与福，三多几见封人祝。
苍颜白发享大年，老人星耀浦南北。

心香一瓣祝春秋，赋诗先遣驲吏邮。
仁者有寿当期颐，他日跻堂来献鸠。

马恩培 字柳江，号矍翁，别号柳道人，清庠生。善书法，广交游，所与多知名人士。兼擅卜筮、堪舆之术，继叶读六先生之后。为亲友司庆吊典礼，奢俭皆合法度。曾任乡议事会议长，襄理地方公益不辞劳怨。世居荷巷桥，晚年卜居闵行镇之柳桥弄，曰“柳村别墅”。

[附补：马恩培在乡自治公所时，与李祖佑、朱承鼎、黄申锡等以度门寺基址改建乡公所。热心地方公益，事例载《上海县志》的有：与李祖锡、李祖佑、顾言等捐募创设务敏学堂，与李祖佑等集资重修启秀桥、新桥，与李祖佑等疏浚母子泾。曾任广慈苦儿院董事会副会长。民国16年（1927）卒。]

春申阁晚眺

偷闲惘惘出愁城，漫步登楼百感生。
独倚曲栏无一语，人声不似鸟声清。

风卷残云暮霭幽，江千远集往来舟。
空林最是无聊甚，鸟未思归月上钩。

李显常 字镜海，清庠生。天性率直。中年后弃儒习商，如：创办闵南轮船等，得君之力为多。居闵行镇新西街养素堂。

[附补：李显常（1871—1917）为李祖锡子，李显谟兄。《李氏宗谱》记载其维持敏航轮船公司佐理、闵行商会与乡公所事，奔走甚力。]

又一村居赏菊

君今栽菊赋归来，因集同人共举杯。

不是此地花俗艳，肯教一一费栽培。

堪笑春风势利场，百般红紫斗芬芳。
那知人世繁华尽，留得霜葩晚节香。

吴钟英 字汲深，清优增生。性端谨，不苟言笑，廉洁自矢。董理慈善事业，革除积弊，不遗余力。宣统纪元（1909）被举孝廉方正。著有《观乐主人吟草》待梓。居闵行镇老西街。

［附补：民国《上海县志》载，吴钟英与邑人李邦黻、王维勤同被举，独钟英入都待试。适武昌兵起，即南旋杜门课徒，平生维持国学，以四书五经、先正语录谆谆训勉，奖掖后进，恒如不及。公推为普安堂总董，添殡舍、置义塚、扩充接婴保赤名额、严订寄柩年限及建桥、铺路、修埠，无不竭尽心力，樽节开支。晚好吟咏，与奉贤朱家驹、青浦徐公修相酬唱。民国12年（1923）卒。］

和李祉联夫子花甲双寿诗[1]

申浦江头炯寿星，祥光璀璨喜双荧。
齐眉偕老梁鸿愿，吟骨高骞野鹤形。
膏雨万家心秉赤[2]，春风四座眼垂青[3]。
贮盘苜蓿多清福，亥算绵延祝百龄。

［1］李祉联即李祖锡。
［2］师将寿仪充赈。
［3］同门颇多惟英，曾以纯谨见称。

刘世杰 字汝嘉，号默存，清优廪生。有文名，长上海市养正学校，多年造就甚众。著有《默存诗稿》待梓。居闵行镇老西街。

［附补：民国《上海县志》载，刘世杰少受经于李祖锡，学有根柢。李祖锡长务敏公学，世杰为教员，不辞劳勚。后兴办瀹智小学于邑北城，自任校长。继复长市立养正学校三年，规划校务不遗余力，视学生如子弟，学者咸乐就之。世杰天资豪爽，从事教育历三十年，其删润诸生课卷，精力特健，时下师范生莫能望其项背也。民国5年（1916）卒。］

步黄蕴深原韵

阅历韶光近卅年，一经回首一茫然。
樽前瘦领梅花月，帘外春消杏雨天。
得守琴书穷亦乐，每逢诗酒喜尤颜。
扶筇独立斜阳下，鬓影横空醉帽偏。

是真名士自风流，观海登山几度周。
犹记题诗探雁宕，每因沽酒解鹬裘。
杏花春雨怀虞集，桂子秋风访莫愁。
人事穷通何足间，不如散发且忘忧。

陈昌凤 字采苞，清庠生。生性谨饬。历任小学校长及县视学员等职。居闵行镇韭菜街东。

［附补：民国《上海县志》载，陈昌凤上海第一师范毕业，历充乡校、农校及城市养正学堂教员，后任上海县劝学员、学务委员，实心任

事，筹划周详。诚谨俭约，有古君子风。后以积劳病殁，士论惜之。民国11年（1922）卒，年五十。]

装 绵

西风萧索怯衣单，欲负晴暄却又难。
绵倩山妻灯下衬，线劳慈母手中抟。
轻裘著体还生暖，敝絮披肩岂御寒。
可喜深闺刀尺动，鹅绒披得自盘桓。

李显谟 字英石，清附贡生。日本陆军士官学校毕业，庭试赏给举人。历充军事书籍编辑长，陆军第九镇马标统带官。光复后，补授陆军少将，给予二等大绶嘉禾章、二等文虎章、二等宝光嘉禾章。历任沪防水陆全军统领、陆军第三混成旅旅长、江苏水上警察厅厅长、江苏警备队总司令、沪闵南柘长途汽车公司总经理、淞沪保卫团办事处正主任兼领第一团团长。喜豪饮，因此得疾，未竟厥施，遂养疴李园。园滨六曲河之滨，亭池掩映、花木扶疏，为君所手辟者。旧居新西街养素堂。

[附补：李显谟（1882—1933）为李祖锡子，李显常弟。自幼娴习马术，读书之暇好谈兵事。每当夕阳西下，游丝一鞭，驾骏足驰骋长林丰草间以为乐。喜读诗词、文章，性豪放。清光绪二十八年（1902）夏，与吴稚晖等留学日本，遭驻日公使蔡钧压制不得参加考试。归后入南京陆师及将备学堂二年。光绪三十年（1904）复入日本振武学校，进陆军士官毕业。

武昌起义爆发后，李显谟深得上海城自治公所总董李平书信赖，委以商团指挥权。宣统三年（1911）十一月四日，李显谟率商团配合起义，攻克清廷兵防要地江南机器制造局后被推举为上海商团总司令。民国元年（1912）1月1日孙中山在南京就任临时大总统时，调任为警备司令。

李显谟任军、警各职间，恪守职责，殚心防务。如对龙华弹药厂、浦东火药栈等严加保卫；密切注意上海周边四乡防饥、防匪、防流寇诸事；在各县要隘派遣重兵驻守和彼此策应；并亲往捕巢青浦、南汇、奉贤、崇明的匪乱等等，使上海秩序安堵如常。期间，长江水师总司令李燮和欲委其为高等顾问、江苏都督程德全欲委其为军事参议，均遭李显谟拒绝。

解甲还乡后，李显谟致力于地方公益，在任沪闵南柘长途汽车公司总经理时任劳任怨，规划周详。

民国17年（1928），李显谟因对蒋介石吹嘘自己率团攻占江南机器制造局的不实言论有反感而结怨于蒋。民国19年上海当局建“陈英士纪念塔”，李显谟因碑文中仍有蒋不符史实的文字而拒绝出席典礼。同年除夕，上海警备司令熊式辉为了惩戒李显谟，以请吃年夜饭为名，将李显谟软禁一宵。得脱返闵后，李显谟杜门谢客，终日养花弄草、借酒浇愁。患中风于民国22年（1933）逝世，葬普安公墓。]

元宵节偕杨分统等乘先锋小轮往南浔会哨，行经太湖口占二绝

天高月皎正元宵，指望南浔路不遥。
夜坐船头湖色好，先锋墙上一旗招。

戎行跋涉敢辞劳，击鼓扬旗志气豪。
自古行军深夜里，况当霜月压征袍。

李显谟

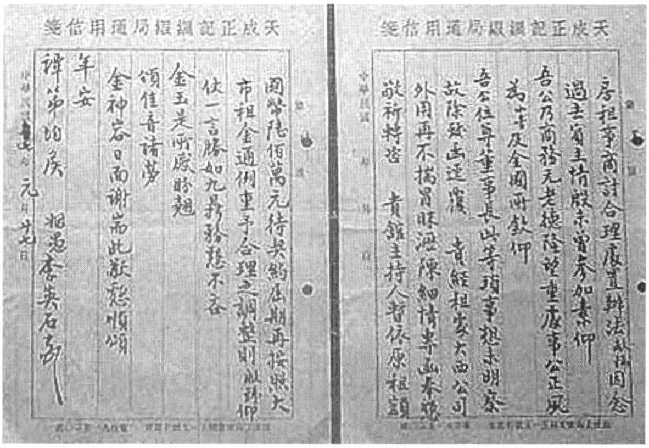

李显谟手迹

李宗邺 字颂唐，清庠生。日本弘文学院师范及高等数理化班毕业。历任务敏学校、中等工业学校、中等农业学校、县立敬业中学、务本女子学校教员。上海县劝学员、视学员，县公署第三科科长、劝学所所长、教育局局长。宝山、松江县政府秘书。生平对于教育事业颇多建树。居闵行镇柳桥弄。

李宗邺

[附补：李宗邺生于同治六年（1867）。民国《上海县续志》载，李宗邺曾任民国元年（1912）和民国3年（1914）的视学协董。任民国3年的第七届上海县教育会会长。民国《上海县志》载，李宗邺于民国7年（1918）以办理教育著有成绩获八等嘉禾勋章，民国11年（1922）以办理国语教育成绩卓著获教育部四等奖章。编修民国《上海县续志》时任学校门专阅员，编修民国《上海县志》时任教育门分修员。]

夏逸骢姻太伯八旬双庆（节选）

南极一星躔，光辉照汇川。
几人能寿考，此老是神仙。
小谪长庚李，前身太乙莲。
乡居为善禾，典重杖朝年。

洛下耆英画，磻溪钓叟船。
丰神山岳峙，骨肉月轮园。
祝嘏长赢届，跻堂礼数捐。
巴词歌一曲，聊拟九如篇。

链 接

《闵行诗存》一书编辑人黄宗麟，协辑人黄艺锡、黄申锡小传及诗作。

黄宗麟

黄宗麟（1873—1953）字蕴深，号云深、云荪、云僧。附贡生，侯选训导，日本法政大学毕业，法政科举人，七品小京官。历任松江地方审判厅推事，外交部主事、佥事，驻朝鲜总领事馆副领事兼代朝鲜总领事，驻仁川领事，太平洋会议筹备处处员，太平洋会议秘书，太平洋善后委员会秘书，关税特别会议筹备处处员，俄事委员会会员，中央防疫处主任。民国18

年（1929）任江苏吴县县长，曾倡议在苏州玄妙观后建造中山纪念堂并于民国19年落成。民国22年（1933）后任上海县地方款产经理处主任，江苏省教育经费管理处科长。民国35年（1946）任上海县参议会议长，次年任复业后的浦海银行经理。解放后迁居苏州，1953年病逝。曾获外交部一等奖章，三等嘉禾章晋给二等嘉禾章，大总统特奖、给“敬宗睦族”额、绿绶褒章。黄宗麟曾为柳亚子等创办的文化团体“南社”社员。工书法绘画，擅长隶书，能诗词，有医术。留有光绪三十一年（1905）春偕侄申锡之《游杭白记暨唱和诗集》手稿，著有《公法与私法之区别》《执数轩印草》《江苏省吴县城区附刊》《闵行诗存》等。下录黄宗麟诗一首：

西湖岳庙题壁

忠奸不并立，试披宋家史。
半壁江山危，十二金牌至。
矫诏不愿违，共事毋宁死。
从容就义时，先及女与子。
冤狱三字沉，权奸斯得志。
正气振乾坤，庙貌屹屹峙。
吾怪好事人，熔铁跪于此。
生前常反对，死后岂顾视。
徒使古英灵，触目怒发指。
若谓激劝人，继起奸臣炽。
若谓暴其颜，顽然岂知耻。
白铁有何辜，臭累千万世。
胜地留忠魂，乃容乱贼趾。
从此好河山，瑕玷挂人齿。

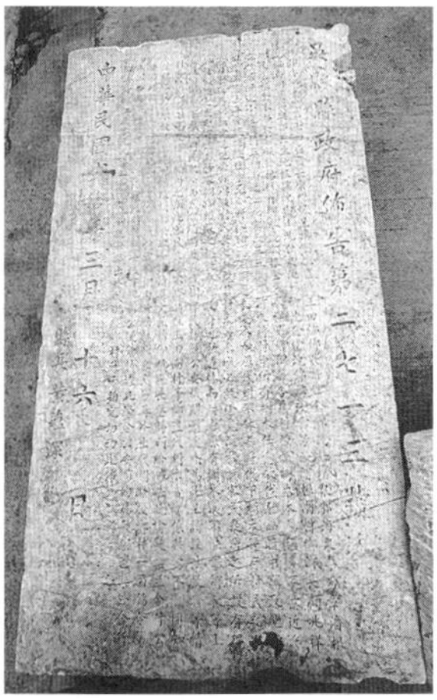

黄宗麟任吴县县长时的布告碑

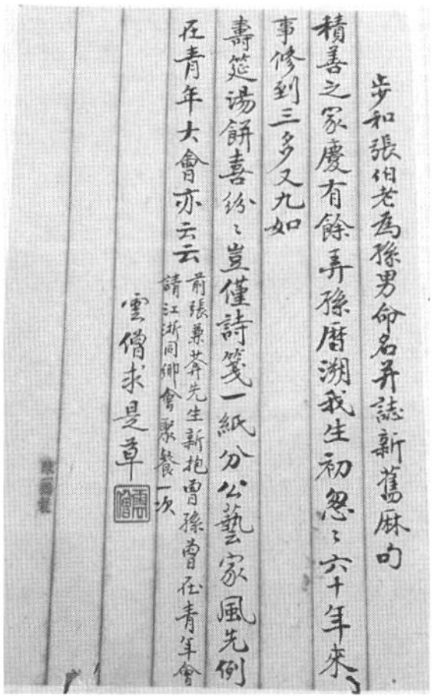

黄宗麟手迹

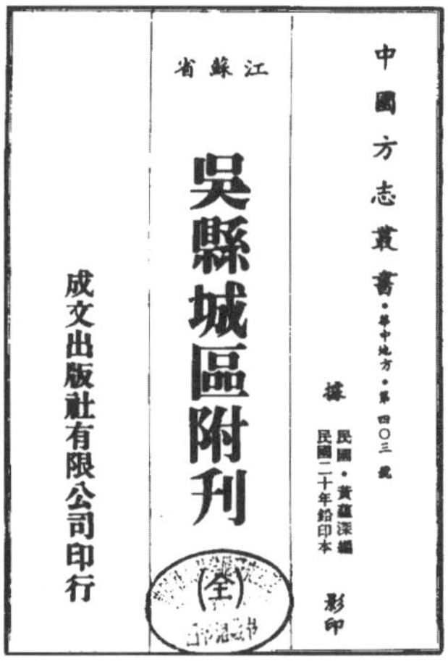

黄宗麟编《吴县城区附刊》

民国二十年（1931年）元旦的金门建成开门仪式，由吴县县长黄蕴深的夫人吴品仙开启。

吴县金门建成后的开门仪式，由黄宗麟夫人吴品仙开启

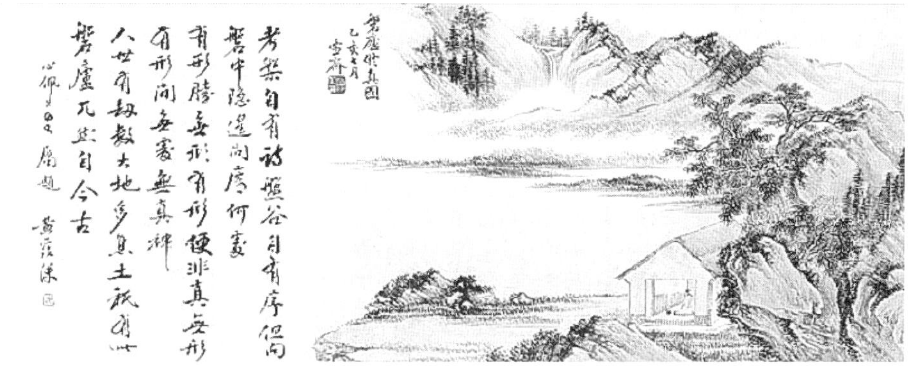

黄宗麟题《磐庐修真图》

黄艺锡 光绪四年（1878）生，号润书。光绪二十四年（1898）增生，光绪二十六年（1900）廪生。八旗官学教习。京师大学堂奏派出洋，光绪三十年（1904）游学日本，日本帝国大学、农科大学毕业，宣统三年（1911）归国，优等农科举人。历任农林部佥事，化验科科长，统计科科长，土壤处处长，全国农会联合会审查员，中央农事试验场主任，农商部佥事，农林司第一科科长，糖业改良委员会普通文官、甄别委员会委员，农商部农林司司长兼代渔牧司司长，糖业改良委员会会长，林务研究所主席，棉业处处长，技监厅邦办，技师甄录委员会主任，实业代表会议会员，实业行政会议会员。晚年回上海，又据黄艺锡曾孙介绍，黄艺锡晚年移居青岛，直至天年。曾获农商部一等奖章，教育部一等奖章，三等嘉禾章，晋给二等大绶嘉禾章，二等宝光嘉禾章。著有《菊鉴》，为《花卉园艺学》作序，为《云间杂识》《闵行诗存》撰跋。编修《上海县续志》时，对"物产"类提出议案，并与秦锡田一起完成因姚文楠逝世后的增补工作。

录黄艺锡挽张謇逝世作长联[1]：

学术在三百年魁儒巨士以上，曰新民，曰生财，重实行不重清谈，勋业显江淮，宜得蔡邕作碑，马迁作传；

经济著亿万里英雄豪杰之间，若保邦，若济世，尚古道兼沿新法，声名驰湖海，应与安定比德，文正比功。

黄申锡　号谱薌，附贡生。湖南候补知府。历任上海县议事会议员，县参事、参事员，江苏第一、第二、第三届省议会议员，上海公立医院董事，旧松属七县慈善款产董事，江南水利局顾问，淞沪保安司令部名誉顾问，太湖流域防灾会干事，广慈苦儿院发起、创办人及任院董事会副会长，沪闵南柘长途汽车公司发起、创办人并任公司协理，江苏省长公署参议，南京造币厂会办。下录黄申锡诗一首：

岳　王　祠

松柏插天奇，游人指岳祠。
西湖埋骨处，南渡痛心时。

黄土有生气，青山无媚姿。
敢谈移葬事，不忍读碑词。

英雄遭惨祸，竟阻大功成。

[1] 1913年张謇任北洋政府工商总长兼农林总长，黄艺锡是其部下。1926年张謇逝世，黄艺锡作长联挽之。

贼像纵长跪，忠魂难再生。

安排三字狱，成就一家石。

有客骑驴过，江山半壁倾。

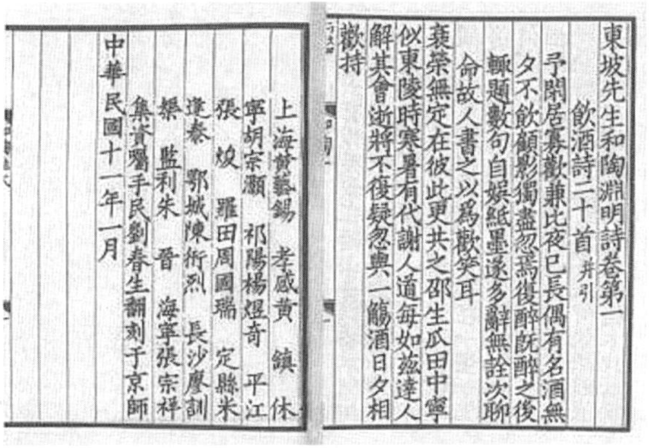
東坡先生和陶淵明詩卷第一
飲酒詩二十首 并引
予閑居寡歡兼比夜已長偶有名酒無夕不飲顧影獨盡忽焉復醉既醉之後輒題數句自娛紙墨遂多辭無詮次聊命故人書之以爲歡笑耳
衰榮無定在彼此更共之邵生瓜田中寧似東陵時寒暑有代謝人道每如茲達人解其會逝將不復疑忽與一觴酒日夕相歡持

上海黃藝錫 孝感黃 鎮 休寧胡宗瀛 祁陽楊煜奇 平江張 焌 羅田周國瑞 定縣米逢泰 鄂城陳衍烈 長沙廖訓樑 監利朱 晉 海寧張宗祥
集資囑手民劉春生翻刻于京師
中華民國十一年一月

黄艺锡等集资刻印的苏轼和陶渊明诗卷

黄艺锡著《菊鉴》

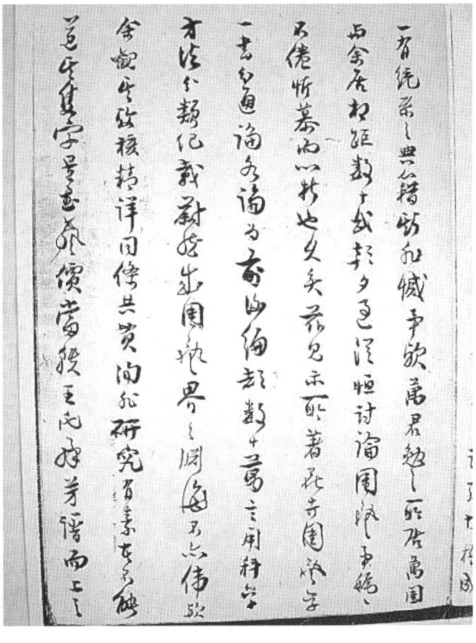

黄艺锡为《花卉园艺学》作序手迹

黄艺锡题《齐眉图》

两诗人同题《申江十景》诗

每个地方都有自己特定的景物和景名，在诗人眼里，往往把当地最有特色的自然景观、人文胜迹，以艺术而凝练的语言，作出十分生动的描述，形成“八景诗”“十景诗”。这些被描写的地方也成了当地人文、自然景观的代表，成了具有地标意义的文化符号。

清嘉庆、道光间闵行镇才女李媞撰写了闵行《申江十景》诗，后来又有黄家河圈处士黄家锟以同题作《申江十景》诗，两位诗人的诗作体现了古代文人独特的审美情趣，也为今天的人们留下了一笔珍贵的文化遗产。

申江十景写的是闵行镇的十处景观，六首为自然景观，四首为人文景观（归帆、夜织、春耕、雪钓）。李媞注重选题的搭配，人文与景观的融合，在季节上，有春、夏、秋、冬之分；在时间上，有早晨、白天、傍晚、夜间之分；在地物上，有河流、街道、桥梁、房屋之分，既全方位体现了景观的特色特点，又使景观变得有声有色、有情有意。而把南浦与归帆、北街与夜织、留桥与春耕、横泾与雪钓结合在一起，以劳动人民生产劳动场景渲染景观，使景观从静态变为动态，变无声为有声，让人感到亲切，也是作者热爱家乡的表达，在序中，李媞写道：“吾乡枕黄浦而九峰三泖环绕于西，数百年来人文蔚起，论云间名胜者，首屈指焉。”

民国《上海县续志》记录了李媞的诗，放在了“名迹·古迹”类目里，也作了地名的解释：东阁在镇东奎星阁后。易园为李林松著书处。竹庄即竹荫庄，为张氏竹园。度门寺见前志寺观。西寺俗称西庙，今改建农业学校。留桥俗称牛桥，在易园外。横泾又名横沥。

诗人的诗作如下：

东阁观潮

欲看波涛宕俗尘，登临无暇拜春申。
怒声一派推山倒，可有乘风破浪人。（李媞）

歇浦秋涛滚滚来，春申高阁傍江隈。
凭栏但觉风成阵，隔岸遥看雪作堆。
芦子渡边悬落日，筑耶城外惊轻雷。
登临有客时翘首，几度吟诗把酒杯。（黄家锟）

南浦归帆

一叶飞来趁好风，回头已出白云中。
舟人知道家乡近，渐渐收低数尺篷。（李媞）

万家烟火傍江头，极浦茫茫不系舟。
双桨乍停风色利，高桅遥映日光浮。
人居奇货来渔国，客算归程坐舵楼。
薄暮市声犹扰扰，篙工买醉卧芦洲。（黄家锟）

易园早梅

宦海归来老水涯，安排树树雪横斜。
伤心林下人何在，留得冲寒几点花。（李媞）

老梅花发水之滨，岑寂名园远市尘。
数点凌霜香耐冷，几枝映月色争新。
高标瞥见过墙好，消息先迎隔岁春。
管领东风向残腊，低回林下忆词人。（黄家锟）

竹庄新篁

雷雨声中早出尘，与梅恰好作芳邻。
看时何必从头问，也算此君旧主人。（李媞）

春来生意绕村庄，添得萧疏竹几行。
解箨每闻声簌簌，放梢便觉色苍苍。
月明满径云筛影，风过回廊粉转香。
剧爱青青环左右，主人镇日坐潇湘。（黄家锟）

谯楼残月

柝声催落月如钩，人对西风一倚楼。
看到高低霜压屋，方知身果在云头。（李媞）

听鼓高楼梦不成，良宵残月映三更。

帘垂芦苇光分淡，叶脱梧桐望里明。
野市茫茫沉兔影，荒村喔喔晓鸡鸣。
还看磊落星迎曙，尚有街头击柝声。（黄家锟）

注：谯楼即建造用以望高的楼，古代用于敲钟报时和观察火情。闵行镇原有更楼二座，一在竹荫庄，一在同源典当屋西、近大操场。由富商大户聘年老更夫，颈挂一节系带的开孔毛竹筒为更具，称柝或梆子，敲击发声，夜间一手提灯笼，一手以棒击更，穿街走巷，边走边喊，提醒各家门户防火防盗。

度门晓钟

问谁被度入空门，绝早钟传远近村。
毕竟蒲牢神力大，一声惊起万人魂。（李媞）

度门古刹亦清幽，每听晨钟出寺楼。
有客禅关闲侧耳，何人苦海暂回头。
梁悬佛火灯光淡，僧老蒲团慧业修。
东望扶桑腾旭日，长空百里韵悠悠。（黄家锟）

北街夜织

处处风摇一点灯，新年已近价难增。
丁娘夜半停梭问，纱向西邻借未曾？（李媞）

勤苦贫家守女红，灯光一点隔窗红。

停梭漫向丁娘问，织月还怜丙夜同。
欲较短长原有幅，只愁断续怕无功。
机声轧轧忘安寝，好梦惊回邻舍翁。（黄家锟）

西寺夕照

一片明霞破晓烟，红墙角抱碧江边。
老僧饭罢支筇立，笑指来朝又好天。（李媞）

薄暮微云漏夕阳，照来西寺满垣墙。
黄添罗汉松梢嫩，红到菩提树影长。
晚课木鱼声断续，觅巢林鸟尚翱翔。
刹竿隐约还留恋，一角钟楼耸敏航。（黄家锟）

留桥春耕

新涨桃花一带溪，小桥西去看扶犁。
东风不管农忙甚，吹得残红满绿畦。（李媞）

柳岸频闻布谷啼，看耕便往小桥西。
四乡地辟田千顷，三月天阴雨一犁。
人倚桔槔湖欲上，花飞馌饷路应迷。
插秧亚旅排行出，歌唱前村日未低。（黄家锟）

横泾雪钓

寄身烟水任高歌，独坐船头雪满蓑。
莫羡江心鱼更好，荻芦深处少风波。（李媞）

纷纷密雪下沙滩，老健渔翁把竹竿。
舟放江湖愁浪险，身披蓑笠耐风寒。
红迷枫叶堆频扫，白映芦花辨亦难。
钓得鲈鱼天欲霁，呼童沽酒醉乡宽。（黄家锟）

《海上墨林》所载书画人物

闵行镇有众多书画人物，为县志所载，后被收录进《海上墨林》一书，该书杨逸编撰，高邕审定，民国9年（1920）出版。

杨逸，字东山，上海人，书法绘画兼通，清末民初长期担任上海地方自治机构的董事和文牍科员，编有《上海市自治志》。高邕，字邕之，号赤岸山民，著名书画家，出生并长期生活在上海，是上海书画界有名的活动家之一，宣统元年（1909）曾发起组织豫园书画善会，嘉惠贫寒，提挈后进，成就甚多。

闵行江川文化馆的“老闵行历史文化陈列馆”中，收藏“闵行乡自治公所记”石碑四块，碑记由李祖锡撰文，高邕书丹。

《海上墨林》成书经过是：高邕有感于在上海活动的书画家甚多，于是建议杨逸以专书记之。杨逸原先已搜集了不少资料，闻高邕之言，益发广咨博采，历时三年编成此书。稿成后高邕加以审定并集资梓行。

《海上墨林》收录书画人物741人，其中包括上海籍人和活动在上海的外籍人。上起宋代，下讫宣统辛亥，以清中后期为多，所记人物次序不以品第高下，凡能书善画贤者均归采纳。该书收录闵行镇书画人物14人，其中有父子、兄弟关系的合为一记。所记人物中，明代一人，为唐疇，其它均为清代。闵行镇人物如下：

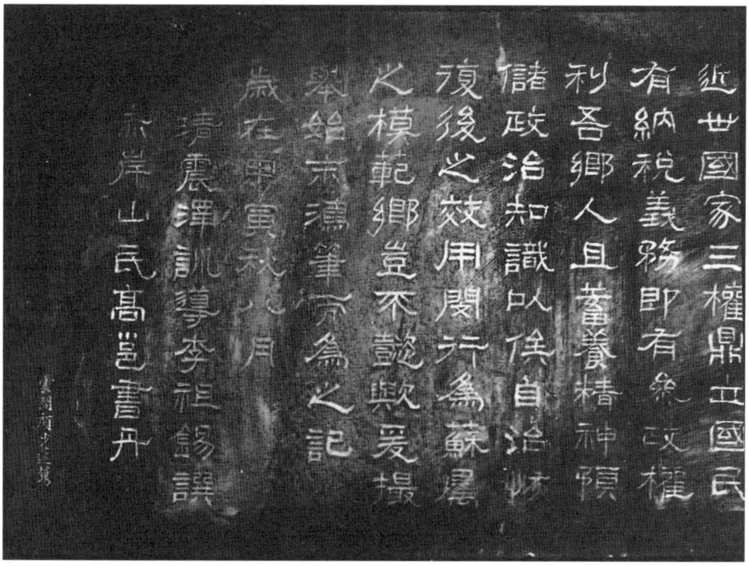

“闵行乡自治公所记”石碑（汪大纲摄）

唐譸[1] 字去非，诸生，好静，矜名节。居闵行玉笙楼，闭户二十年，工写花鸟，墨沈牡丹。

唐格 字逊修，家闵行。工隶书。年九十余腕力犹雄健。

陈维城 字树宗，家闵行。工书，尚正锋。学诗于沈德潜[2]，自号龙岩山人，著有诗稿[3]。子**秉钧**，字铁峰，亦善行草。

[1] 唐譸为明进士志大从孙。同治《上海县志》载，唐譸为嘉靖二十年（1541）进士。

[2] 沈德潜，乾隆四年进士，任内阁学士兼礼部侍郎，清代诗人。论诗主格调，提倡温柔敦厚之诗教。

[3] 陈维城著有《龙岩山人诗汇》。乾隆十二年（1747）为闵行镇度门寺重修撰记，乾隆十六年（1751）皇帝首次南巡时献赋。纂修乾隆十五年《上海县志》时，陈维城任分修人。

唐蘬画牡丹立轴

陈维城书联

朱必镒 字兼百，居闵行。善人物花鸟，尤精界划画[1]。

李鹏万[2] 字海痴，家闵行，工书画。弟**槎源**——字德载，附贡生，

[1] 界划画为中国画技法名，作画时使用界尺引线，故名。

[2] 李鹏万是进士李林松族叔父，比李林松父李鹏冲小二岁。例监生。卓荦高旷，绘墨兰、云龙，无师授，俱神妙。书宗北海（唐代行书碑法大家李北海，风格奇伟倜傥。）又善琴棋杂技。李槎源比李鹏万小五岁，金山卫庠生，例贡太学。诗文气势磅礴，工刻缪篆（缪篆为王莽六书之一，因笔势屈曲缠绕、具绸缪之义故名。）极精。自号渔村，作《渔村铁笔》已佚，著《渔村诗钞》一卷藏于家。李如龙为监生，性伉直不诡。书法遒劲，得颜苏（颜真卿、苏轼）笔力，人争宝之。工诗词不自存稿。

工缪篆，能诗文。从子**如龙**——字古春，工书善医。

纪大复[1] 字半樵，布衣，家闵行。生平耿介，不事上交。铁笔在文[2]、何之间，工篆隶，善山水，唯画不多作，人得片纸以为珍。

李浩[3] 字杏坡，号南浦闲人，道光时诸生，家闵行。画学南田[4]，人颇珍之。

陆铭[5] 字又新，家闵行。能诗，工绘事，传神酷肖，写墨龙、栈道，尤为世所珍。

李尚暲 字竹孙，太学生，家闵行。博通经史百家，橐笔游幕[6]历齐、晋、燕、豫，名藉甚。秉性耿介，不轻干谒。工书学欧阳率更[7]，精篆隶，擅铁笔。卒年六十余。著有《汉瓦砚斋杂录》《优盍罗室诗文钞》。

凤来仪 字古明，闵行洞真道院住持。善篆隶，尤工绘蔬菜，人得片纸皆珍之。

---

[1] 闵行镇横泾河东原有春申道院，纪大复有联云：浦以姓名传，吾不为鱼终古赖；阁因封号建，君之肸蠁到今称。纪大复能诗文，著有《纪半樵诗》，另有《古砖品》，辑录古砖奇文异品。

[2] 镌刻印章，犹如以刀代笔，故称刻刀为铁笔。文，指明代文彭，为书画家文徵明的长子，以篆刻擅名。何，指与文彭齐名的何震，为徽派。文彭刀法明快、秀丽典雅，何震刀法猛辣、苍润厚劲。又，纪大复在乾隆五十六年（1797）辑自刻印成《陶山印余》一册。

[3] 李浩因道光间岁歉，馆谷不足供甘旨，遂习画。

[4] 南田，即恽南田，明末清初著名画家，开创了没骨花卉画的独特风格，是常州画派的开山祖师。

[5] 陆铭著有《横溪散人诗集》一卷。

[6] 橐笔游幕：橐笔，古代书史小吏，侍立帝王大臣左右以备随时记事称橐笔，后泛指笔墨耕耘。游幕，也作幕游，旧指离乡外出作幕友、幕宾或幕僚，游幕人员大多进行学术活动，有行道之志，也有为朝廷或机关人员佐政作幕僚，而游幕人员一般都有着谋生的需要。李尚暲外出游幕，按民国《上海县续志》记载，原因有三：“五踬京兆试”“家贫”“父执世交多显宦，未尝干谒”，李尚暲五次上京考试均不第，在父亲李林松去世后家境渐贫，又不愿利用父之世交求人，宁肯自食其力，为衣食奔走。

[7] 欧阳率更即欧阳询，唐初楷书四大家之一，官至太子率更令，后世称其为欧阳率更。《九成宫醴泉铭》是其代表作，学欧体多以此为范本。

纪大复书联

纪大复山水立轴

纪大复印章

紀大復號半樵世居上海之閔行鎮工書法篆刻善山水生平耿介不事上交隸書遠過金陵鄭簠時無漁洋竹垞爲之延譽窮老荒江人無知者可惜也好吟咏日手一編然其詩不盡可傳而好之不輟死之日以敝篋之稾寄余若有所託焉鹿鹿未暇及之今年撿點故篋得其咏老七言律詩十首詼諧嬉笑頗極形容因刻以慰之且告後之志邑者無失

道光甲辰十月徐渭仁書

纪大复诗集

紀半樵詩

詠老和姚曉珊

禿頂

到底青年有幾春頂天立地夢中身醉僧圓比稱依樣病鬢人看說效顰怒不衝冠應自信愁堪搔首覺無因縱然磨得頭皮薄面目何曾一見新

長眉

百無一善可爭長眉也垂垂不肎揚摠未稱時年已逼斷難得展意先荒知心疑我多愁似徵瑞逢

纪大复诗集

钱韫素 字定娴，闵行李尚暲妻，嘉兴大傅谥文端钱陈群元孙女。通经史文辞，旁及医学。尚暲游幕返，闭户著书，韫素佐夫食贫课徒十余年，藉束修为助。书摹孙虔礼[1]《书谱》，画守文端公母南楼老人[2]家法，故又自号又楼。卒年七十八，著有《月来轩诗稿》。

[1] 孙虔礼即孙过庭，唐代书法家，著《书谱》二卷。一般认为上卷为理论，下卷为谱，内容主要为书学体验、书谱撰写要旨及书法学习的基本原则。

[2] 南楼老人即钱陈群之母，名陈书，南楼老人为号，清代杰出女画家，是秀水画派诞生人。陈书的《花鸟画册》十幅敬献乾隆帝后，乾隆帝在每幅画上各题一绝，又在册首御题“清芬世守”四字，故此册又名“清芬世守册”。今两岸故宫博物院均收藏陈书所作多幅大型作品。自南楼老人陈书起，钱氏子孙从乾隆至清末，出书画家数十人，钱韫素为其中之一，书画均享盛名。

其他文化人物

姓　名	字　号	学　历	简　　介	著　作
潘其彬	字质厓 号东江		善琴、善诗。清初名词人焦袁熹赠诗	《东江琴谱》 《东江乐府》 《东江诗余》 《姓谱略见》
张　镐		清监生	乾隆丁卯潮灾，捐资捞埋。创办闵行义塾	纂修乾隆志任分校
李如稼	字春江 号北湄	清附监生	李祖佑与李祖锡之曾祖，善诗词	《北湄诗稿》
李念祖	字筠卿	清优廪贡生	李林松族兄。笃志于学，诵读彻旦。屡荐不售得以授徒终老	纂修嘉庆志任采访
李荣黼	原名荣光 字玉廷 号虞堂	清增广生	李宗邺曾祖父。为乡祭酒合邑俱称公正，乐善好施，客座常满，有北海风。居闵行镇留桥弄	
翁尊三	字问樵	清举人	为文力追先正，浦南北知名之士多出其门。居闵行镇后东街	
李尚暻	字福草	清县庠生	李林松长子。好学诵读每至更深，里郡后生闻而感奋	纂修同治志任采访
何鼎鎔	字篆香	清庠生	工小楷，与人通问及记数入册皆一字不苟。家寒，傭书自给。居闵行镇横沥东	
叶　域	号读六	清布衣	设帐授徒数十年，士得其教而成名者甚多。熟谙典礼，乡里庆吊事必请指导。居后东街翁宅	《南浦草堂诗集》
顾庆骐	号小园 又号小庾	清庠生	性聪颖，善文辞。惜不永年，居闵行镇大街	

（续表）

姓 名	字 号	学 历	简 介	著 作
沈 砎	字啸琴 号介石		生有异相，天资聪颖。琴棋书画无所不能，且工诗词、铁笔。原籍浙江秀水，流寓闵行镇	
凌镜冰	号芹舫	清布衣	为人浑厚精细，董理务敏学堂校务颇著成绩。居闵行镇北街	
胡宗瑗	字希翼 又字德侪	清庠生	小楷逼真黄自元（清末书法家）。居闵行镇大街	
夏 鼎	字韵笙		工辞令兼善隶书，长铁笔，家无恒产，藉此自给。中年外出游幕多年，晚年潦倒，遂鬻书以终。民国《上海县续志》有传	
高 第	字赋蓉		工山水，惜早世，所作不多见。民国《上海县续志》有传	
李培禧	字应龙 号在田	清庠生	明谥忠节李待问裔。少时究心实业，游庠后一意兴学，历任南洋三等学堂教务，佐理沪南公济善堂医院。交友课生，气节相勉	《农学浅说》 《陇西学吟集》 与李邦黻校订并序
李维华	字衡斋	县庠生 上海师范毕业	李林松兄李偃根之曾孙。清光绪三十二年任乡立第二初等小学（原名蒙养）校长、教员。民国元年创办纯嘏女子初等小学。任广慈苦儿院董事。普安公墓创办人之一。解放初任上海县人代会议常务会副主席	纂修《上海县续志》任采访
李维基	字兰言		李维华兄，性耿直，工书，善绘山水花卉，以早世故少流传。民国《上海县续志》有传	
赵春芳	原名萧庆祥	沪剧生角、一级演员	出生闵行镇，居老西街“曲尺湾”。沪剧“春”派创始人，与杨飞飞结为伉俪，创正艺沪剧团、勤艺沪剧团	代表作：《家》《卖红菱》《为奴隶的母亲》等
黄蔓耘		京昆名家	求学北京师范学校时迷上京剧，与俞振飞结为伉俪后成为著名昆剧演员。父黄圃裳为黄家河圈人，在闵行经商，居大操场东红房子	代表作：《琴挑》《思凡》《断桥》《贩马记》等

链接

李右之（1880—1958），名维清，后改味青，字右之。李尚暲孙，李邦黻子。早岁有诗文名，光绪二十九年（1903）起任江南制造局广方言馆与兵工学堂汉文教席、省立第二师范教员、县立第一女子高等小学教员。早年参加组建粹社，后任上海地方自治研究会会长。曾任民国初上海县议事会副议长，民国7年《上海县续志》筹备修志处主任员、修志局事务主任员、督刊员及艺术门和游寓门纂修员，民国24年《上海县志》筹备修志主任、修志局事务主任及教育门和防卫门纂修员，又兼《新闻报》副主笔。

李右之热心教育事业，民国《上海县续志》记载："中城小学堂，原名七铺小学堂，在蓬莱路龙门精舍，光绪三十二年邑人汪锡增、李味青等创办。"民国《上海县志》记载："志明学校，民国元年邑人丁立钧创设，在肇嘉路登云桥。十二年，添设高级，学生家寒者免费或半费，经费由校董姚文楠、李味青、王济川、范回春等任之。"

李右之在从事教育活动过程中，还为小学编写乡土教材《上海乡土志》，后又在体例、内容上进行修改，编成《上海乡土历史志》和《上海乡土地理志》各一册。另有《古文今范》《中国字母学》等教材。著有《革命时代大文章》《上海李右之著诗文稿百篇》《李右之诗稿二集》。辑其父李邦黻遗作50篇，编为《李徵士遗稿》。辑李林松及子孙姊妹夫妇之著作，编为《上海李氏易园三代清芬集》。1953年7月被上海市陈毅市长聘为文史馆馆员，感于"时代更新，甘回蔗境，后先对比，恍隔天渊，时时想用笔墨倾吐。"穷半年之精力，写成新诗百余篇，题名《六十年来上海地方见闻纪事诗》。在书序中表达了心情："余上海人也，爱乡土之心同于爱国。”李右之的学生、老报人严独鹤在跋语中盛赞："师曾两断鸾弦，三摧玉树，而不以悲感损其意志。平生不慕荣利，乐育英才，数十年如一日，以此见重于时。”

下录李右之诗二首：

六十年来上海地方见闻纪事诗之一

时代更新奈老何？沪江生长见闻多。

漫书六十年来事。好当三家村上歌。

注：余生长上海，1894年年十四，1954年年七十又四，皆逢甲午，以上起首一首。

六十年来上海地方见闻纪事诗之二

天安门上挂红旗，中国新生成立期。

沪市市民同庆祝，游行队伍显雄姿。

注：1949年10月1日，中华人民共和国成立，沪市与全国同声庆祝。

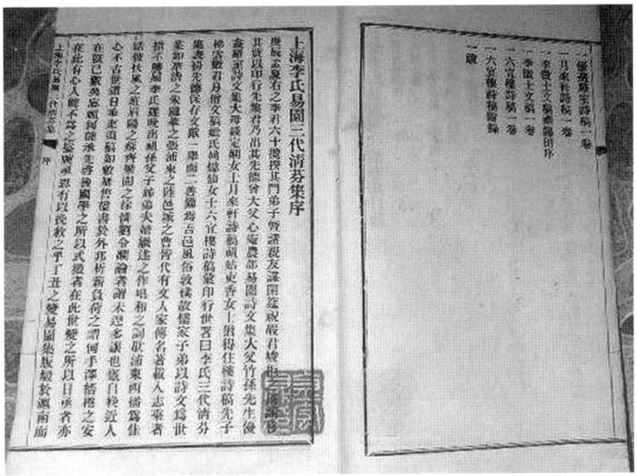

李右之辑《上海李氏易园三代清芬集》

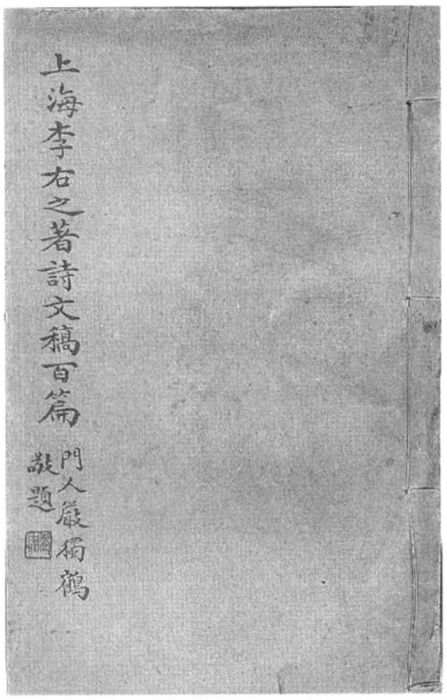

李右之诗稿二集

李右之诗文稿百篇

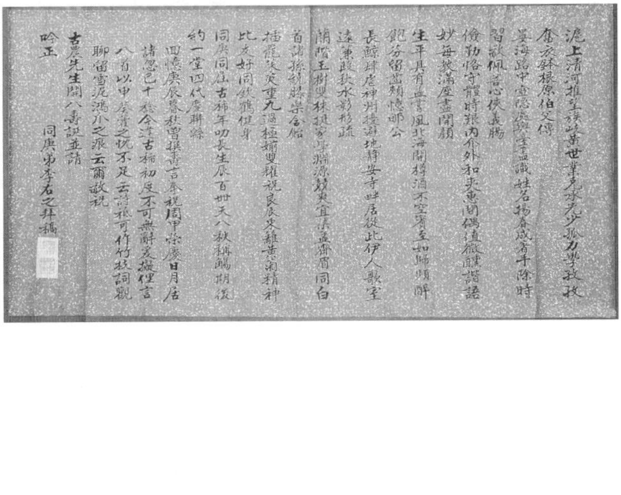

李右之祝寿作竹枝词书法手迹

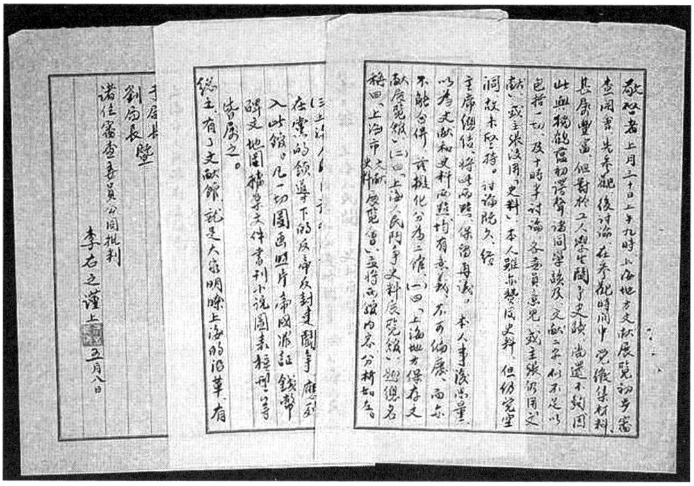
敬启者：上月二十日上午九时上海地方文献展览初步審
查開會，先參觀，後討論。在參觀時間中，覺徵集材料
甚為豐富，但對於工人學生鬥爭史跡，尚還不夠。因
此[illegible]文獻二字，似不足以
包括一切。及十時半討論，各委員意見，或主張仍用文
獻，或主張改用「史料」。本人雖亦贊成史料，但仍覺空
洞，故未堅持。討論既久，結
主席總結，將此兩點保留再議。本人事後[illegible]
以為文獻和史料兩點均有意義，不可偏廢，而亦
不能合併，故擬化分為二館：（一）「上海地方保存文
獻展覽館」；（二）「上海人民鬥爭史料展覽館」。總名
稱曰「上海市文獻史料展覽會」。並將兩館內容分析如左。

[illegible]

總之，有了文獻館，就是大家明瞭上海的沿革，有
[illegible]

諸位審查委員公同批判
李右之謹上
五月八日

李右之书信手迹小

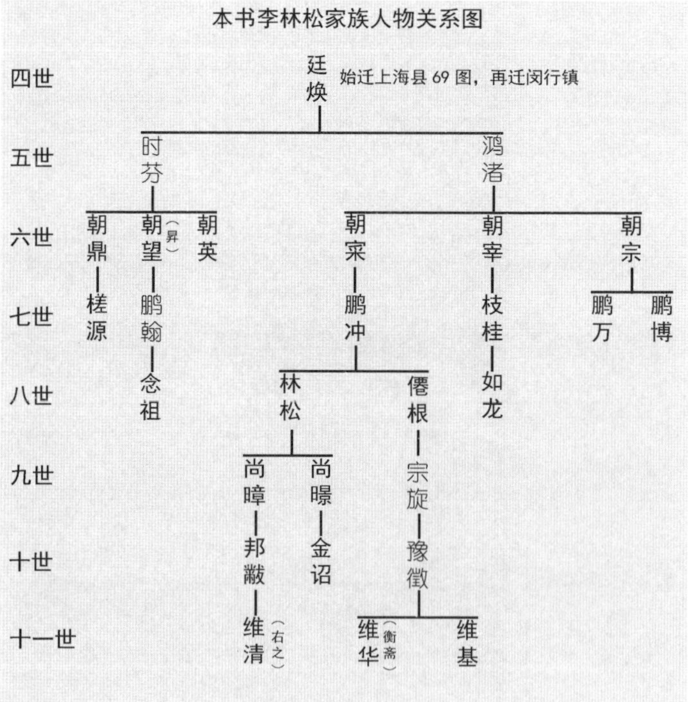

李林松家族人物关系图（汪大纲制）

李英石家族人物关系图

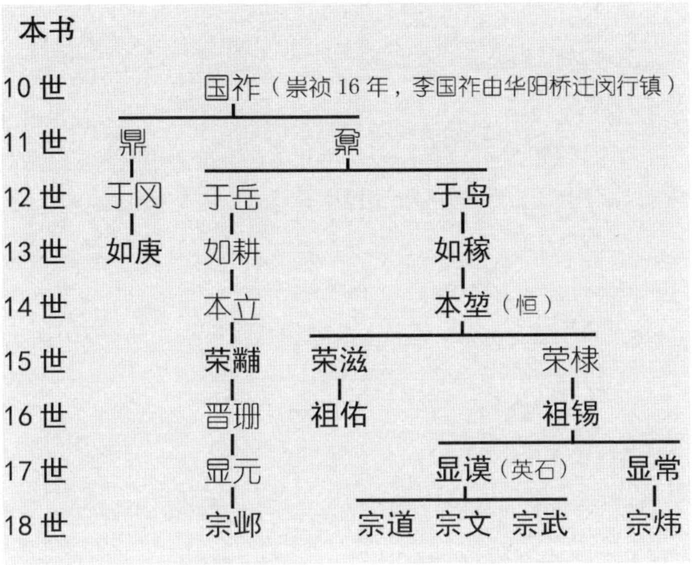

（汪大纲制）

附录

闵行镇新旧路名对照表

沪闵南柘路、沪闵汽车路、沪杭公路……沪闵路	糖坊弄……………南北大街213弄
徽宁路、达丰路……………江川东路	染坊弄……………南北大街171弄
英石路…………………………建设路	酱园弄、韭菜街……南北大街135弄
北庙路……………………新闵路（戚家桥以西段）	留桥弄……………南北大街122弄
叶家路……………………新闵路（戚家桥以东段）	张家弄……………南北大街97弄
普安堂弄………………新闵路522弄	竹荫弄……………南北大街80弄
北庙弄…………………新闵路556弄	正兴弄……………后东街37弄
念椿街、新街…………新安路东段（母子泾以东）	小菜场弄…………新安路27弄
蒋家场路………………闵东路	味春弄……………新安路21弄
河东前街、东庙路……河东路	施弄………………前东街33弄
外滩……………………浦江路	石皮街……………横泾西路2弄
西横泾滩………………横泾西路	叶家弄……………横泾东路49弄
东横泾滩………………横泾东路	长丰弄……………浦江路107弄
杀猪桥弄、新园南弄……老西街51弄	油车弄……………浦江路79弄
九间头前马路…………普文路	佛阁弄……………浦江路57弄
北街……………………南北大街北段（后东街以北）	高家弄……………浦江路39弄
大街（南大街）……南北大街南段（后东街以南）	东庙弄……………河东路44弄

老闵行明、清时的旌表坊亭

序	名　称	建立时间	简　　介	地　点
1	六经启秀、进士、世科3坊	明代	并为董纶父子立，同治志载：今废	不详
2	朱堂妻张氏坊	乾隆十一年	夫亡守节，善事邁姑，抚孤成立	闵行镇西
3	张钜继妻康氏坊	乾隆三十五年	夫亡抚遗腹子兆济，教养有法，家政肃然。坊正中上方刻有“题准赐帑建坊”，石柱刻有“坤顺”“恒贞”“人端，女祟”字样	原浦江路190号
4	陈和观妻俞氏（烈妇亭）	嘉庆间	夫操舟贩鬻，嘉庆九年遭风溺死，氏年20，哭奠毕，托孤金松于夫之弟良玉，自经以殉。巡道李廷敬、邑令苏昌阿并给额，里人立碑建亭于镇东横沥桥。李林松有记	原前东街东口北侧

牌坊和旌表亭是古代社会为表彰功勋、科第、德政及忠孝节烈所立的建筑物。表中序1的三座牌坊为科第坊，董纶及其子董恬、董忱、董怿均为官。董纶，字诚之，号介轩，明天顺七年（1463）进士，上饶知县，擢河南道御史。董恬，字世良，明弘治九年（1496）进士，授工部主事分司徐州，改刑部员外郎转郎中，擢大理寺少卿。董忱，字世恒（世行），与恬同年举进士，官肇庆府知府，又据弘治《上海志》载任礼部主事，升员外郎。董怿，字世康，明弘治十四年举人，任磁、绵二州知州。

在松江府城，有为董纶立的“绣衣坊”，在董家汇（今轻轨5号线华宁路站南一带）有为董恬、董忱、董怿立的“云间三凤坊”。

嘉庆《上海县志》载，南京河南道御史董纶墓、子大理少卿恬、肇庆知府忱、孙周府审理副继贯（继贯为董忱之子）祔，在竹冈西。即今碧江路西、宾川路南电机新村地块。墓前有石人石马，南有小河小桥。1952年建造电机新村时平除，出土文物原保存在上海电机厂内。

中国传统社会自古即重视孝道，孝行显著的女性成为朝廷旌表的重要对象，上表中序2、序3即是。而对节妇的称颂与旌表，始终是国家推行教化，稳定社会秩序的一种途径。“节孝坊”旌表的张堃妻孙氏，贞节与孝道均有，故名。

位前东街东口的烈妇亭情景画

明清时对社会旌表较为重视，但制度却十分繁复，公文来往动辄达数年之久，加之竞争激烈，因此除了朝廷的旌表之外，地方政府也设计一些流程简单、手续方便、由地方人士推荐经地方官查访确认后，直接立碑、给额、奖励、写入地方志等的旌表方式，上表中序4的“烈妇亭”便是如此。

解放前后，闵行镇人称烈妇亭为“亭子间”，李林松记的石碑、额扁不详何时被毁，亭四周砌墙设门开了一家小烟杂店，1989年横泾西路拓宽时该亭拆除。

如今，幸存的“节孝坊”巍峨壮观地耸立在闵行古藤园内，作为景观点缀在万绿丛中。一座牌坊，记述了一个鲜活的故事；一座牌坊，蕴含着丰富的历史文化内涵。它是民族历史的标本，它是传统文化的遗存。

《城镇乡地方自治规章》第三节第五条

第五条城镇乡自治事宜，以下列各款为限：

一、本城镇乡之学务：中小学堂、蒙养院、教育会、劝学所、宣讲所、图书馆、阅报社，其它关于本城镇乡学务之事；

二、本城镇乡之卫生：清洁道路、蠲除污秽、施医药局、医院医学堂、公园、戒烟会，其它关于本城镇乡卫生之事；

三、本城镇乡之道路工程：改正道路、修缮道路、建筑桥梁、疏通沟渠、建筑公用房屋、路灯，其它关于本城镇乡道路工程之事；

四、本城镇乡之农工商务：改良种植牧畜及渔业、工艺厂、工业学堂、劝工厂、改良工艺、整理商业、开设市场、防护青苗、筹办水利、整理田地，其它关于本城镇乡农工商务之事；

五、本城镇乡之善举：救贫事业、恤嫠、保节、育婴、施衣、放粥、义仓积谷、贫民工艺、救生会、救火会、救荒、义棺义冢、保存古迹，其它关于本城镇乡善举之事；

六、本城镇乡之公共营业：电车、电灯、自来水，其它关于本城镇乡公共营业之事；

七、因办理本条各款筹集款项等事；

八、其它因本地方习惯，向归绅董办理，素无弊端之各事。

《老闵行历史文化陈列馆》散记

沈月琴

筹建过程

随着改革开放的不断发展，有着“小上海”之称的老闵行，在城市化建设的过程中逐渐消失在人们的视线中。

为了唤起人们对闵行老街的记忆，将各阶段历史一一展现出来，2011年，经多位专家、学者的多次研讨、多方论证，江川路街道党工委、办事处讨论决定，拟在江川文化馆一楼改建《老闵行历史文化陈列馆》，以记录曾经的老闵行。通过实物、史料、照片等珍贵资料还原老闵行的历史文化风貌及发展变迁，展示闵行老街昔日的风采。同时，也是向闵行区建区二十周年的文化献礼。筹馆工作于2011年11月正式启动。

拟建的《老闵行历史文化陈列馆》，其设计理念注重历史性、地方性、艺术性。突出地域特点，以场景、实物、图片、诗文、音像相结合，强化观众感受，其宗旨在于挖掘真实的历史记忆告诉今人，保护完整的历史遗存并留给未来。

闵行区非物质文化遗产保护中心专家组组长、长期注重地方文史研究的张乃清先生，担当了策划布展的重要任务。他用了大量的时间潜心钻研老闵行历史，挖掘出许多老闵行珍贵的文史资料。筹展中，版块的设计、图片的选择、文字的撰写和实物的安排，均规划周详、事必躬亲；

又撰写了17万字历史纪实书籍《老闵行记忆》，提供了观众和读者更深一步对老闵行的了解和认识。

筹馆初期，为了获取更多、更有价值的文史资料，筹备组与市、区档案、文博专业机构多方取得联系，摸清现有史料底子，并请市区有关专业机构援助提供已有的关于老闵行史料的清单，充实展品的内容。同时，在《闵行报》《江川社区报》等多家媒体上刊登征集启示，在各小区居委张贴征集海报，全面铺开相关宣传和征集活动。组织开展史料、历史文化典故和传说的征文、征物、专题美术、摄影活动，为建馆宣传推波助澜。

闵行区文广局也给予高度的重视和关心，多次来江川听取筹建工作汇报，并给予人力、物力上的支持。文广馆局非遗保护中心投入资金，拍摄了反映闵行老街历史变迁的纪录片《再逛一次老街》和《共同的记忆》，并邀请清代闵行镇爱国实业家乔念椿孙辈、原上海电影译制厂著名配音演员乔榛老师作为片中故事的主讲人，为人们讲述着闵行镇上逝去的那个年代的人和事。

陈列馆筹建期间，筹备组特别邀请区内外文史、地名志、文物方面有关专家，为建立老闵行历史文化馆作可行性论证，同时，还邀请了闵行区档案馆、闵行区博物馆的专家进行现场布展指导，并提供了重要资料和实物。上海电气电站集团及其下属企业、上海航天设备制造总厂、上海闵行经济技术开发区等多家单位给予鼎力支持。

筹建过程中，还邀请了专家学者、社会各界名人、“四大金刚”企业负责人、江川社区居委干部代表和部分老街原住居民，组织召开多次座谈会，听取大家的意见和建议，获取了更多有价值的信息。

为体现展馆的真实性、生动性、本土化，筹备组组织专家学者赴江

《申江十景》画作（沈月琴提供）

南水乡博物馆、民俗风情馆、非遗展示馆、上海汽轮机厂陈列馆、临港电气电站陈列馆和闵行联合发展有限公司陈列馆等地参观、学习，获得了陈列馆布展构思的有益经验和启发。

闵行镇清代女诗人李媞曾作《申江十景》诗，生动描绘了闵行老镇的十处自然、人文景观。筹备组邀请了由会长王碧老师率领的闵行区老年书画研究会成员，举办《申江十景》作品研究会，并请他们挥墨作画。十幅作品，丰富了展馆内容的表达方式，也与照片、实物、场景交相辉映，增进了观众的理解和认识。

采访闵行奇人——86岁的老街原住居民张文华老先生，回忆老街曾经的趣闻故事。并邀请张老先生用他精湛的笔画功底，描绘闵行老街琳琅商铺的长卷情景画，将消失的闵行商业街，栩栩如生地展现出来，又按张老先生所画街面店铺制作成沙盘模型，让人看了，亲切又生动，仿佛又重回那个时代。

李园，是参与上海光复的辛亥革命功臣李英石的旧居。几经变迁，李园移主他人。筹备组实地探访李园，采访了“李园”的现住主人，听其讲述“李园”的过去、现在，李园的历史演变，为展馆增添了许多实质性的内容。

特别值得一提的是，在老闵行历史文化陈列馆整个筹备过程中，还有幸得到了乔榛老师的大力协助。乔老师不仅捐献了乔氏家族先辈遗留的珍贵的手稿和遗物，还亲自挥毫泼墨，为陈列馆赋诗一首。

闵行区群艺馆美术摄影辅导部主任邢元虎老师，为陈列馆创作了《群贤画像》《聚龙桥》两幅大型重彩画作品。

筹建工作从2011年11月起酝酿，至2012年9月布展完工。期间，得到了社会各界、热心市民的大力支持，征集到了民国时期许多珍贵的民间日用品。一些老街原住民，把老街动迁时保存下来的、有历史价值的照片、书籍、日用品等捐赠给了陈列馆，这些捐赠的物品，充实了陈列馆中实物展示的内容，能更生动、更形象、更真实还原历史，使展馆更具可看性。唐世杰、汪大纲两位先生，为陈列馆提供很多珍贵的街景老照片；热心居民陈女士、杨女士、魏先生、李先生等慷慨捐赠了家中珍藏、富有年代感的民间生活用品；闵行区博物馆梅国强老师不仅捐赠了自己珍贵藏品，还多次来到现场，为布展工作作现场指导。

一位七十多岁的尤老先生，将自己珍藏多年的老母亲的遗物捐赠给了陈列馆。尤老先生年轻时担任过讲解员，有讲解员的基本功底，现虽年逾古稀，但仍热衷于社会志愿服务。从陈列馆开馆伊始，他就主动要求担任志愿者讲解工作，并为展馆培养了一批又一批年轻的志愿者讲解队伍。

居民捐赠的民间生活用品
（沈月琴提供）

老闵行历史文化陈列馆建成于2012年8月底，9月15日试开放，同年10月15日上午，在江川文化馆南广场举行了隆重的开馆仪式。

《老闵行历史文化陈列馆》开馆近5年来，吸引了众多参观者和来访者，共接待参观7万余人次。

展馆简介

《老闵行历史文化陈列馆》将原文化馆底层三大间分构成8大展区，筑半墙屏划出32块展墙作展板，大门口以古镇建筑为蓝本，置砖墙、梁柱、雀添、石础、窗隔、瓦当为元素配玻璃大门，将现代美和古朴美有机地结合在一起。陈列馆总面积420平方。分成：《申江门户　水陆要津》;《农商云集　经贸重镇》;《群贤毕至　书香传世》;《见证奇迹　共建伟业》

四个单元。

第一单元有小版块:“地名沿革”“百年变迁”“江边码头”“外滩摆渡口”“内河航运线”“三座桥梁”“沪闵公交线”“大街小巷”“黄浦巡检司”“古今庙寺”“本土特产”等11个。有展墙6块，照片图片44幅，重彩画1幅，场景2处，展柜1具，石碑真迹3块及闵行镇（局部）沙盘模型1具。全方位、多角度地展示闵行老镇在城市发展中的沧桑变化和形象，以古、近、现代的发展脉络体现闵行悠久历史，成为申江门户、水陆要津，成为上海近郊的“首镇”。

闵行镇（局部）沙盘模型（沈月琴提供）

第二单元有小版块:“农商聚集”“五方杂处”“知名商店”“地方俗节”“民间艺术”“龙舟赛会”“知名宅院”“最后风景”等8个。有展墙4块，照片图片65幅，场景4处，展柜6具，实物39件，多媒体电视1台。

展馆3图（沈月琴提供）

展示闵行老镇历经四百年岁月，五方杂处、户口殷实，商贸活跃、市尘繁华，再现闵行引领时代潮流的发展历程和成就，介绍老镇民俗风情、民间艺术的人文景观。

第三单元为"群贤毕至、书香传世"，是陈列馆的重点版块。有展墙12块，照片图片90幅，另有十景诗画10幅、"群贤"大型画1幅，展柜9具，场景4处，救国纪念塔模型1座，石碑真迹5块。展示"明清书画""民国风情""名人风范"和"乡贤故事"。

在"明清书画"版块中，介绍了唐醻、俞宗大、纪大复、钱韫素等著名书画人物。在"民国风情"中，介绍了自治公所、广慈苦儿院、民众教育馆、职业学校、慈善机构等内容。在"名人风范"版块中，介绍了闵行董氏、易园李氏、李园李氏、竹冈黄氏、闵行乔氏、闵行项氏等内容。在"乡贤故事"中，介绍了朱永佑殉难、黄宗坚父子、辛亥革命功臣李英

展馆一角（沈月琴提供）

石、乔念椿实业救国、黄蕴深多才多艺、乡土教育开拓者李右之、实业家诸文绮办学等内容。

第四单元是“见证奇迹、共建伟业”。有展墙10块，照片58幅，场景2处，多媒体电视1台。有“新中国能源装备从这里起步”版块，分为“时代凯歌”“上海第一个新颖住宅区”“一号路赞歌”“创造世界奇迹”“我们工人有力量”“社区新村”小版块；有“再铸辉煌”版块，分为“上海电气”“上海航天”小版块。有“国家级闵行经济技术开发区”和“今日江川”版块。

《老闵行历史文化陈列馆》通过翔实的资料、艺术的构思，以实物、绘画、场景、音像等多种方式，生动形象地展示了老闵行历史文化底蕴、发展历程、建设成就和未来愿景。老闵行历史文化是上海城市文脉的历

展馆一角（沈月琴提供）

史延伸；是当今建设和谐社会的史实资源；是上海人文精神的重要篇章；是闵行人引以为豪的精神财富。陈列馆是市民观众了解城市发展的最系统、直观、生动的有效途径。陈列馆将老闵行的城市空间特色、历史文化特式、经济建设特色浓缩整合，让市民观众认识它的发展历史、看到它的发展进步，如同一个平台、一个窗口，激励人们参与城市的建设和发展，让城市的生活更加美好。

旧景在与不在，你都是我的老闵行

郑　宪

地处老闵行西渡口的老街，已没了，没得彻底。

因为彻底地失去，思念才凶猛。前时联络叶小铭，他就住老闵行，说你来啊，老街看不到，我陪你逛老街上发展起来的新街，可追思。我说我想起两句话：老闵行的老街，黄浦江呼唤你，还在吗？

空悲切。

一个拆分净尽的老街，昭示了现代，隔开了历史。曾经的南北大街，哪里有？曾经的市井喧嚣，哪还在？那条历史上叫外滩路的，早被称作浦江路。浦江路上，树荫繁茂，浦江路背后，已是一片又一片新楼群矗，在此可望黄浦江宽阔江景，远眺从西渡到奉贤雄伟的斜拉大桥——我今天所见。

上海人成了老闵行，老街情结深又重

叶小铭的故事，曾那么励志我。

20世纪60年代中期“统一分配”到老闵行工厂的65届中学毕业生，他们中间藏龙卧虎，叶是其中之一。毕业的中学为名声赫赫的华师大一附中，1977年“文革”后首届恢复高考的日子，他已在老闵行工厂工作12年。复习，迎考，一考中榜。转变命运的喜悦时刻。那天，叶的高考录取通知书到工厂，令人激动：这个工厂的革新高手，含辛茹苦，不舍昼夜地追求知识，终于得到丰沛回报。

多少羡慕的眼光，同时多少人被激励——原来，工厂里的工人通过努力也可以抵达遥远的梦想。我也受到激励。

就在这样一个被许多人视为新生的日子，叶小铭竟又做出一个惊人之举：接受厂部对他的“知识型工人的恳切挽留”，不去读大学了，继续他工厂革新高手的路程。多少人惋惜、惊异、不解——其中就有两年后从工厂考入大学的我。

今日再逢，我请叶将当年放弃人生重要转折机遇的原因作一透彻解读。我也知道，他的中学校友，不少都在那个激情岁月跨出决定性一步，有人现在已是国际知名教授，有人早成为名播遐迩的科学家。

男人不说悔。叶小铭说决定他命运的就是老闵行的老街。那老街由东向西，由南向北，自然延伸。他一直迷恋老街，记住老街一户户大宅院，忆得出南北大街的主格局，街内横贯一条横沥河，河西面，有前东街、后东街、老西街、新西街……决定留或走的那一天，他和在同一家工厂工作的妻子走遍老街，徜徉于老街的黄浦江边。这地方留下他们太多情感的印痕。1974年，他们在老闵行结婚生子，叶在老街的渔家船上，买来一大篮野生大鲫鱼，六角钱一斤，妻子认定“此生吃到最鲜的鱼”。很长时间，他们住在一间靠近老街的9.6平方米的朝北小屋，经济拮据，用粮票、香烟票去换老街上的芝麻、花生、黄豆，换打气筒、塑料盆、草鸡蛋。日子照样过得每天阳光灿烂。

留恋老闵行，留恋老街。就这样简单。上海来的青工，在老街决定了他们一生的归属。在老闵行，他以后做了一家厂的厂长，再赴海外做企业负责人，一样精彩的人生。说起已经不存在的老街，叶小铭描述了下面一组过往镜头：是傍晚，秋风瑟瑟的日子，看缓缓进入横沥河的渔船，上船，寒暄，看货，砍价，两块多钱买十只二三两重的大闸蟹。买完，手里的蟹用麻绳串紧，人在夕阳金黄的残照里晃悠着走，长长的身影斜在老街的路上。蟹未煮，味已浓……

过去的，都是有咀嚼的历史。

老街新景有旧痕，老街故人还在否

我寻老闵行的老街，寻旧日痕迹。有人对我说：这旧日痕迹不但有，还有一处“原汁原味”的地方——花园，这花园，同时为“老闵行老街展示馆”。还说，项家花园有个项家的后裔，就在你原来待的老闵行工厂，叫项珉。

令人兴奋。项珉，哪个年代的人？

1975年出生的项珉站立我们面前时，模样普通而淡定，为企业设备动力科负责人。项出生的日子，我正在老闵行，一个进厂已几年的小青工。我常去逛老街，不记得老街里有个项家花园，却回忆起老街的砖石路弹硌路上，各色餐饮店堂内外，穿着工装的上海小青工挤挤挨挨，吃喝流连。老街横沥河上有三座出名的桥：聚龙桥、启秀桥、戚家桥，桥下水黄黄，甚至有黑的流动的点、线、面。我们的身影，在桥上桥下聚散。

问项珉：“有没有往昔小青工的印象？”被问者笑起来：没一丝印迹。小时候他只记牢一到过年，一辆辆消防车在老街口待命。新年，老街凶猛的鞭炮，新桃换旧符的仪式充满战斗氛围，大多数木结构的店铺面临高危状态。

我已急不可待，“一起去看看项家花园吧。”

在项珉引领下，我们赶到项家花园：在新闵路481弄——是个叫“星河景苑”的新型社区，项家花园竟“藏拙”于内，号码为“29号西内侧”，而它原来在老街的位置为“南北大街94号”。建此花园者，为当年中国火柴业界头牌人物——项珉的太太（爷爷的爸爸，上海人读“ta ta”）项镇方，建筑完成于1915年。

今天定睛看，500平方米建筑面积，系两幢连体楼房，东侧一楼，南侧一楼，直角构图，中间天桥相衔，均砖木结构二层。南楼中西合璧，坐北面南，正面上下皆长廊，楼前有砖砌围墙小院。东楼为西式洋房，坐西面东，楼前亦有小院，远门额墙上饰花卉浮雕。这两幢庄重存韵的青灰矮楼，静伫于四周高高的黄红色的楼宇间，滋味独具。

历经沧桑，项家花园成为老街荡涤后的“闪亮明珠”。

项珉讲起20年前老街的改造拆建：在自己居住的项家花园东楼二楼朝南望出去，机器轰鸣，成片的旧房街巷被隆隆荡平。除旧迎新，场面震撼。原本以为项家花园也在拆除之列，后来才惊喜她“劫后余生”了。不但余生，且成为“建筑遗产保护单位”。

这“建筑遗产保护单位”，内有如下展示及历史描述：

“老闵行地处古冈身，自古无水旱之患。元代已设闵行义渡，明代初又设巡检司署，农商云集，人口日增，形成黄浦江中游的门户小镇。又历经400年沧桑岁月，于明末清初确立为建制城镇。以后300年间，五方杂处，群贤毕至，经贸繁盛，人文荟萃，被誉为上海首镇。”

上海首镇，不是传说。

奔流不息的黄浦江，依然与老街相视相伴

“想不想见叶基？”叶小铭征求我们意见。

我没有对叶基做过多联想：曾经年龄比我小几岁的工厂老同事，20世纪70年代同处一个厂的环境，做很普通的工作，中等个，宽圆的脸，不在一个车间，见面点头，有人说他是老闵行本地人，仅此而已。

对老闵行历史“深有研究”的叶小铭说：“几十年前不说自己的家庭背景是因为不敢说，现在不说是低调。老闵行老街曾有400多家商号门面，叶家在其中是大户，南大街上开着三个大铺面的布店。那个承继祖上店业的红火商人叶仰庭，就是叶基的爷爷。”

有眼不识泰山了。

见叶基，就在他住的叶家宅。叶家宅，距曾经的老街仅两箭之隔，过一条横马路。对我们说的“不识泰山”，他表示无法承受，连连摆手。他走路一摇一摆，说话慢条斯理。所谓名门之后，他没一点感觉。但从他浅淡的叙述中，你可闻历史沧桑：爷爷及祖上在老街开的三大开间的布店，1958年出生的他孩提时经常前往，不过布店已经是“公家的”。他在店堂里窜东跑西，妈妈会警告他：不得放肆。父亲早年在爷爷布店做活，之后则到老街副食品公司谋了个职。妈妈呢？她原来条件优渥在家料理，以后在老街的服装厂做得很是欢腾，至今95岁，除耳背，一切安好。

在叶家宅的住屋，大家又一次惊诧：现代城市楼宇的包裹中，竟保留一处原生态的旧院落，可称“城中村”。有一条弯弯的石板路，通往两幢平房建筑，外观系水泥拉毛的黄色墙面，造型简洁大方。正屋前有花园

竹林。园内有假山石，矗几棵百年松柏，散落几株桂花树，可赏腊梅，见广玉兰，甚而，还种植着一畦一片的绿叶蔬菜。

"城中村"的东面，就是黄浦江。

叶基说，他现在住的院落，其建筑风格与布局，和曾经老街上的不少建筑相似。

突然记起来，四十年前一个夏日，我们一群小青工，走到西渡，看过黄浦江，便来到老街，走过布店、五金店、米店、酱油店、洗浴店，行过透出饭菜香的小酒店，甚至还有卖船橹部件的店，渔民打鱼的绳网店。我们是去老街内里的江边一角，到工厂一个女医生的家，也是我们一位车间工友的家——工友和医生是夫妻，说明当年的工厂，工人地位颇高。他们一家在院子里吃饭，邀请我们加入。一张桌，几张椅，七八副碗筷，头顶罩着蓬勃绿叶的葡萄架。主人笑着招呼我们几个上海小青工："来，一起吃乡下头的菜，园子里现摘现炒的。"那院落，衬着江景，枕着支流的河道，诗画般的……

都已是不再的画面。

好在，奔腾不息的黄浦江，还在，她曾经倒映着老闵行老街的美丽形象，与其相视做伴，不离不弃。

主要参考书目

上海府县旧志丛书《上海县卷》上海世纪出版股份有限公司、上海古籍出版社2015年版

上海府县旧志丛书《松江府志》上海世纪出版股份有限公司、上海古籍出版社2015年版

《闵行区志》闵行区志编纂委员会编，上海社会科学院出版社1996年版

《上海县志》上海县志编纂委员会编，上海人民出版社1993年版

《闵行区商业志》闵行区财政贸易办公室编1995年版

《上海县工业志》上海县工业局、上海县工业志编写组编，上海三联书店1988年版

《上海市闵行区地名志》闵行区人民政府编，中国大百科全书出版社上海分社1991年版

《闵行诗存》黄宗麟主编，黄艺锡、黄申锡协编1935年版

《海上墨林》杨逸著，上海古籍出版社1989年版

《闵行老街史料选集》上海市闵行区档案馆编，上海社会科学院出版2016年版

《上海文史资料存稿汇编》上海市政协文史资料委员会编，上海古籍出版社2001年版

《老闵行记忆》张乃清著，上海人民出版社2012年版

《上海县教育状况》上海县劝学所1923年版

《上海县教育三年概况》上海县教育局编1934年版

《上海县实行地价税经过纪要》江苏省地政局编1937年版

《江南经略》郑若曾著，明隆庆二年（1568）年版

《上海李氏易园三代清芬集》闵行区图书馆编，浙江大学出版社2017年版

《清代民国名人家谱选刊》国家图书馆地方志家谱中心编，北京燕山出版社2010年版

《李氏族谱》李尚暲续修，怀古堂藏，咸丰八年（1858）年抄本

《陇西李氏宗谱》李祖佑、李显谟、李宗邺、李修则续修1929年抄本

本书照片图片除注明出处的外，均来源网络。

图书在版编目（CIP）数据

“小上海”老闵行 / 闵行区政协学习和文史委员会编；汪大纲主编. — 上海：上海书店出版社，2018.12

（“发现闵行之美”闵行区政协文史丛书）

ISBN 978-7-5458-1747-8

Ⅰ. ①小… Ⅱ. ①闵… ②汪… Ⅲ. ①闵行区–地方史–史料 Ⅳ. ①K295.13

中国版本图书馆CIP数据核字（2018）第254631号

特约编辑 吴玉林 樊惠安 姚 尧

丛书策划 闵行区政协学习和文史委员会 明镜文化

责任编辑 张冬煜

装帧设计 郦书径

“小上海”老闵行

“发现闵行之美”闵行区政协文史丛书·老巷陈香辑

汪大纲 主编

出 版 上海书店出版社

（200001 上海福建中路193号）

发 行 上海人民出版社发行中心

印 刷 上海丽佳制版印刷有限公司

开 本 710×1000 1/16

印 张 19.5

版 次 2018年12月第1版

印 次 2018年12月第1次印刷

ISBN 978-7-5458-1747-8/K.333

定 价 62.00元